Mao Can't Choose a Gender

1

Kiina Nishino

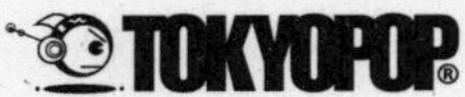

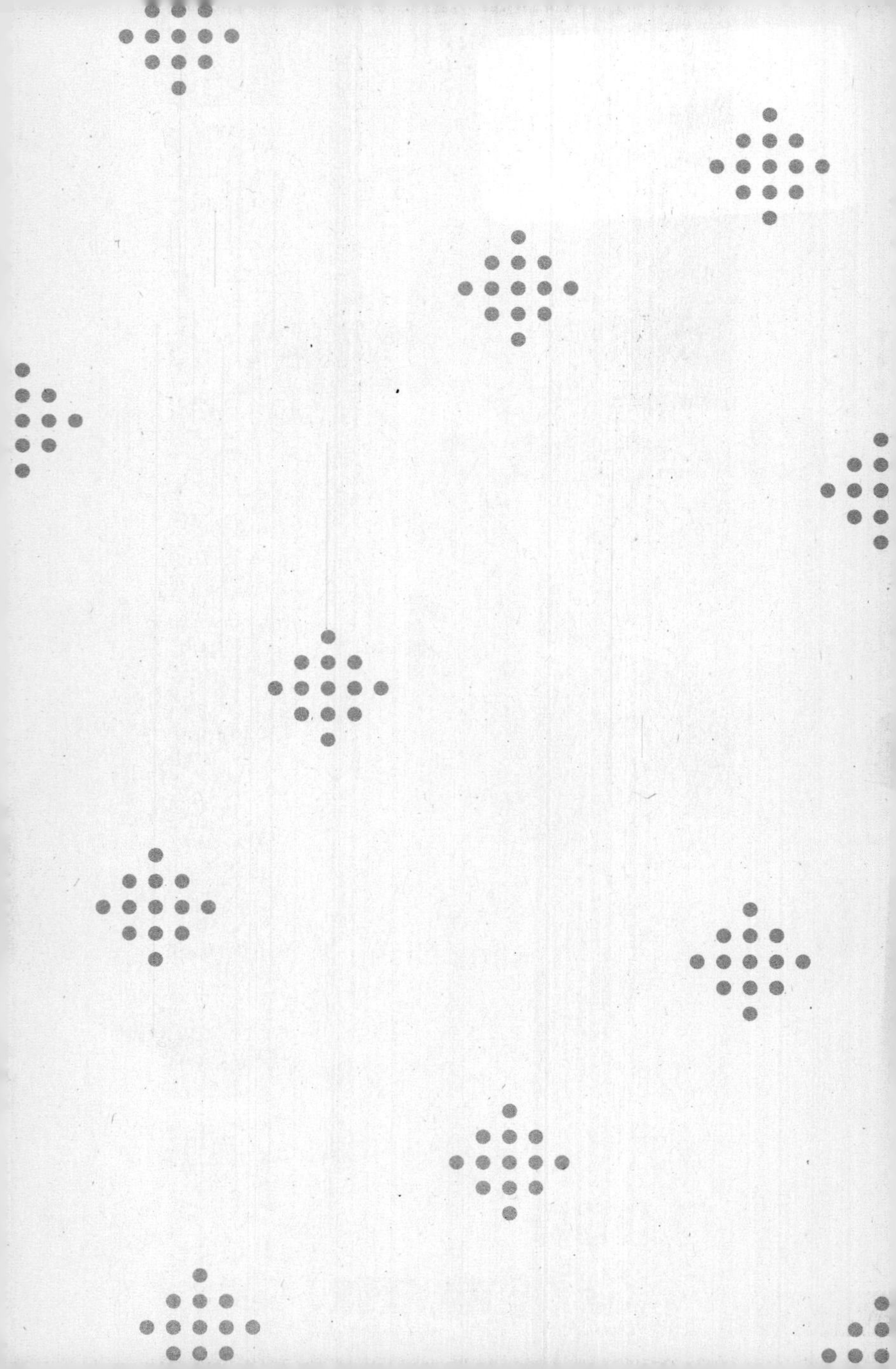

Mao Can't Choose a Gender

1

!?!?

Kiina Nishino

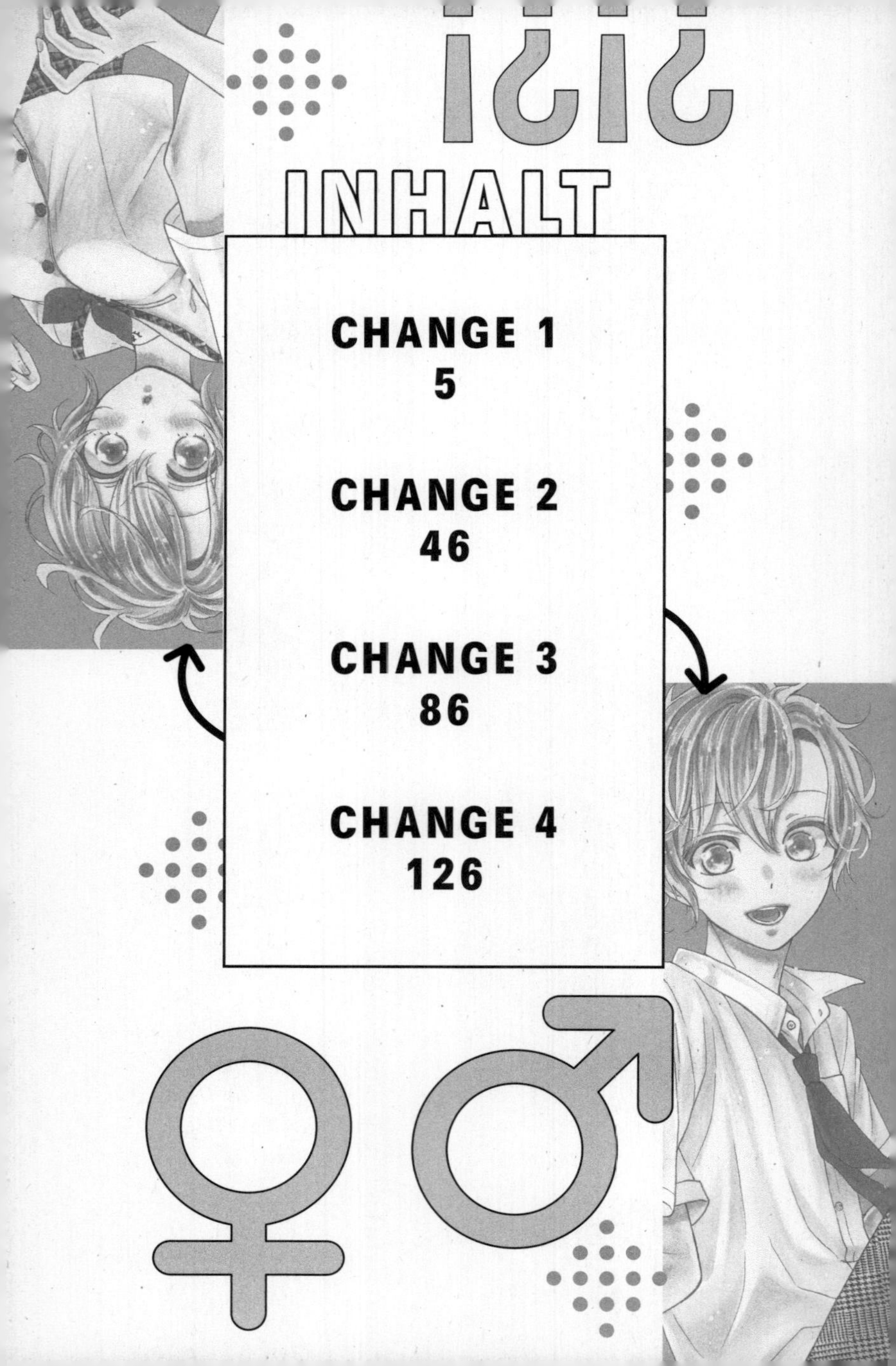

INHALT

CHANGE 1
5

CHANGE 2
46

CHANGE 3
86

CHANGE 4
126

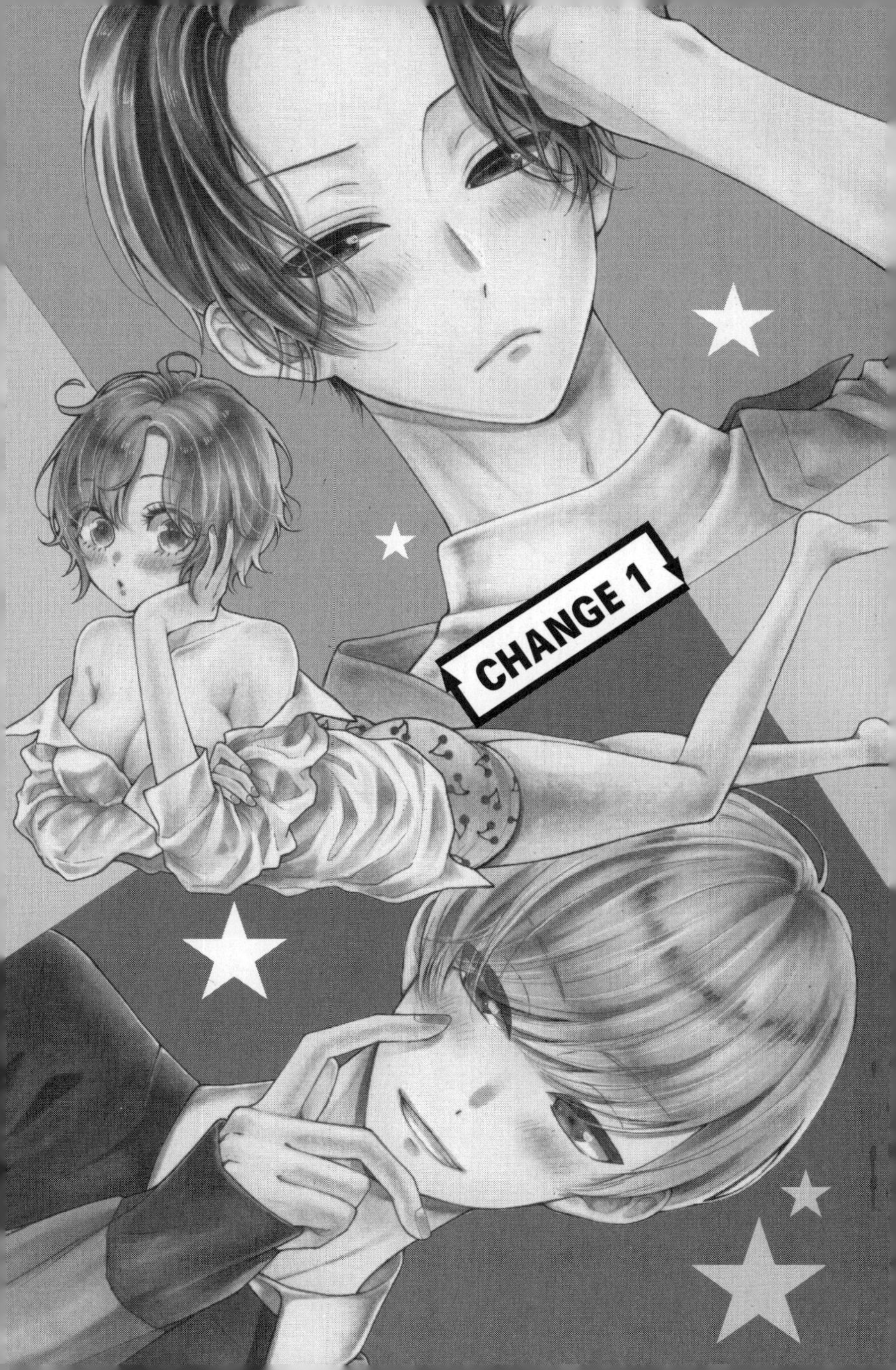
CHANGE 1

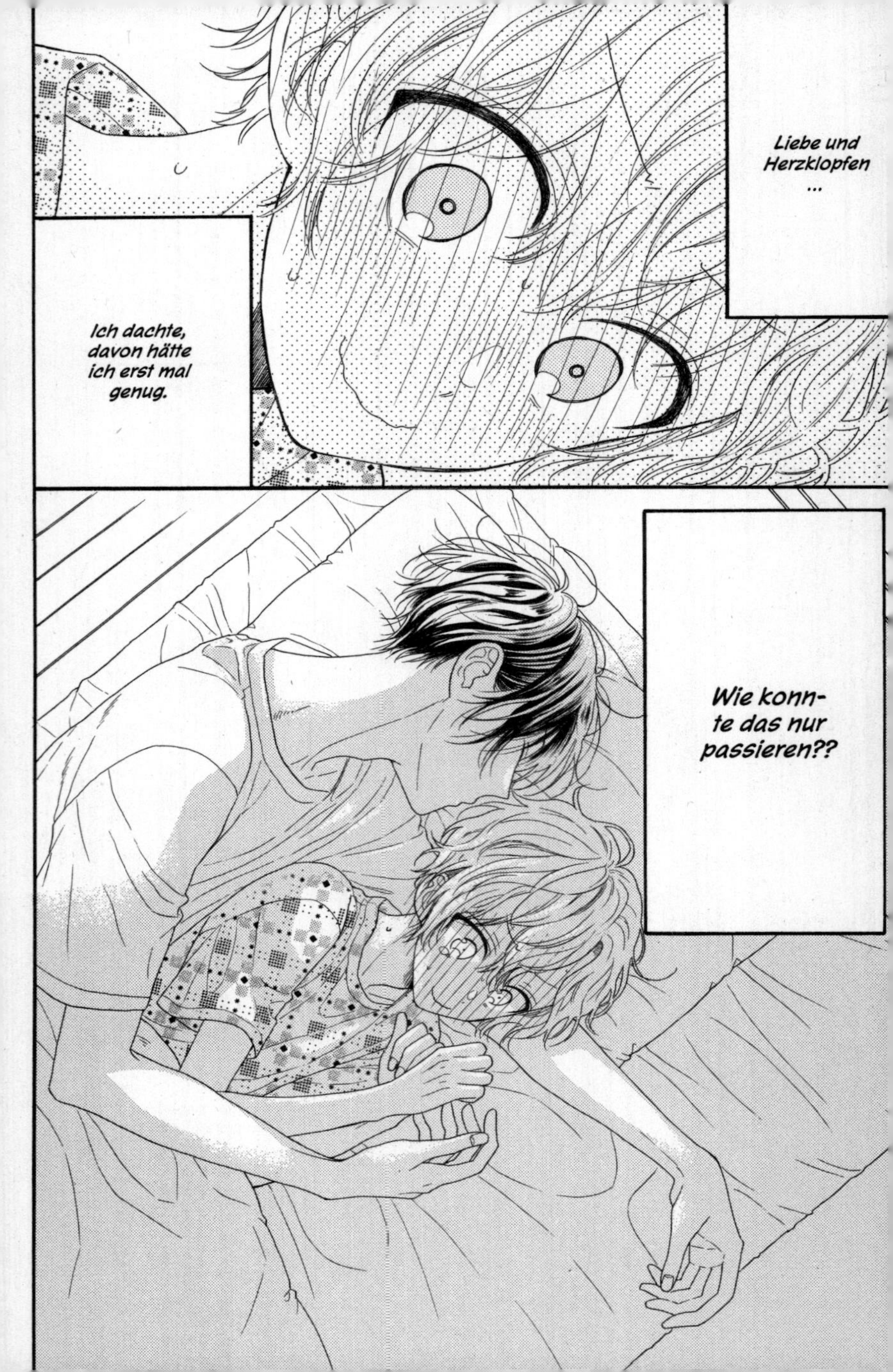
Liebe und Herzklopfen ...
Ich dachte, davon hätte ich erst mal genug.
Wie konn-te das nur passieren??

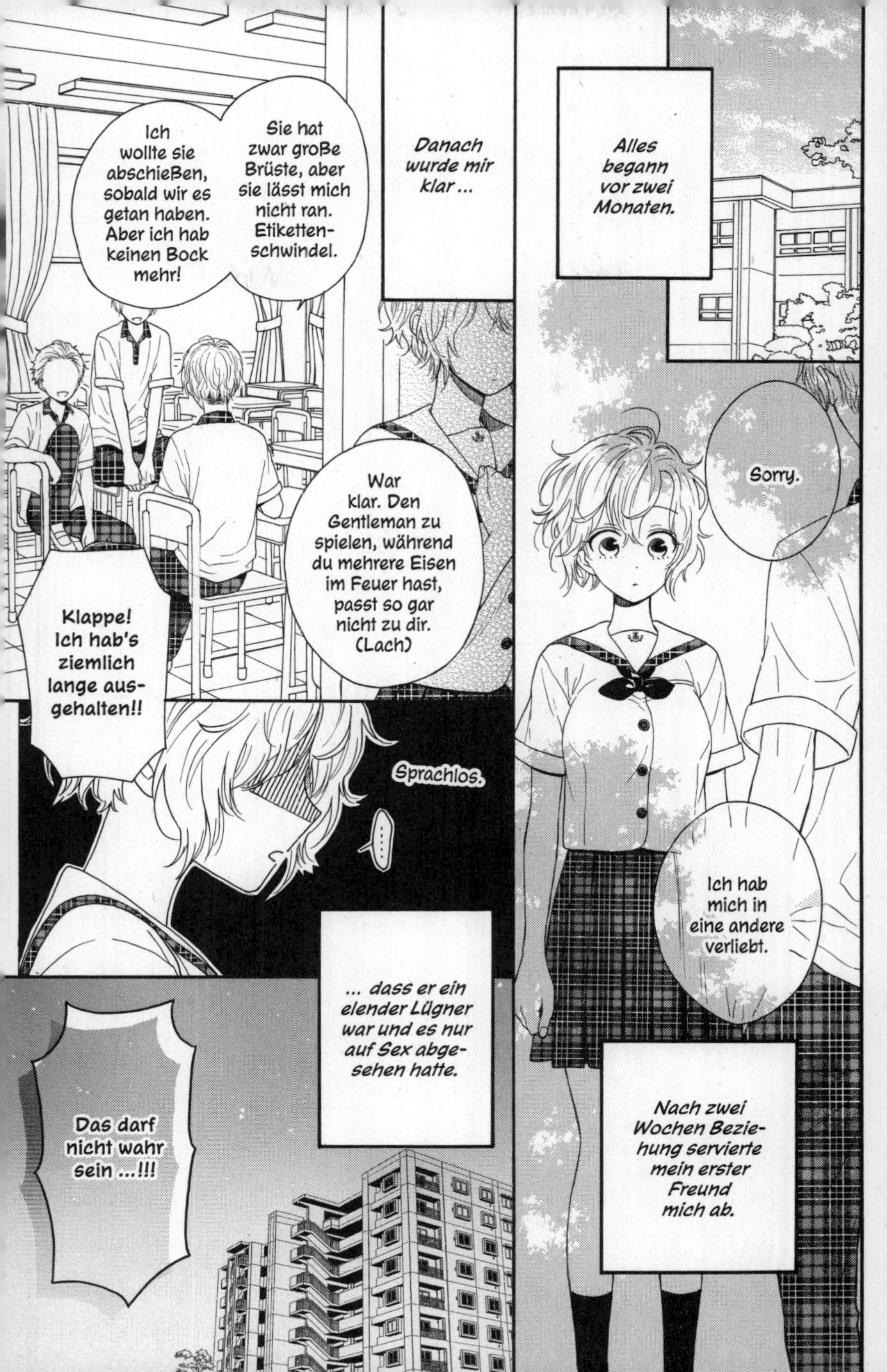
Alles begann vor zwei Monaten.
Sorry.
Ich hab mich in eine andere verliebt.
Nach zwei Wochen Beziehung servierte mein erster Freund mich ab.
Danach wurde mir klar ...
Sie hat zwar große Brüste, aber sie lässt mich nicht ran. Etiketten-schwindel.
Ich wollte sie abschießen, sobald wir es getan haben. Aber ich hab keinen Bock mehr!
War klar. Den Gentleman zu spielen, während du mehrere Eisen im Feuer hast, passt so gar nicht zu dir. (Lach)
Klappe! Ich hab's ziemlich lange aus-gehalten!!
Sprachlos.
...
... dass er ein elender Lügner war und es nur auf Sex abge-sehen hatte.
Das darf nicht wahr sein ...!!!

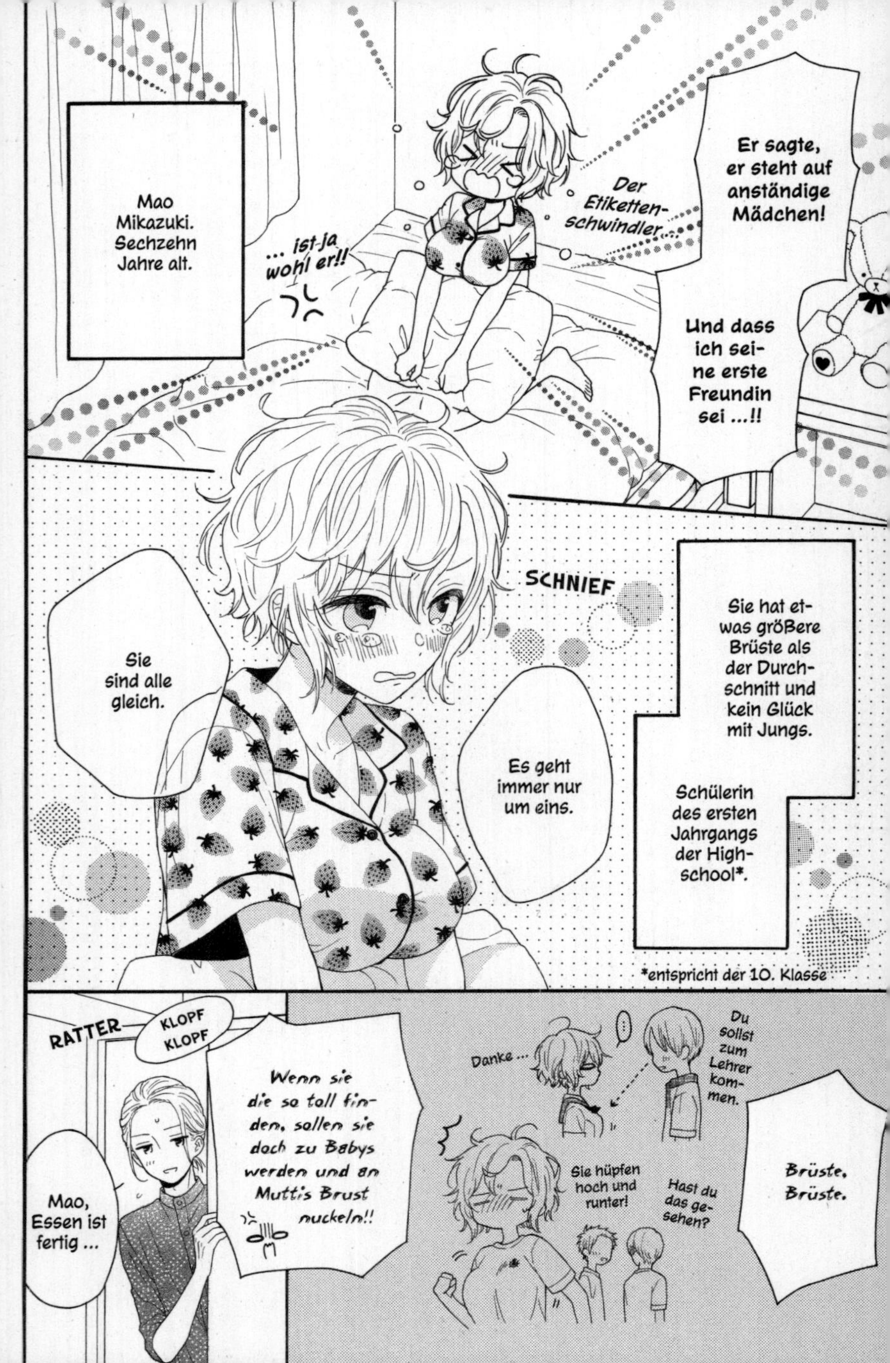
Er sagte, er steht auf anständige Mädchen!
Und dass ich seine erste Freundin sei ...!!
Der Etiketten-schwindler ...
... ist ja wohl er!!
Mao Mikazuki. Sechzehn Jahre alt.
Sie hat etwas größere Brüste als der Durchschnitt und kein Glück mit Jungs.
Schülerin des ersten Jahrgangs der Highschool*.
SCHNIEF
Es geht immer nur um eins.
Sie sind alle gleich.
*entspricht der 10. Klasse
Brüste, Brüste.
Du sollst zum Lehrer kommen.
Danke ...
Hast du das gesehen?
Sie hüpfen hoch und runter!
Wenn sie die so toll finden, sollen sie doch zu Babys werden und an Muttis Brust nuckeln!!
KLOPF KLOPF
RATTER
Mao, Essen ist fertig ...

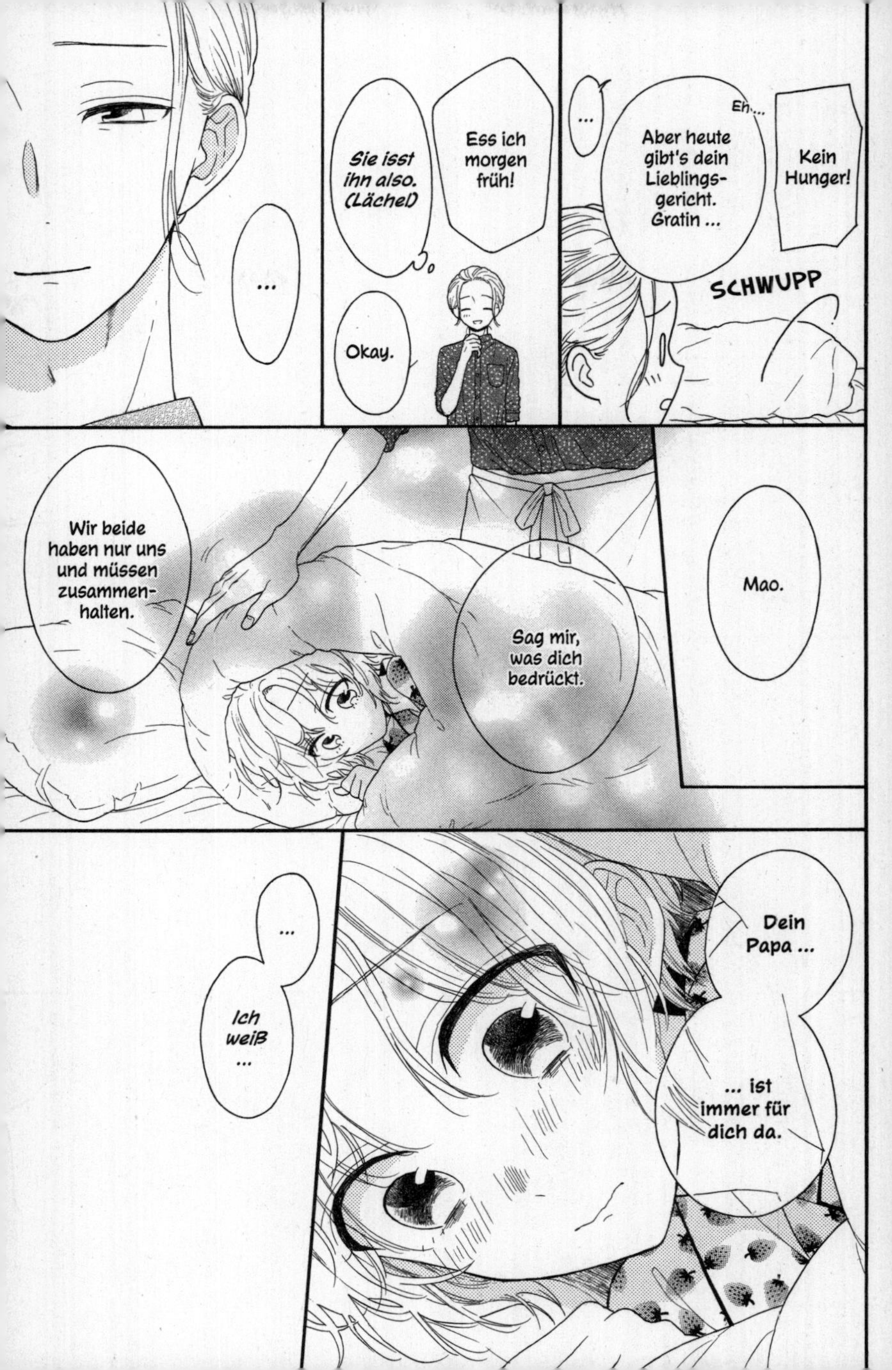
Kein Hunger!
Eh...
Aber heute gibt's dein Lieblingsgericht. Gratin ...
SCHWUPP
...
Ess ich morgen früh!
Sie isst ihn also. (Lächel)
Okay.
...
Mao.
Sag mir, was dich bedrückt.
Wir beide haben nur uns und müssen zusammenhalten.
Dein Papa ...
... ist immer für dich da.
...
Ich weiß ...

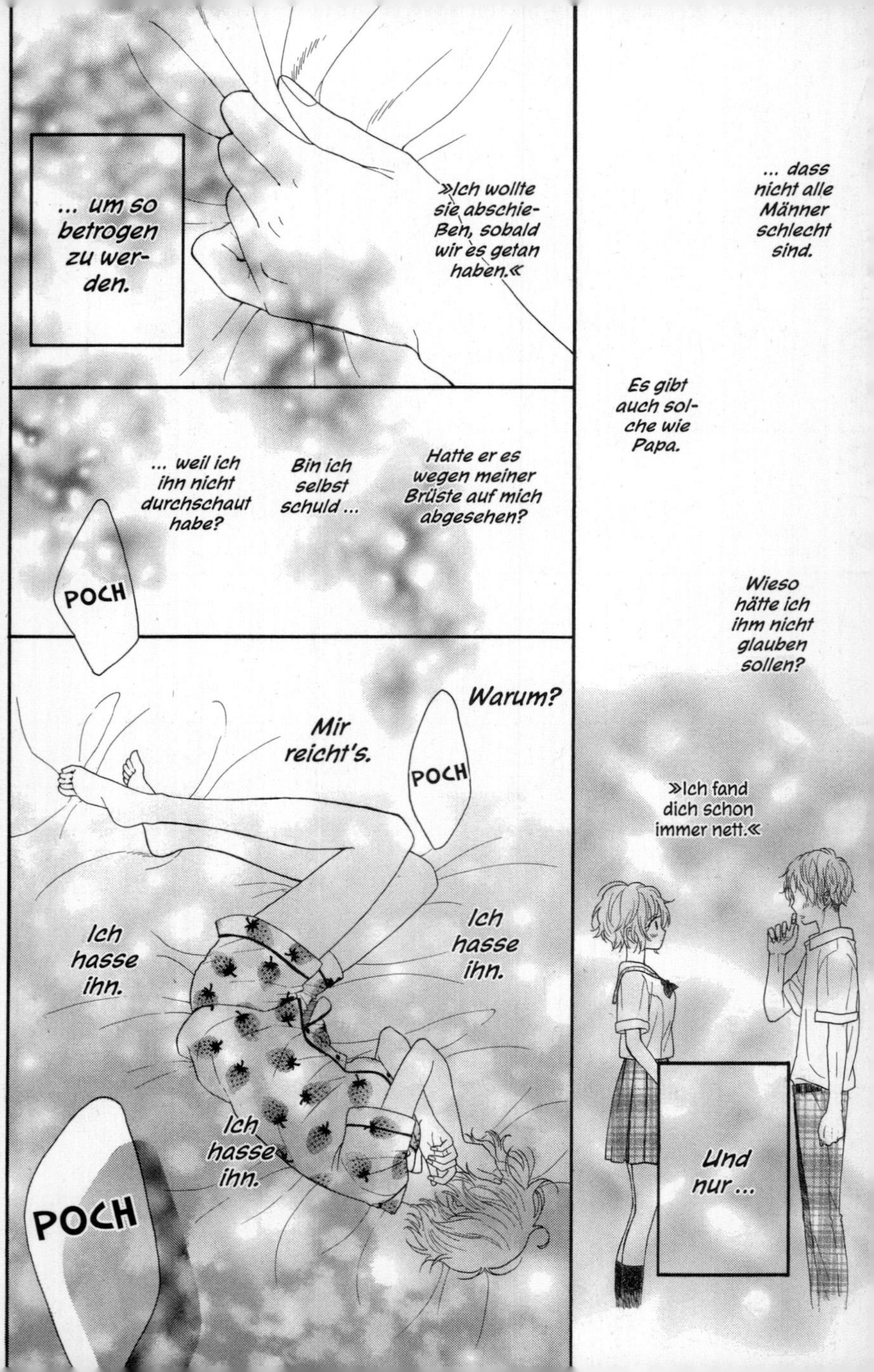

... dass nicht alle Männer schlecht sind.

Es gibt auch solche wie Papa.

Wieso hätte ich ihm nicht glauben sollen?

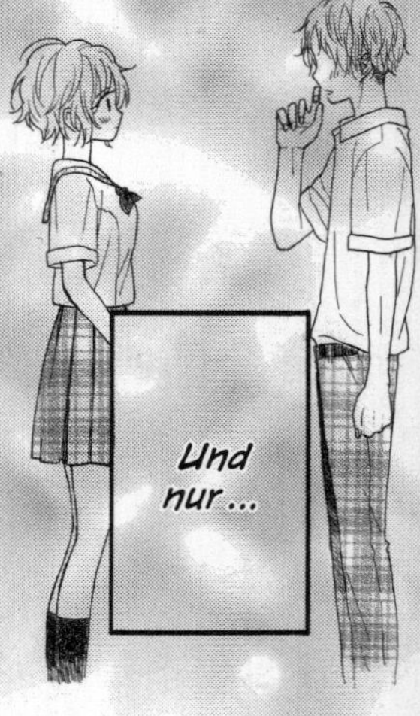

»Ich wollte sie abschießen, sobald wir es getan haben.«

... um so betrogen zu werden.

Hatte er es wegen meiner Brüste auf mich abgesehen?

Bin ich selbst schuld ...

... weil ich ihn nicht durchschaut habe?

POCH

Warum?

POCH

Mir reicht's.

Ich hasse ihn.

Ich hasse ihn.

Ich hasse ihn.

POCH

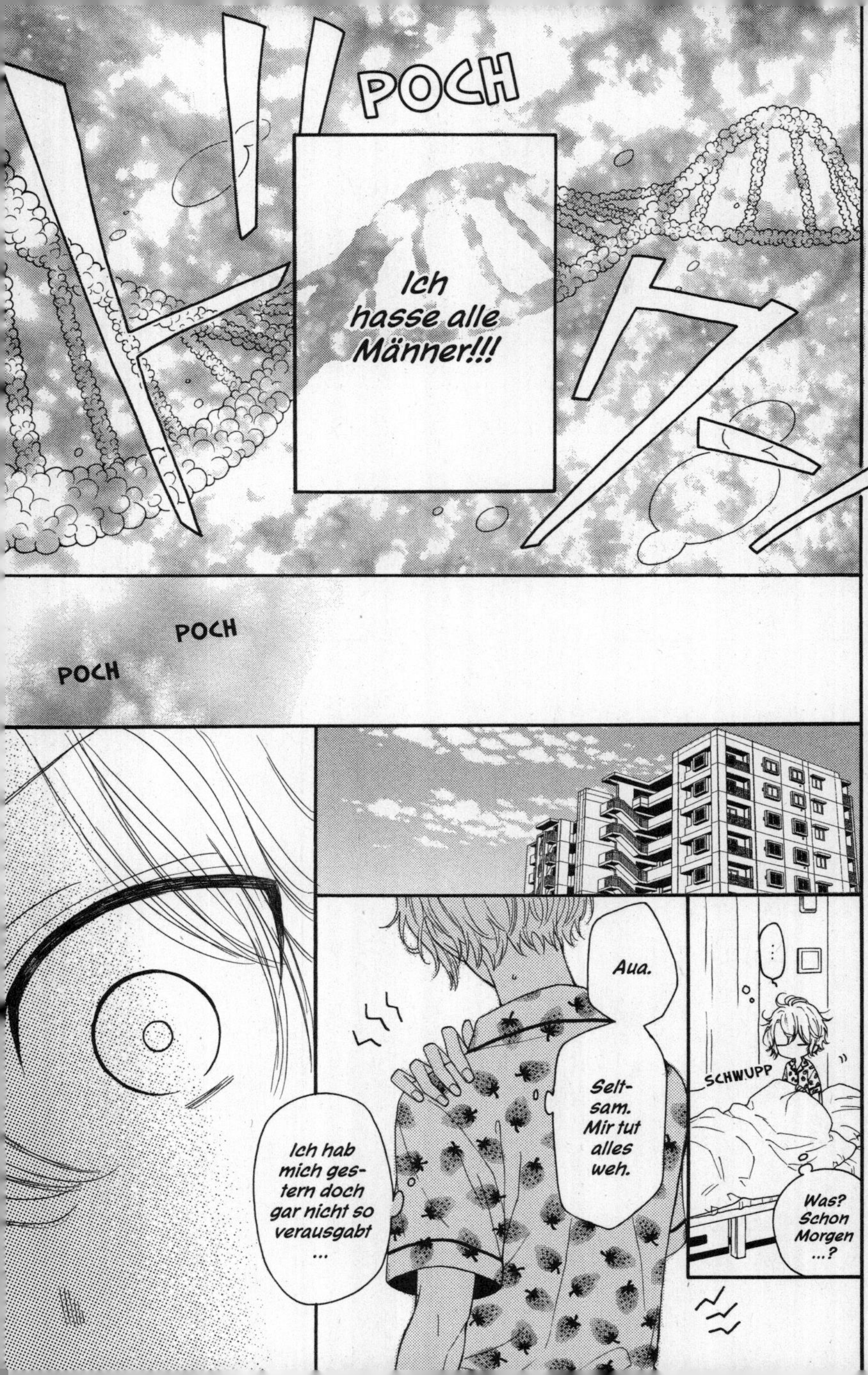

POCH

Ich hasse alle Männer!!!

POCH

POCH

Was? Schon Morgen ...?

SCHWUPP

...

Aua.

Selt-sam. Mir tut alles weh.

Ich hab mich ges-tern doch gar nicht so verausgabt ...

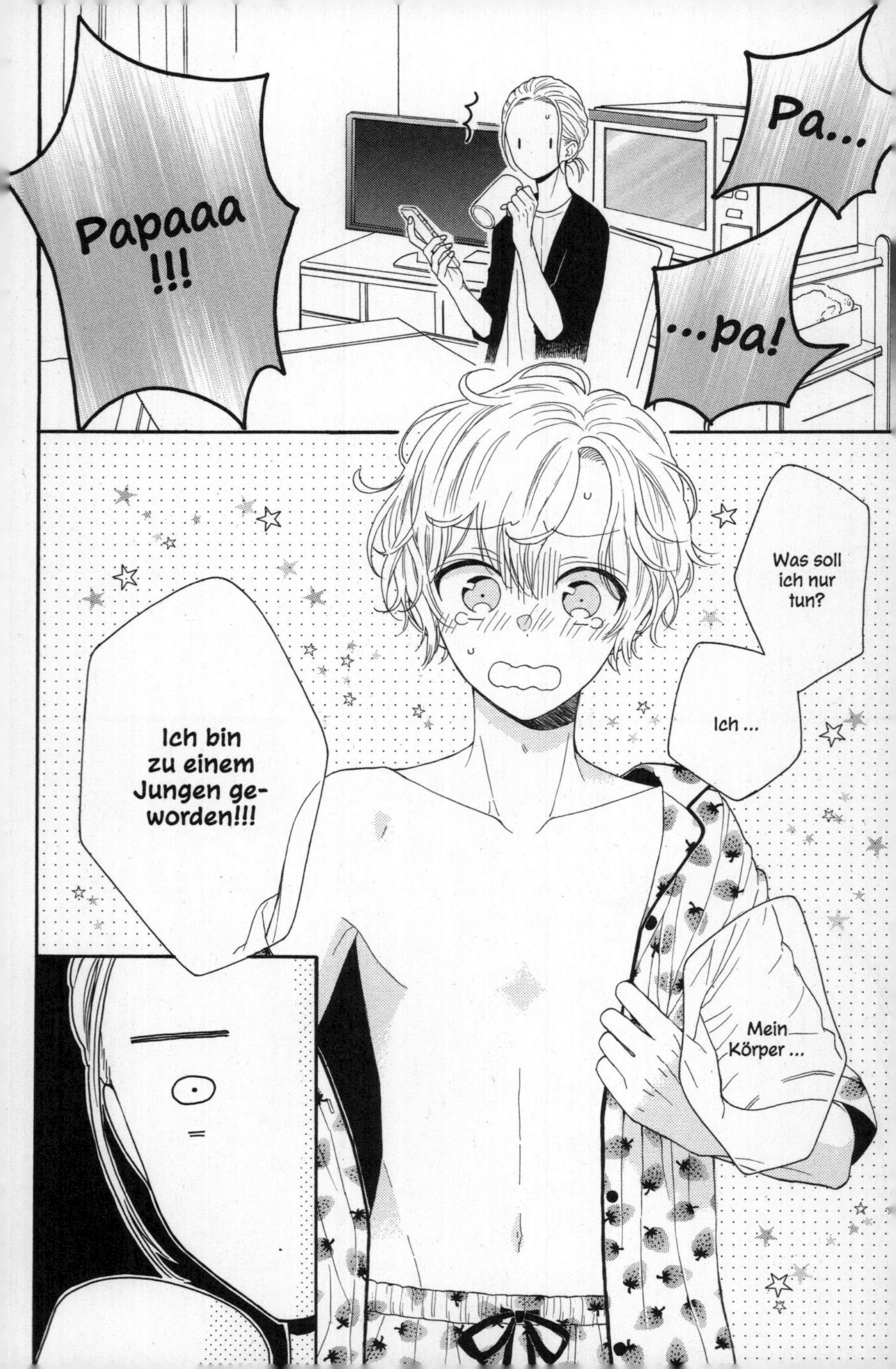
Pa...
...pa!
Papaaa !!!
Was soll ich nur tun?
Ich ...
Mein Körper ...
Ich bin zu einem Jungen geworden!!!

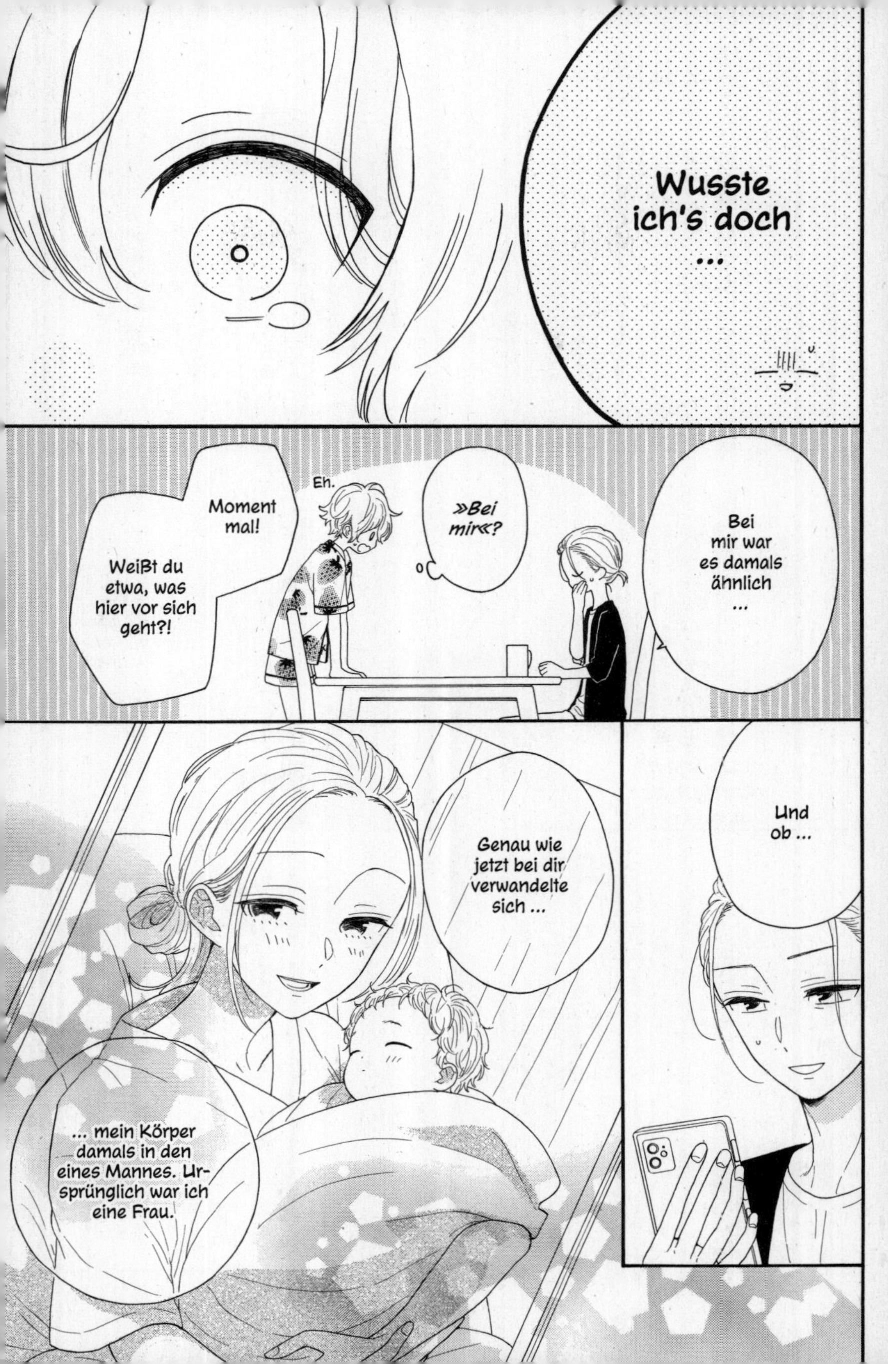
Wusste ich's doch …
Bei mir war es damals ähnlich …
»Bei mir«?
Eh.
Moment mal!
Weißt du etwa, was hier vor sich geht?!
Und ob …
Genau wie jetzt bei dir verwandelte sich …
… mein Körper damals in den eines Mannes. Ursprünglich war ich eine Frau.

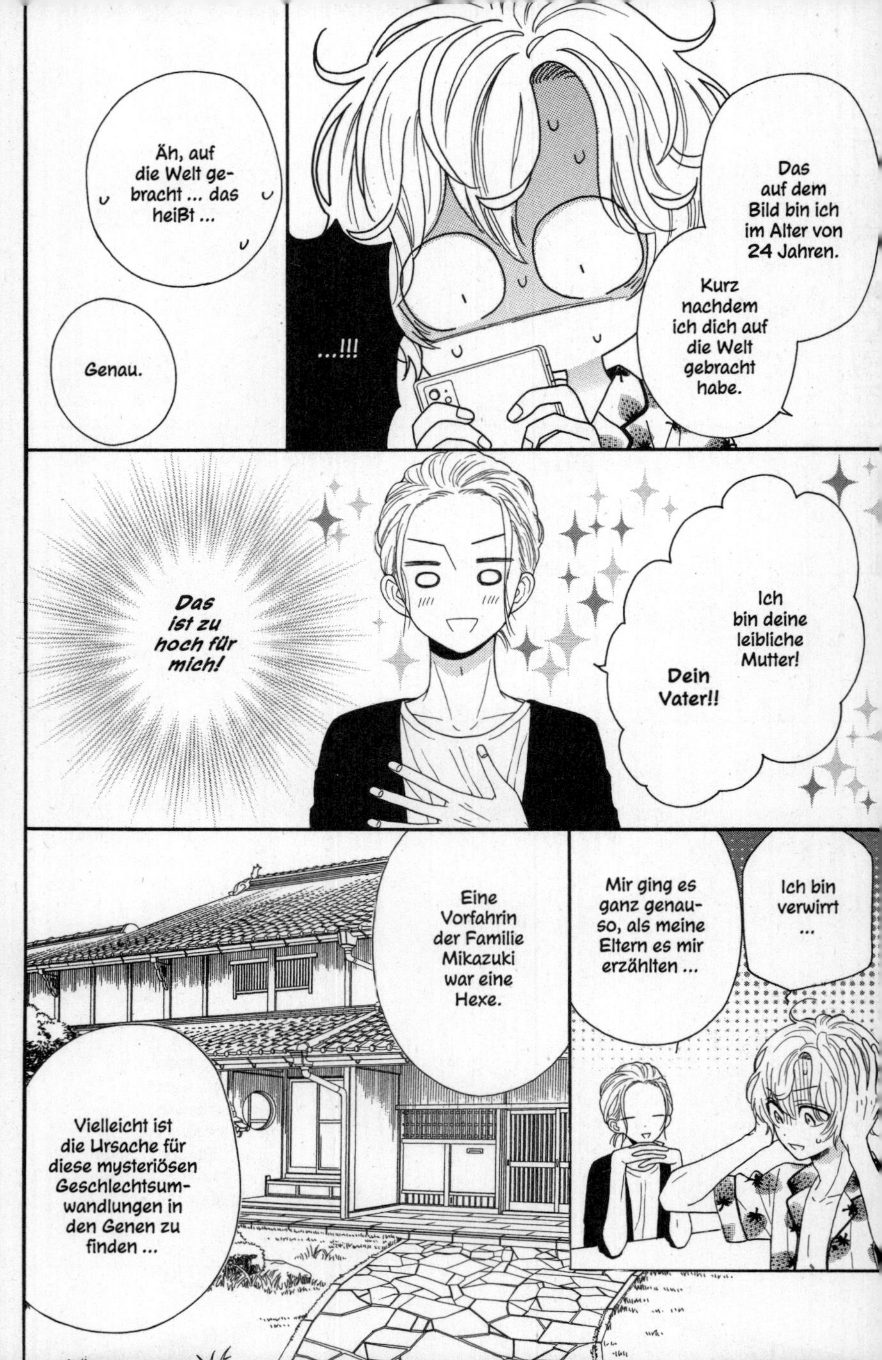
Das auf dem Bild bin ich im Alter von 24 Jahren.
Kurz nachdem ich dich auf die Welt gebracht habe.
...!!!
Äh, auf die Welt gebracht ... das heißt ...
Genau.
Ich bin deine leibliche Mutter!
Dein Vater!!
Das ist zu hoch für mich!
Ich bin verwirrt ...
Mir ging es ganz genauso, als meine Eltern es mir erzählten ...
Eine Vorfahrin der Familie Mikazuki war eine Hexe.
Vielleicht ist die Ursache für diese mysteriösen Geschlechtsumwandlungen in den Genen zu finden ...

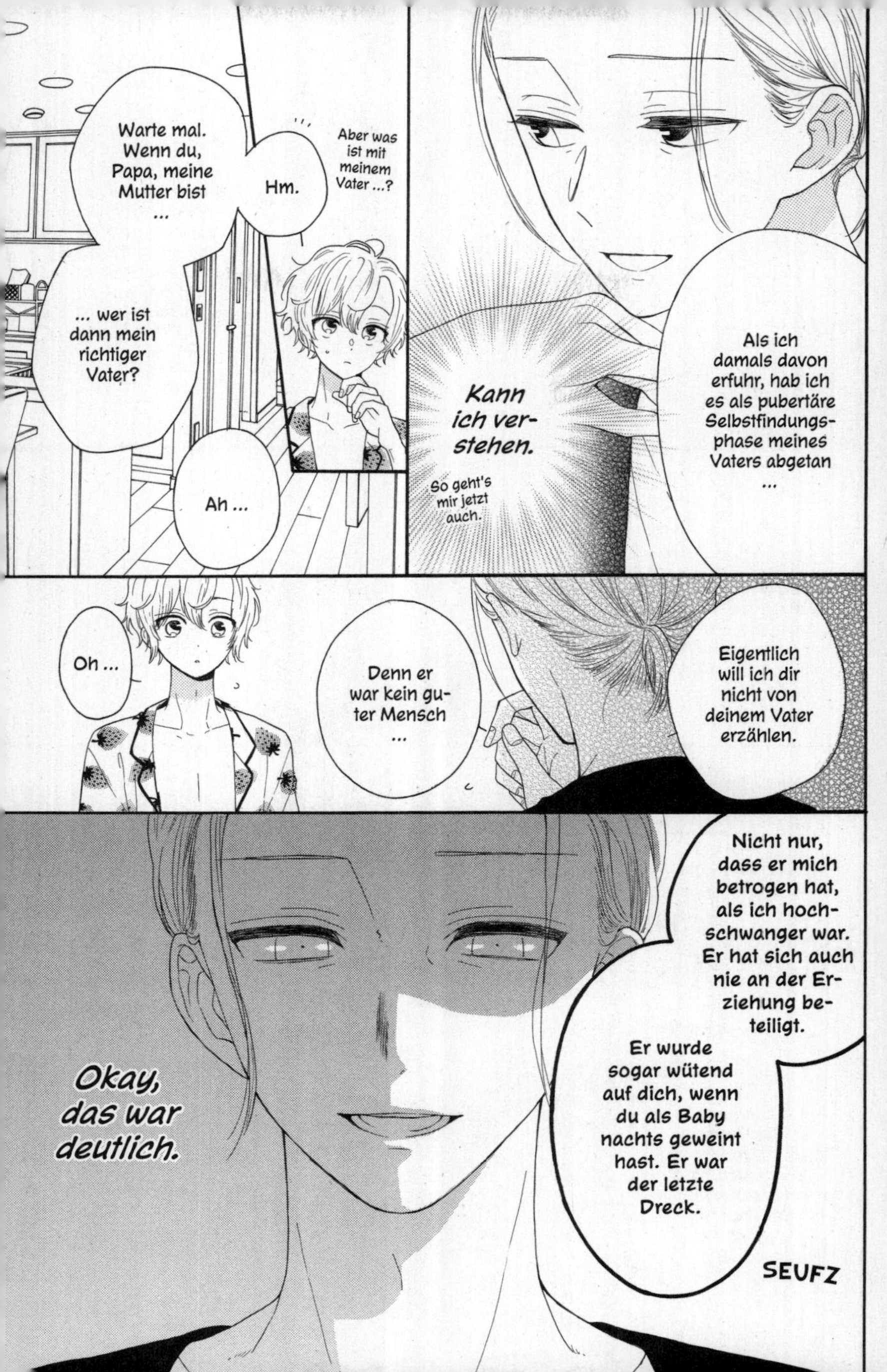

Als ich damals davon erfuhr, hab ich es als pubertäre Selbstfindungs-phase meines Vaters abgetan ...
Kann ich ver-stehen.
So geht's mir jetzt auch.
Aber was ist mit meinem Vater ...?
Hm.
Warte mal. Wenn du, Papa, meine Mutter bist ...
... wer ist dann mein richtiger Vater?
Ah ...
Eigentlich will ich dir nicht von deinem Vater erzählen.
Denn er war kein gu-ter Mensch ...
Oh ...
Nicht nur, dass er mich betrogen hat, als ich hoch-schwanger war. Er hat sich auch nie an der Er-ziehung be-teiligt.
Er wurde sogar wütend auf dich, wenn du als Baby nachts geweint hast. Er war der letzte Dreck.
SEUFZ
Okay, das war deutlich.

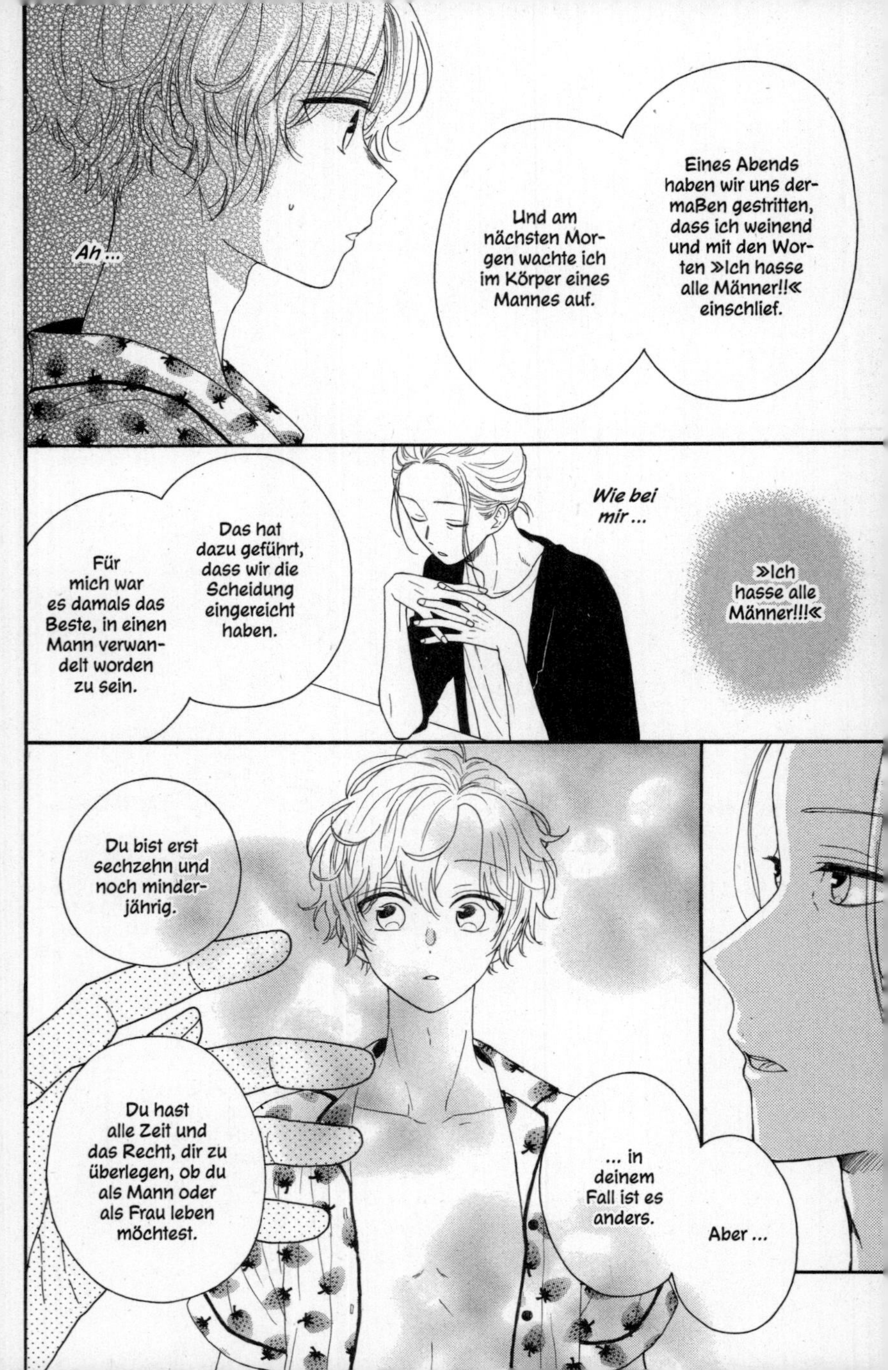
Eines Abends haben wir uns dermaßen gestritten, dass ich weinend und mit den Worten »Ich hasse alle Männer!!« einschlief.
Und am nächsten Morgen wachte ich im Körper eines Mannes auf.
Ah ...
»Ich hasse alle Männer!!!«
Wie bei mir ...
Das hat dazu geführt, dass wir die Scheidung eingereicht haben.
Für mich war es damals das Beste, in einen Mann verwandelt worden zu sein.
Aber ...
... in deinem Fall ist es anders.
Du bist erst sechzehn und noch minderjährig.
Du hast alle Zeit und das Recht, dir zu überlegen, ob du als Mann oder als Frau leben möchtest.

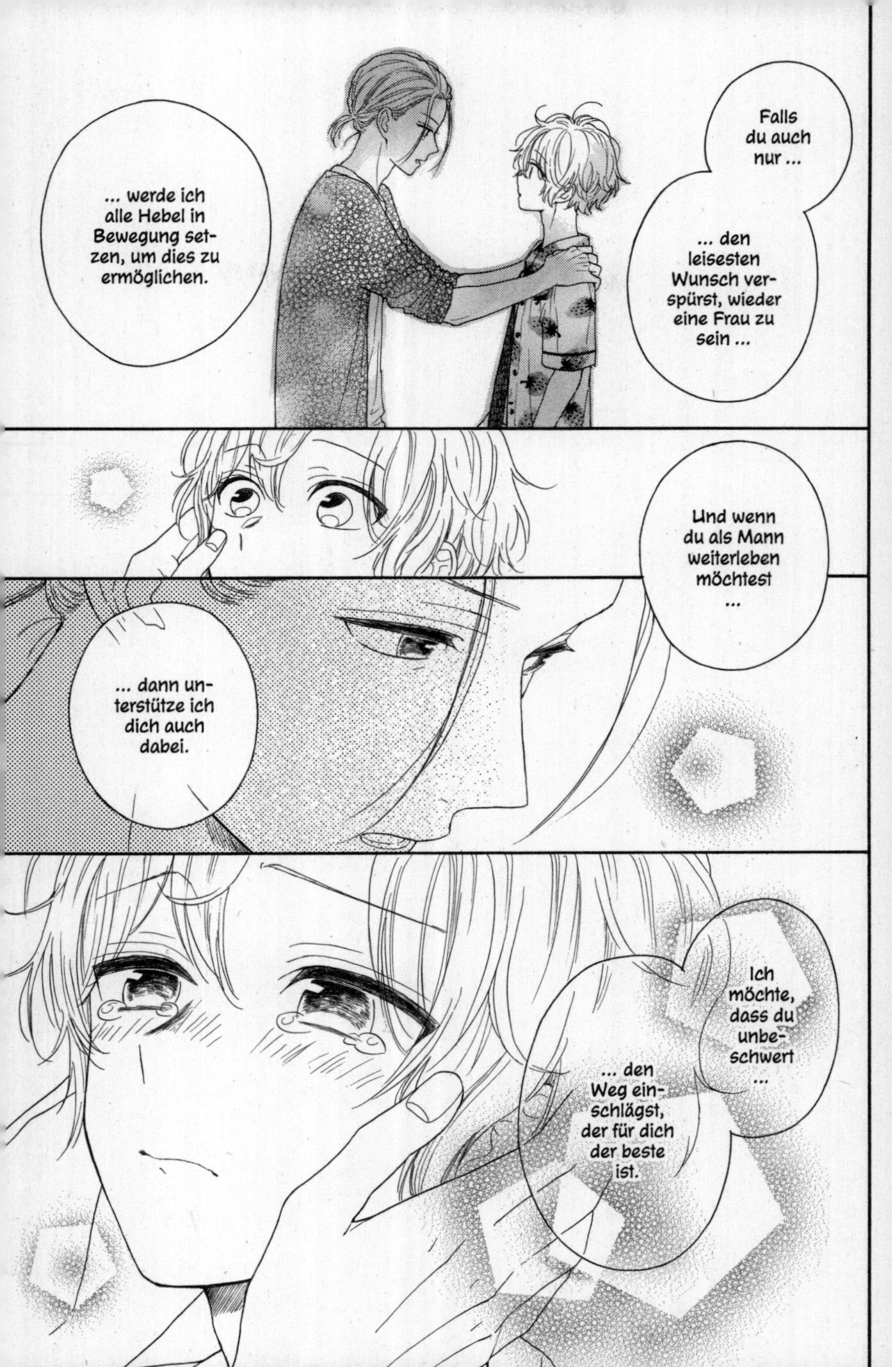
Falls du auch nur ...
... den leisesten Wunsch verspürst, wieder eine Frau zu sein ...
... werde ich alle Hebel in Bewegung setzen, um dies zu ermöglichen.
Und wenn du als Mann weiterleben möchtest ...
... dann unterstütze ich dich auch dabei.
Ich möchte, dass du unbeschwert ...
... den Weg einschlägst, der für dich der beste ist.

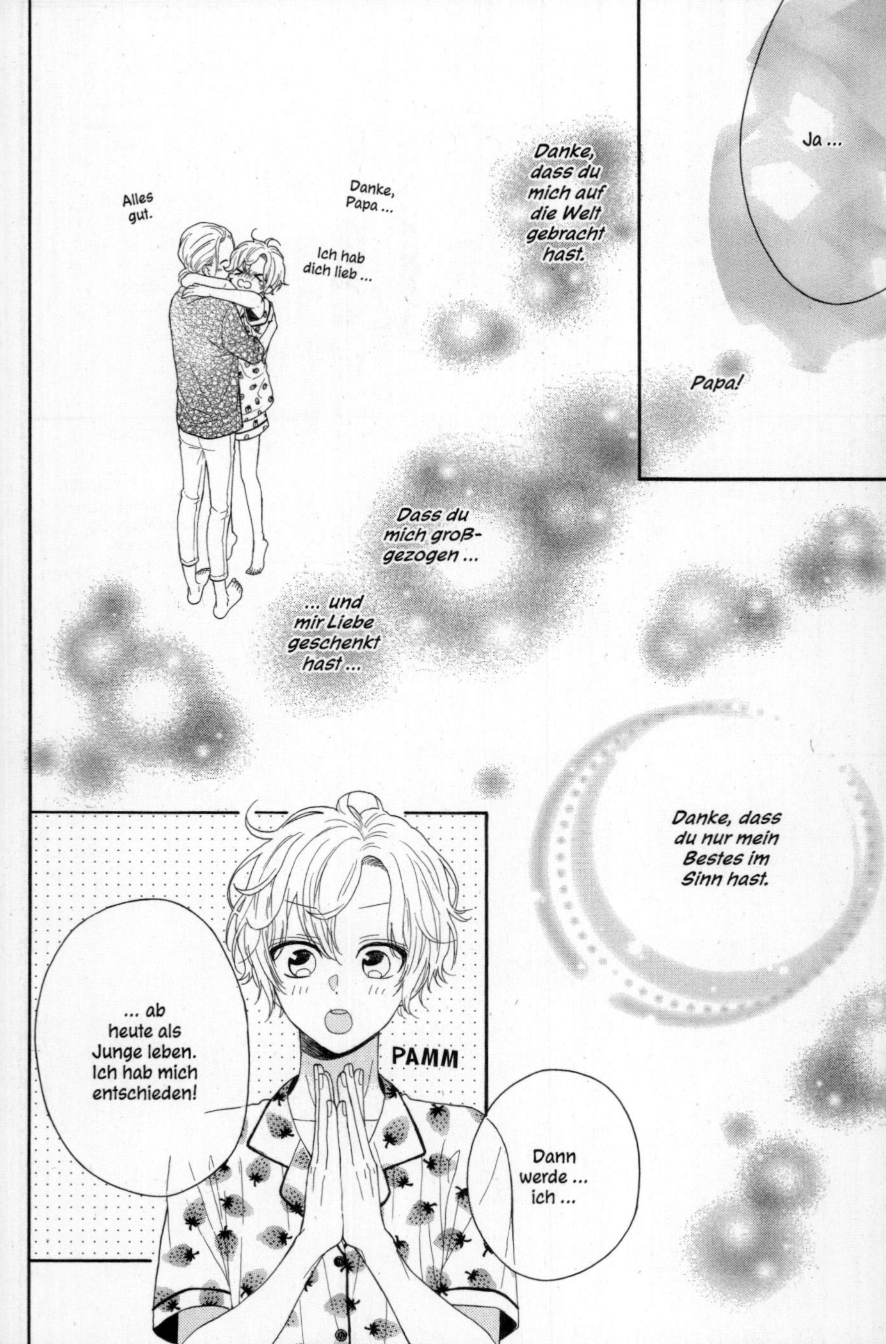
Ja ...
Papa!
Danke, dass du mich auf die Welt gebracht hast.
Danke, Papa ...
Ich hab dich lieb ...
Alles gut.
Dass du mich groß-gezogen ...
... und mir Liebe geschenkt hast ...
Danke, dass du nur mein Bestes im Sinn hast.
PAMM
Dann werde ... ich ...
... ab heute als Junge leben. Ich hab mich entschieden!

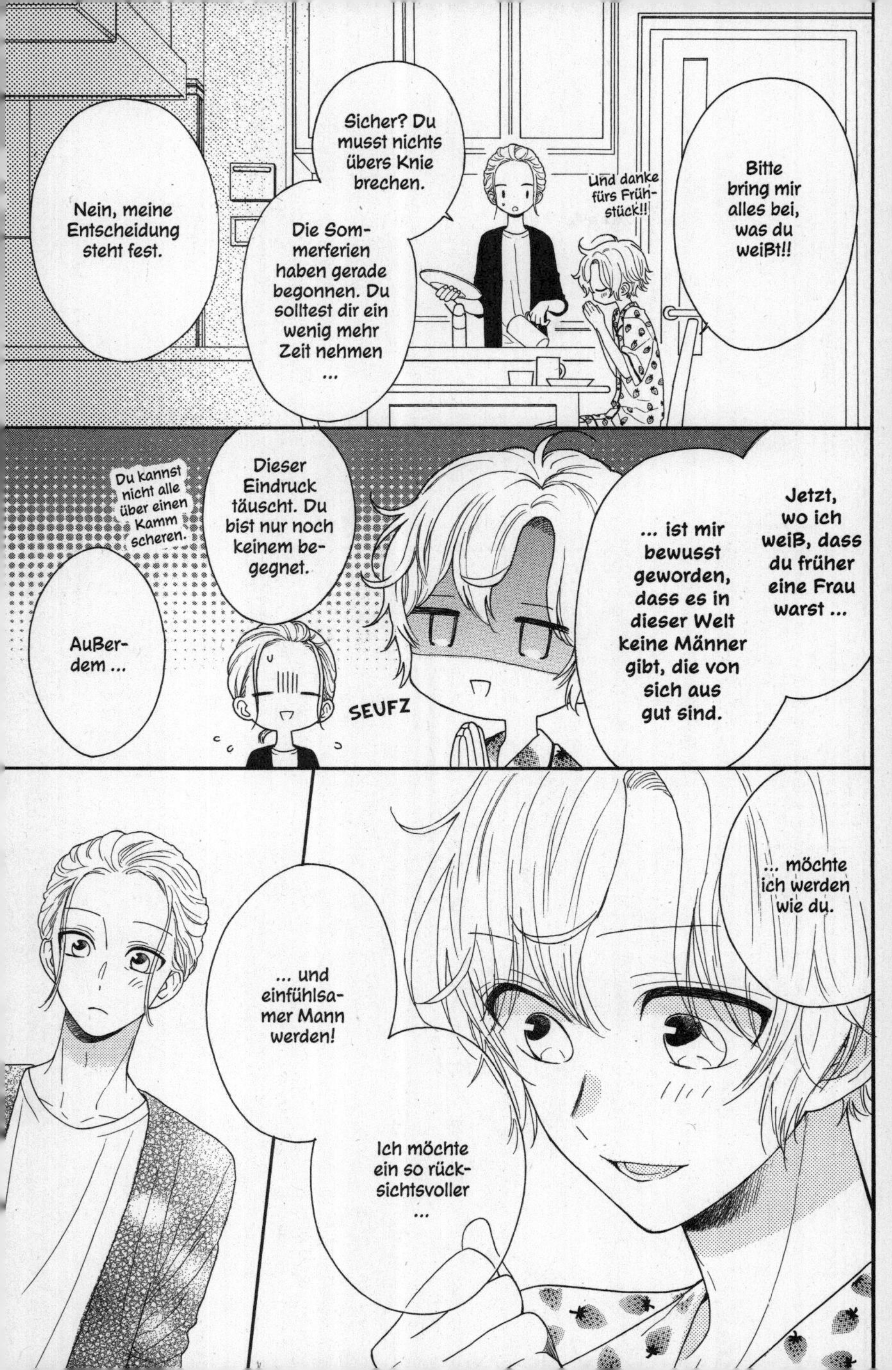
Bitte bring mir alles bei, was du weißt!!
Und danke fürs Frühstück!!
Sicher? Du musst nichts übers Knie brechen.
Die Sommerferien haben gerade begonnen. Du solltest dir ein wenig mehr Zeit nehmen ...
Nein, meine Entscheidung steht fest.
Jetzt, wo ich weiß, dass du früher eine Frau warst ...
... ist mir bewusst geworden, dass es in dieser Welt keine Männer gibt, die von sich aus gut sind.
SEUFZ
Dieser Eindruck täuscht. Du bist nur noch keinem begegnet.
Du kannst nicht alle über einen Kamm scheren.
Außerdem ...
... möchte ich werden wie du.
Ich möchte ein so rücksichtsvoller ...
... und einfühlsamer Mann werden!

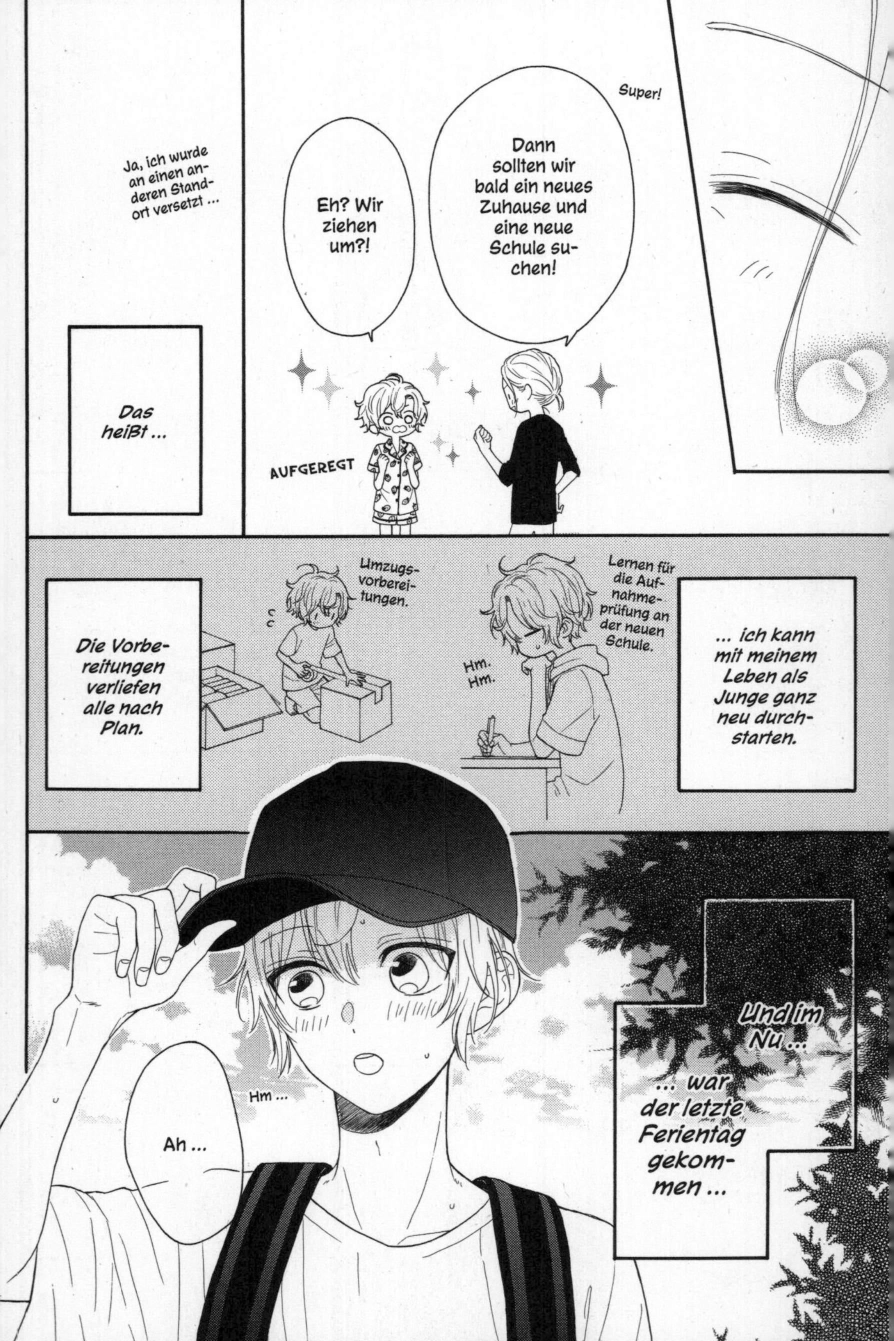

Ja, ich wurde an einen anderen Standort versetzt ...
Super!
Dann sollten wir bald ein neues Zuhause und eine neue Schule suchen!
Eh? Wir ziehen um?!
AUFGEREGT
Das heißt ...
... ich kann mit meinem Leben als Junge ganz neu durchstarten.
Lernen für die Aufnahmeprüfung an der neuen Schule.
Hm. Hm.
Umzugsvorbereitungen.
Die Vorbereitungen verliefen alle nach Plan.
Und im Nu ...
... war der letzte Ferientag gekommen ...
Hm ...
Ah ...

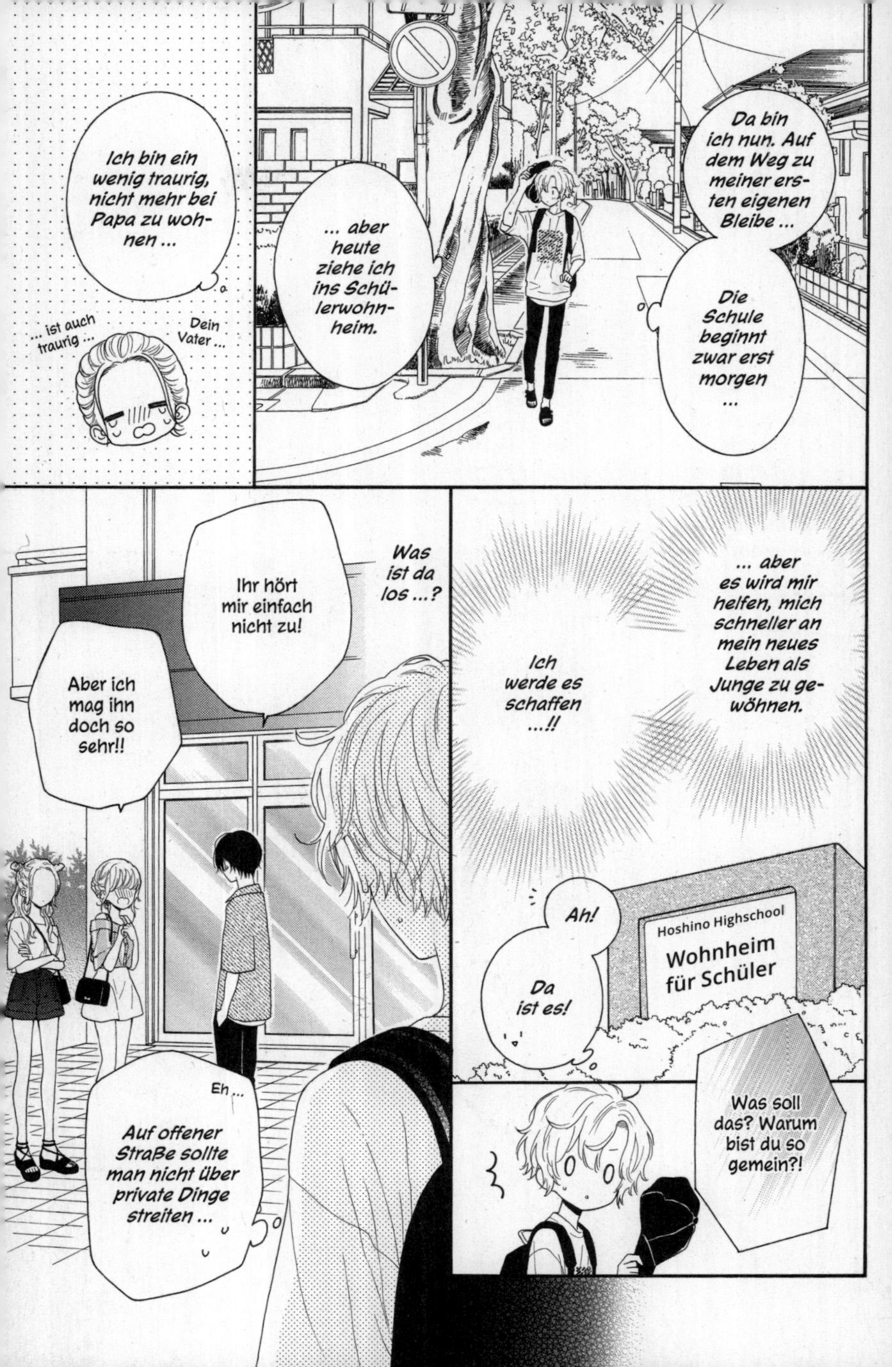
Da bin ich nun. Auf dem Weg zu meiner ersten eigenen Bleibe ...
Die Schule beginnt zwar erst morgen ...
... aber heute ziehe ich ins Schülerwohnheim.
Ich bin ein wenig traurig, nicht mehr bei Papa zu wohnen ...
Dein Vater ...
... ist auch traurig ...
... aber es wird mir helfen, mich schneller an mein neues Leben als Junge zu gewöhnen.
Ich werde es schaffen ...!!
Hoshino Highschool
Wohnheim für Schüler
Ah!
Da ist es!
Was soll das? Warum bist du so gemein?!
Was ist da los ...?
Ihr hört mir einfach nicht zu!
Aber ich mag ihn doch so sehr!!
Eh ...
Auf offener Straße sollte man nicht über private Dinge streiten ...

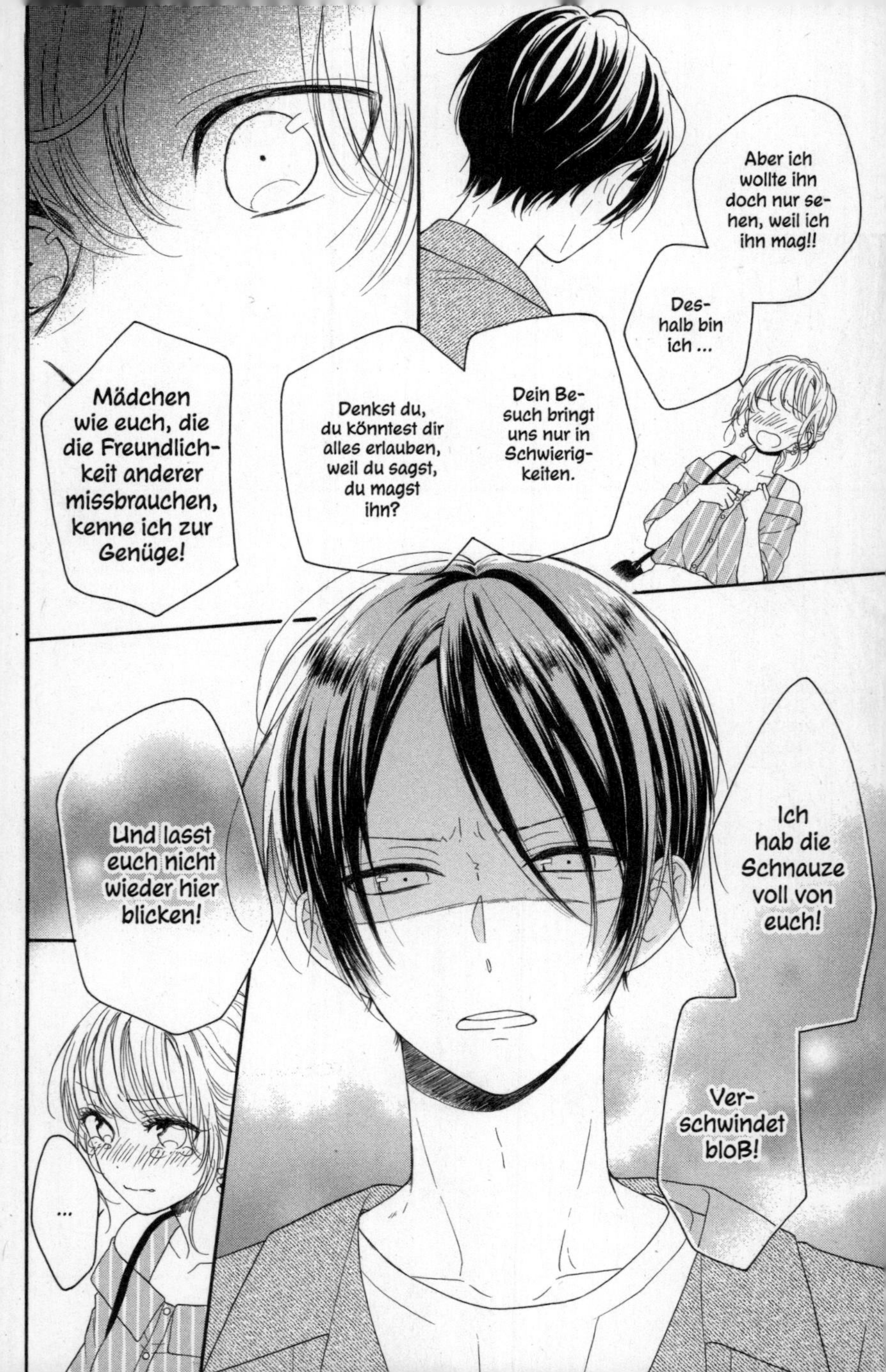

Aber ich wollte ihn doch nur sehen, weil ich ihn mag!!
Deshalb bin ich ...
Dein Besuch bringt uns nur in Schwierigkeiten.
Denkst du, du könntest dir alles erlauben, weil du sagst, du magst ihn?
Mädchen wie euch, die die Freundlichkeit anderer missbrauchen, kenne ich zur Genüge!
Ich hab die Schnauze voll von euch!
Verschwindet bloß!
Und lasst euch nicht wieder hier blicken!
...

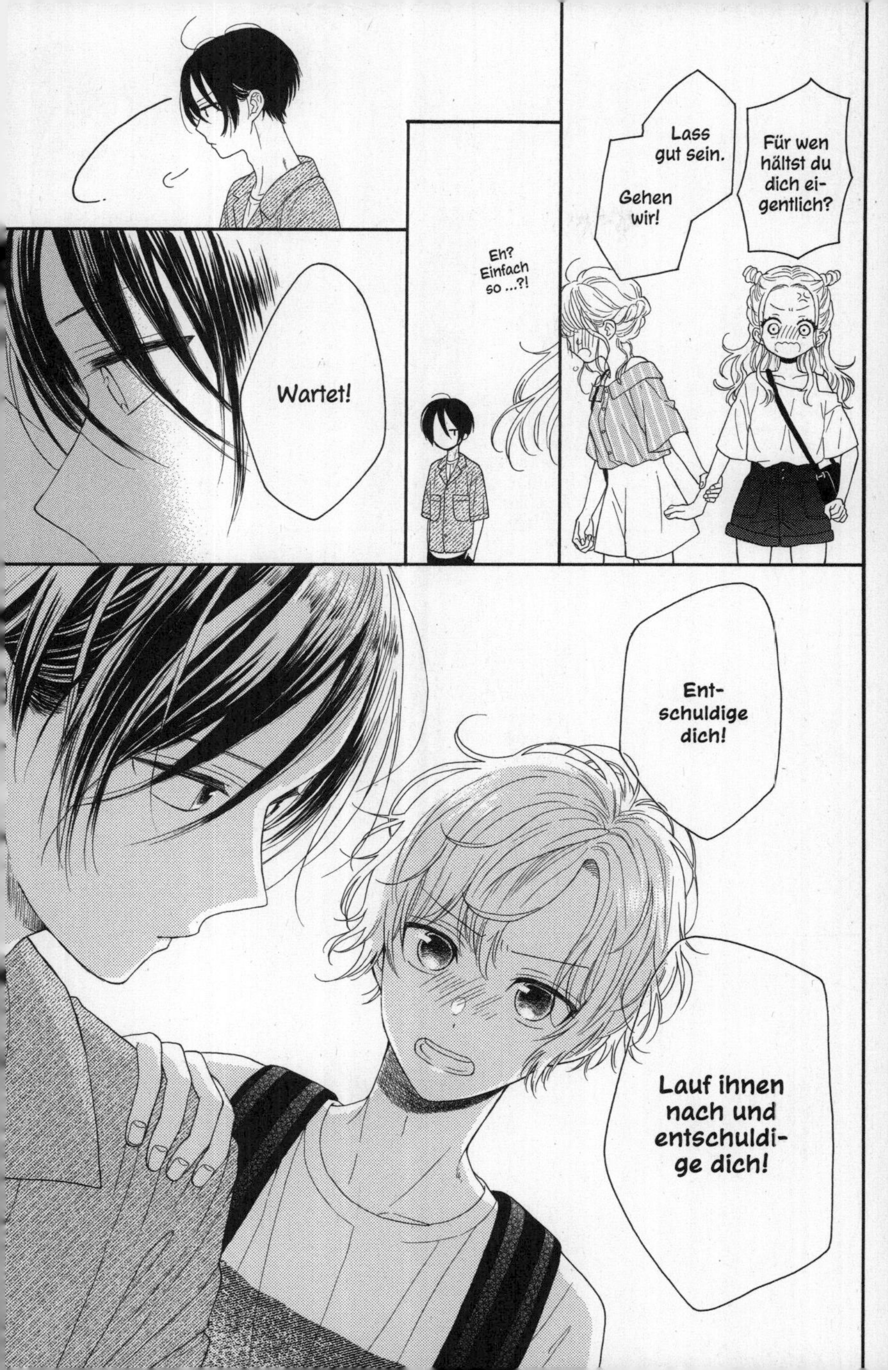
Für wen hältst du dich ei-gentlich?
Lass gut sein.
Gehen wir!
Eh? Einfach so ...?!
Wartet!
Ent-schuldige dich!
Lauf ihnen nach und entschuldi-ge dich!

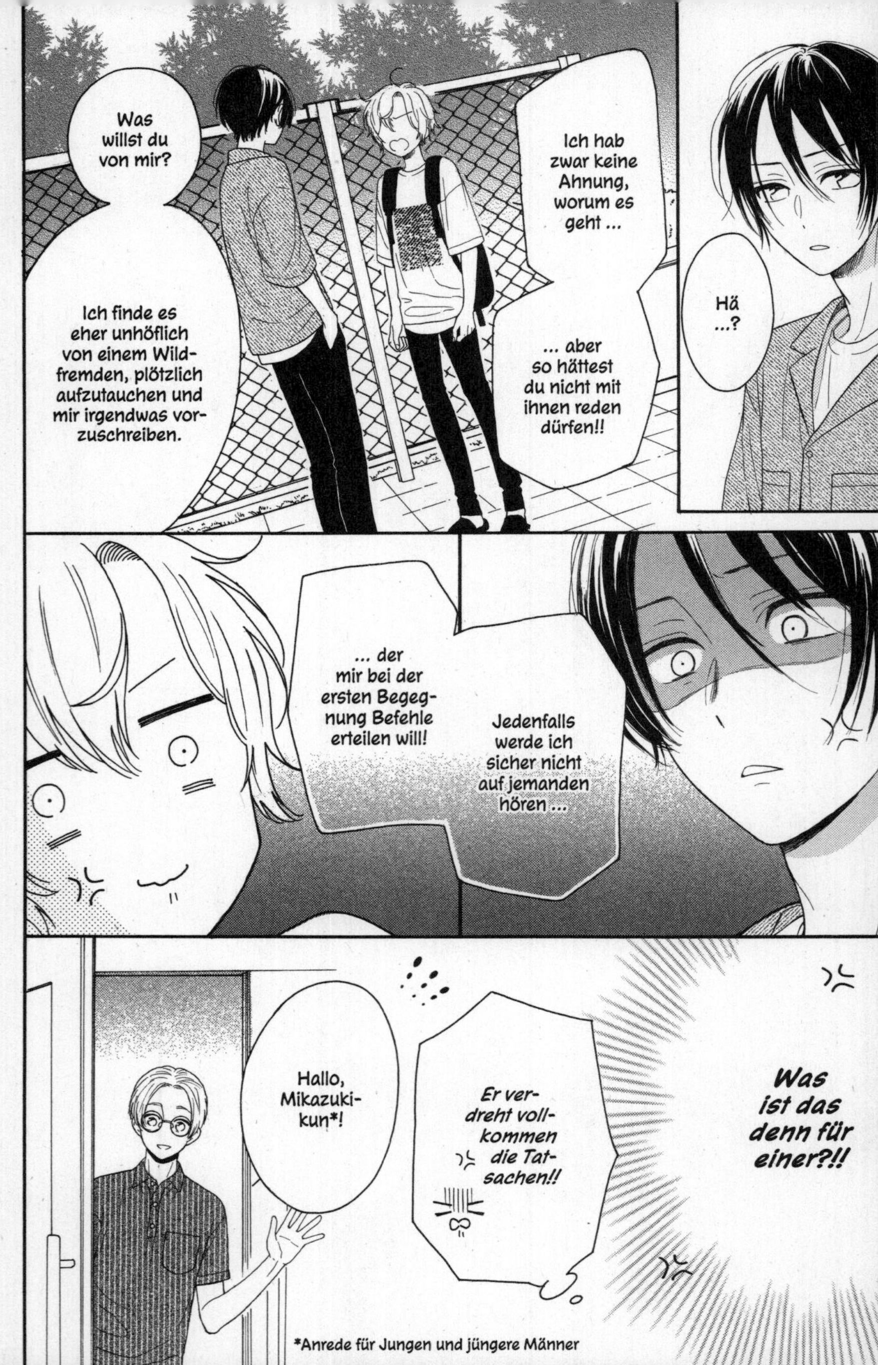
Ich hab zwar keine Ahnung, worum es geht ...
... aber so hättest du nicht mit ihnen reden dürfen!!
Hä ...?
Was willst du von mir?
Ich finde es eher unhöflich von einem Wildfremden, plötzlich aufzutauchen und mir irgendwas vorzuschreiben.
Jedenfalls werde ich sicher nicht auf jemanden hören ...
... der mir bei der ersten Begegnung Befehle erteilen will!
Was ist das denn für einer?!!
Er verdreht vollkommen die Tatsachen!!
Hallo, Mikazuki-kun*!
*Anrede für Jungen und jüngere Männer

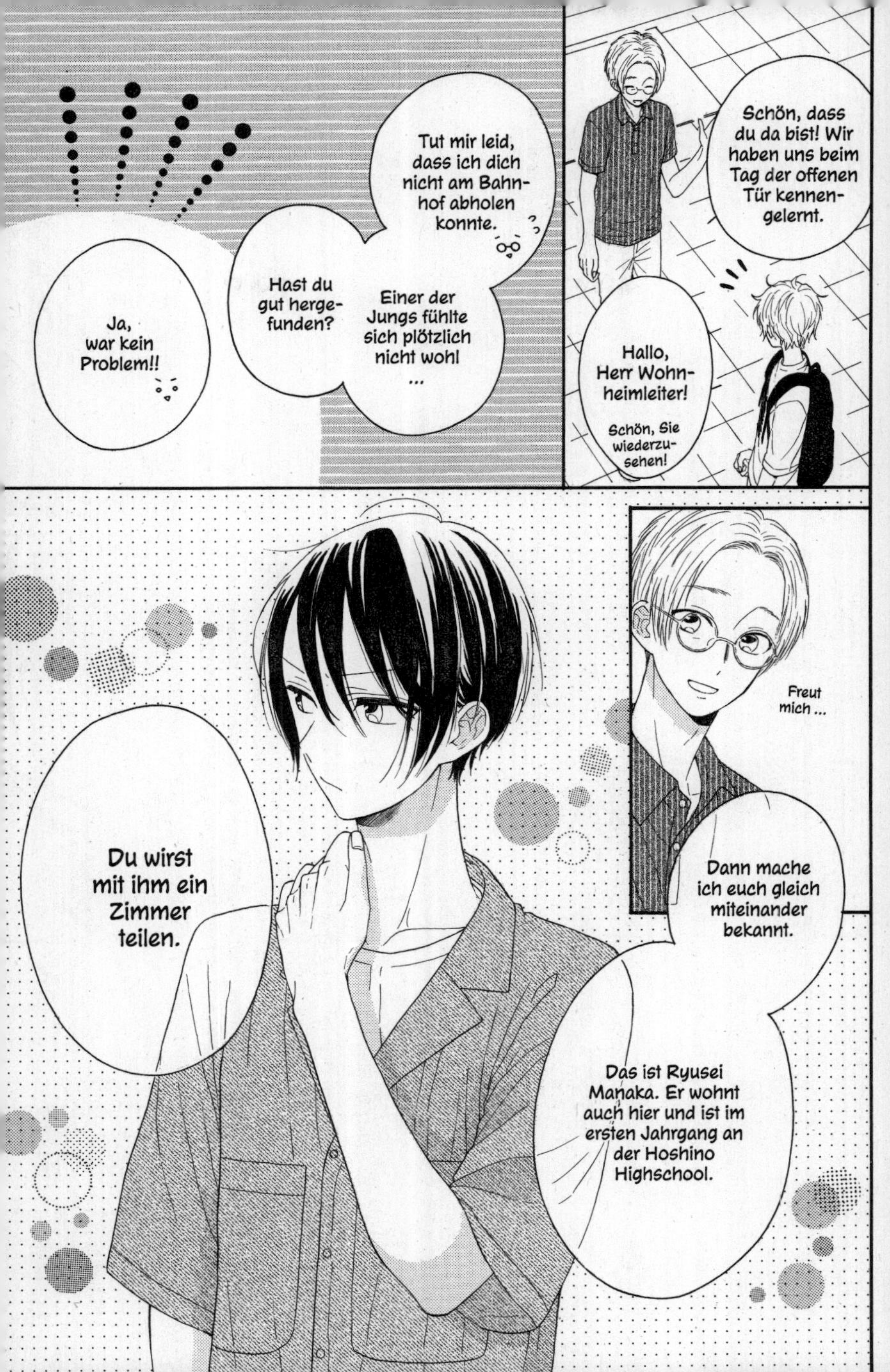
Schön, dass du da bist! Wir haben uns beim Tag der offenen Tür kennengelernt.
Hallo, Herr Wohnheimleiter!
Schön, Sie wiederzusehen!
Tut mir leid, dass ich dich nicht am Bahnhof abholen konnte.
Einer der Jungs fühlte sich plötzlich nicht wohl ...
Hast du gut hergefunden?
Ja, war kein Problem!!
Freut mich ...
Dann mache ich euch gleich miteinander bekannt.
Das ist Ryusei Manaka. Er wohnt auch hier und ist im ersten Jahrgang an der Hoshino Highschool.
Du wirst mit ihm ein Zimmer teilen.

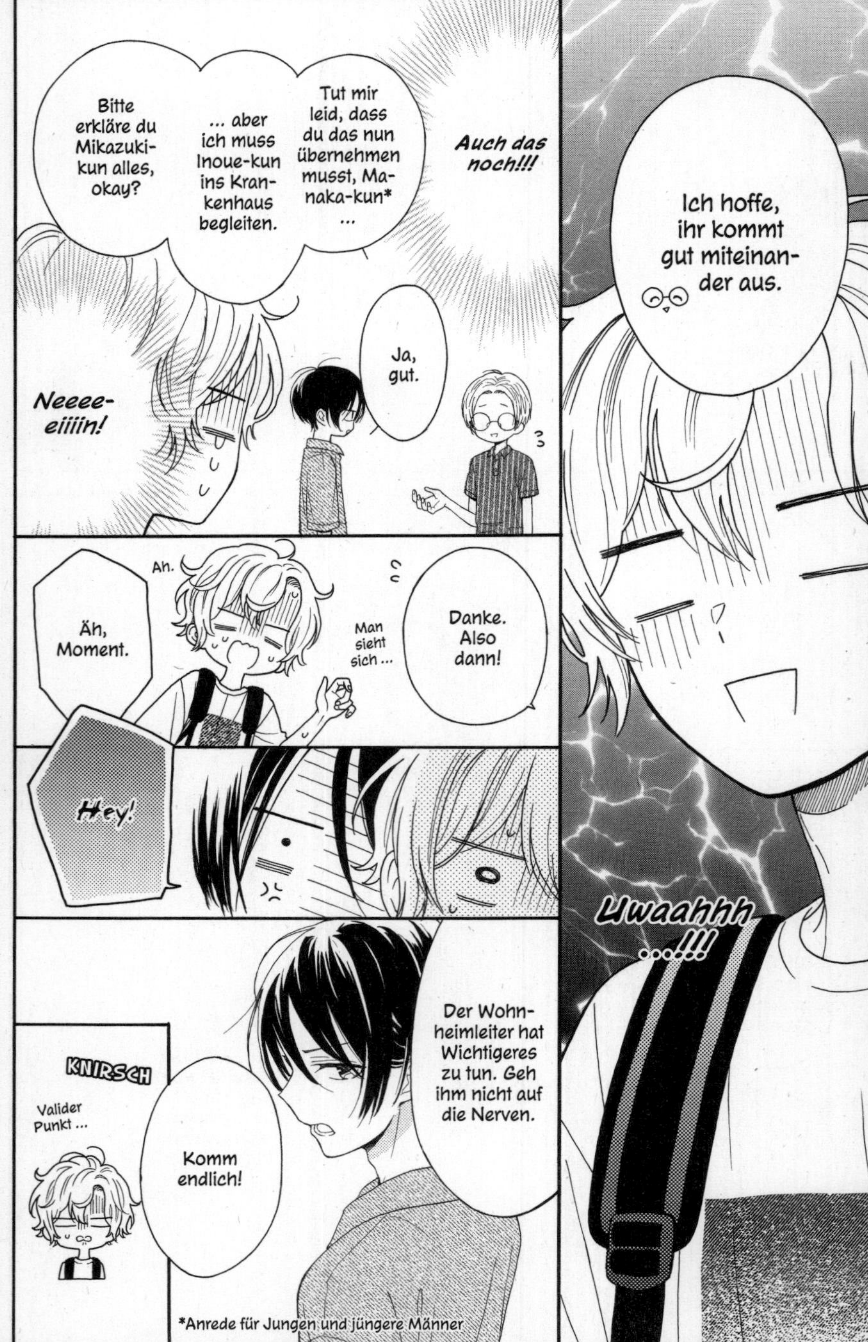

*Anrede für Jungen und jüngere Männer

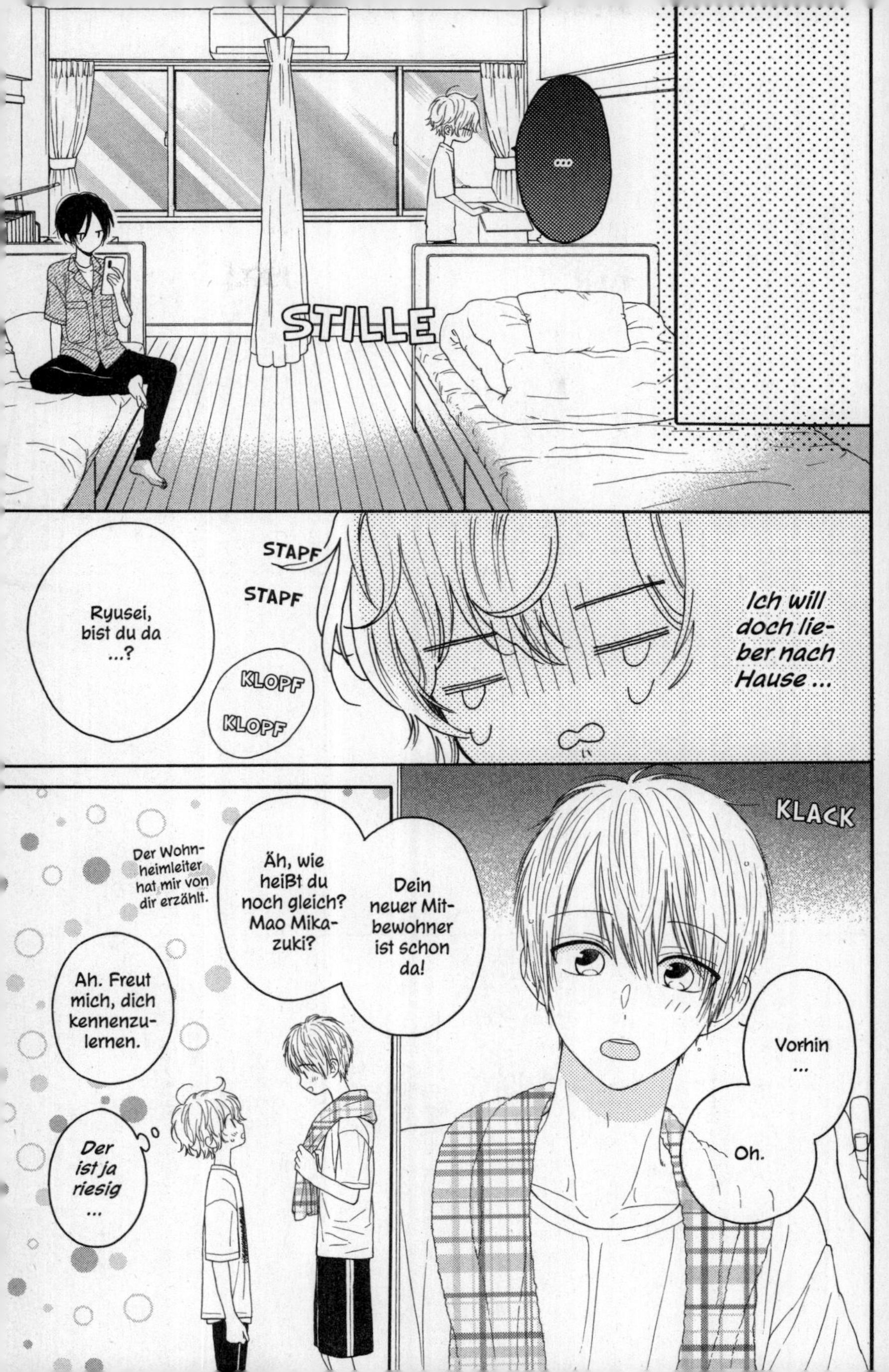

...
STILLE
Ich will doch lieber nach Hause ...
STAPF
STAPF
Ryusei, bist du da ...?
KLOPF
KLOPF
KLACK
Vorhin ...
Oh.
Dein neuer Mitbewohner ist schon da!
Äh, wie heißt du noch gleich? Mao Mikazuki?
Der Wohnheimleiter hat mir von dir erzählt.
Ah. Freut mich, dich kennenzulernen.
Der ist ja riesig ...

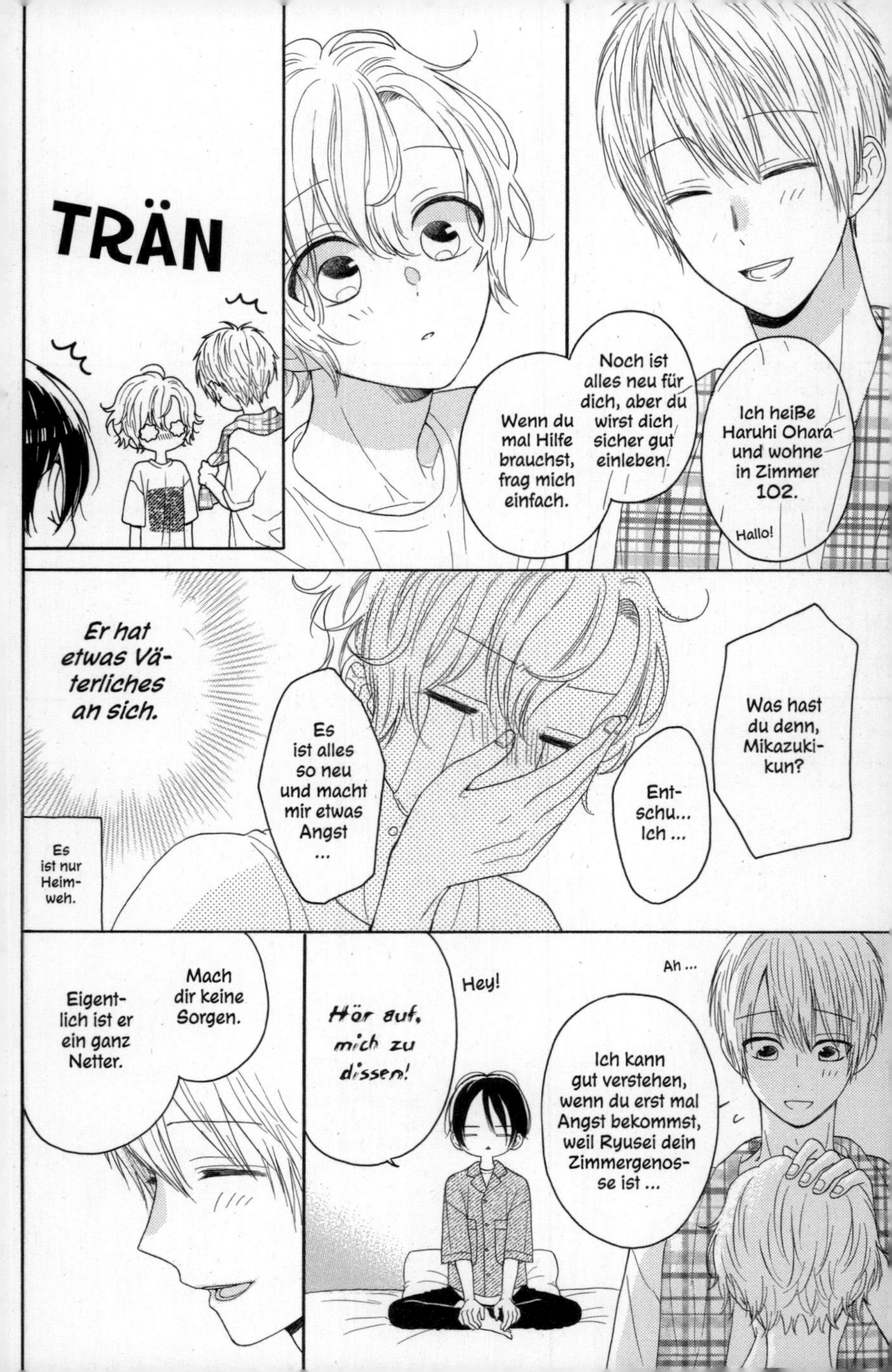
Ich heiße Haruhi Ohara und wohne in Zimmer 102.
Hallo!
Noch ist alles neu für dich, aber du wirst dich sicher gut einleben.
Wenn du mal Hilfe brauchst, frag mich einfach.
TRÄN
Was hast du denn, Mikazuki-kun?
Entschu... Ich ...
Es ist alles so neu und macht mir etwas Angst ...
Er hat etwas Väterliches an sich.
Es ist nur Heimweh.
Ah ...
Ich kann gut verstehen, wenn du erst mal Angst bekommst, weil Ryusei dein Zimmergenosse ist ...
Hey!
Hör auf, mich zu dissen!
Mach dir keine Sorgen.
Eigentlich ist er ein ganz Netter.

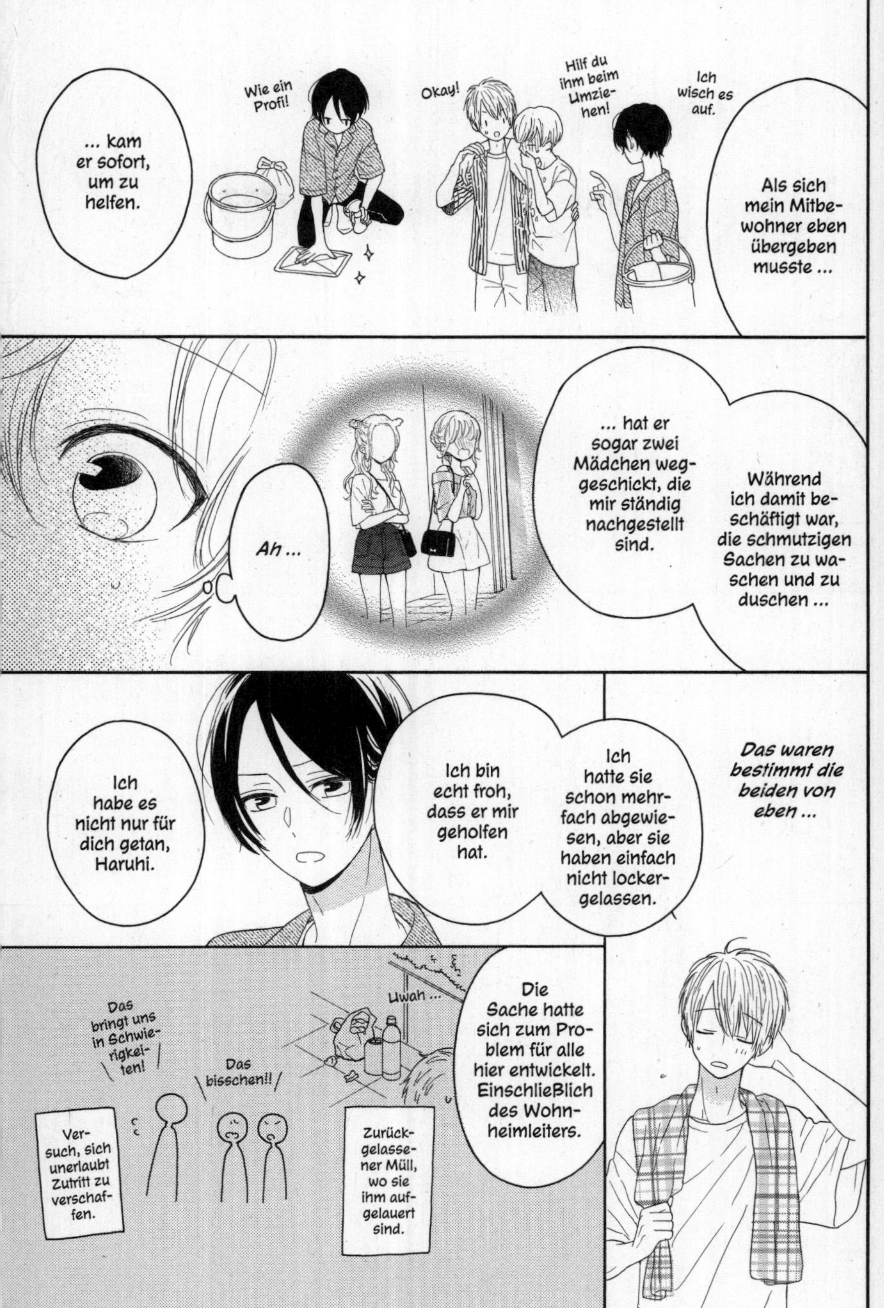

Als sich mein Mitbewohner eben übergeben musste ...
Ich wisch es auf.
Hilf du ihm beim Umziehen!
Okay!
Wie ein Profi!
... kam er sofort, um zu helfen.
Während ich damit beschäftigt war, die schmutzigen Sachen zu waschen und zu duschen ...
... hat er sogar zwei Mädchen weggeschickt, die mir ständig nachgestellt sind.
Ah ...
Das waren bestimmt die beiden von eben ...
Ich hatte sie schon mehrfach abgewiesen, aber sie haben einfach nicht lockergelassen.
Ich bin echt froh, dass er mir geholfen hat.
Ich habe es nicht nur für dich getan, Haruhi.
Die Sache hatte sich zum Problem für alle hier entwickelt. Einschließlich des Wohnheimleiters.
Uwah ...
Zurückgelassener Müll, wo sie ihm aufgelauert sind.
Das bisschen!!
Das bringt uns in Schwierigkeiten!
Versuch, sich unerlaubt Zutritt zu verschaffen.

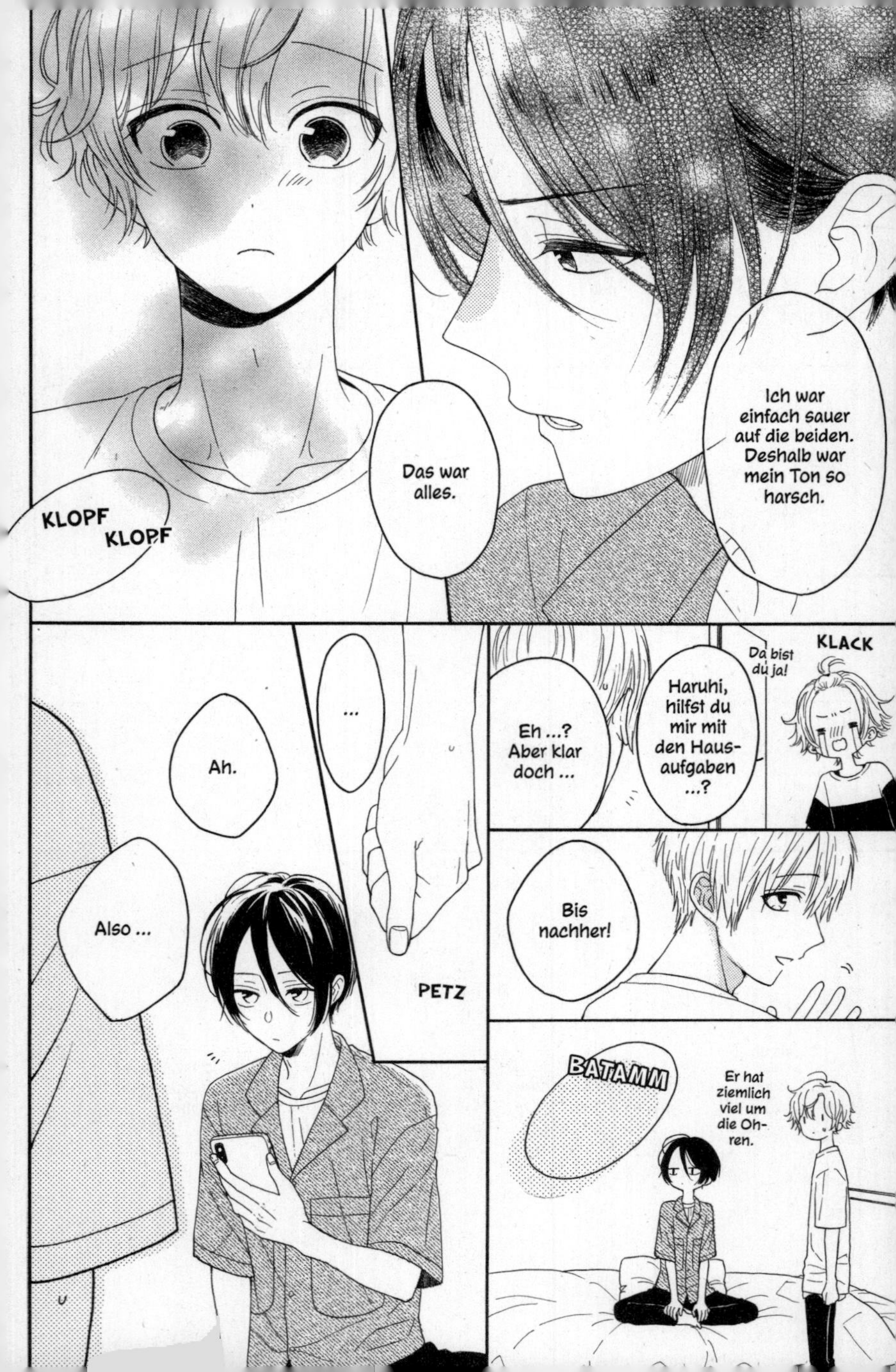
Ich war einfach sauer auf die beiden. Deshalb war mein Ton so harsch.
Das war alles.
KLOPF KLOPF
KLACK
Da bist du ja!
Haruhi, hilfst du mir mit den Hausaufgaben ...?
Eh ...? Aber klar doch ...
Bis nachher!
BATAMM
Er hat ziemlich viel um die Ohren.
...
PETZ
Ah.
Also ...

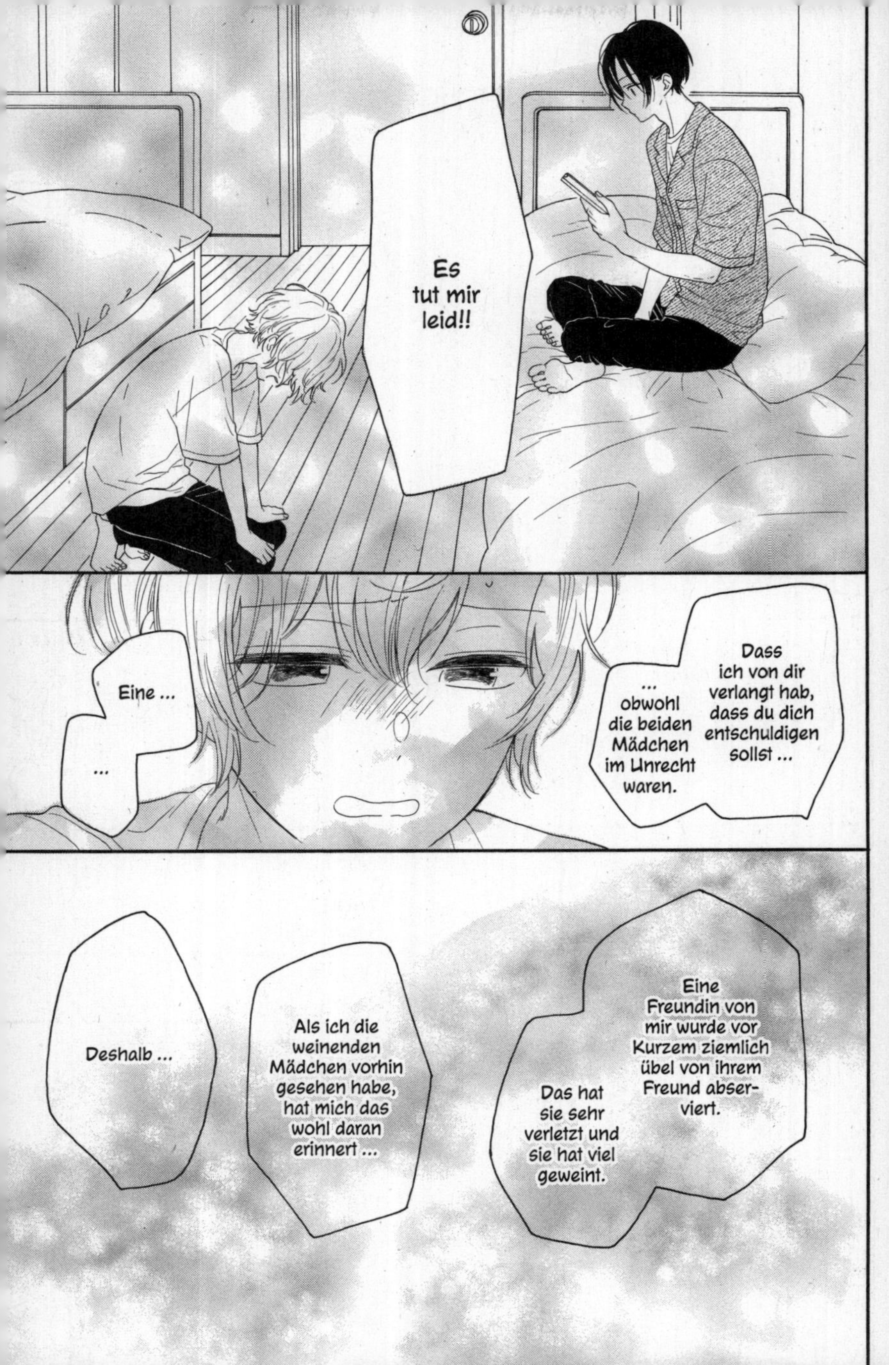
Es tut mir leid!!
Dass ich von dir verlangt hab, dass du dich entschuldigen sollst ...
... obwohl die beiden Mädchen im Unrecht waren.
Eine ...
...
Eine Freundin von mir wurde vor Kurzem ziemlich übel von ihrem Freund abser-viert.
Das hat sie sehr verletzt und sie hat viel geweint.
Als ich die weinenden Mädchen vorhin gesehen habe, hat mich das wohl daran erinnert ...
Deshalb ...

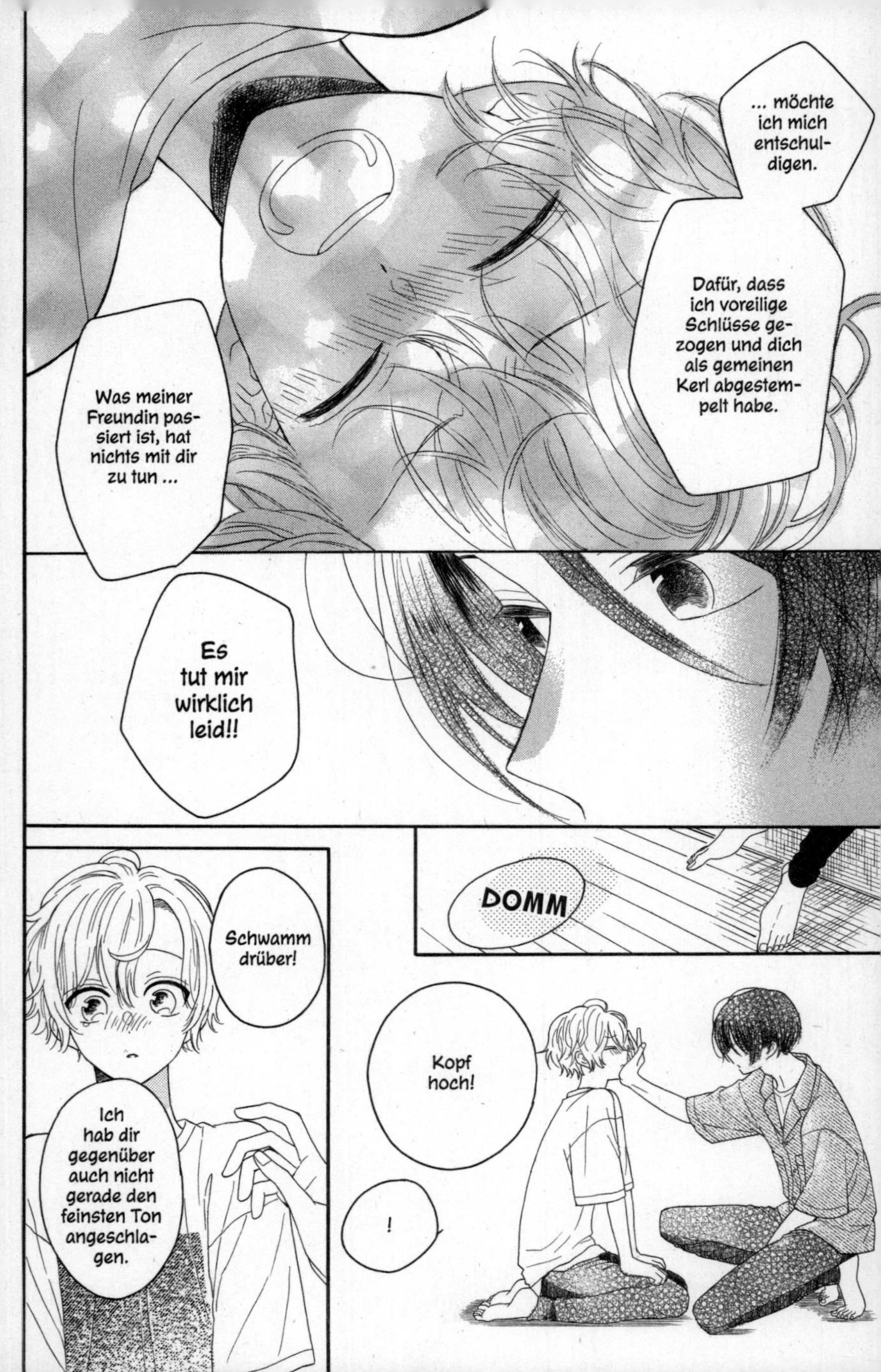
... möchte ich mich entschuldigen.
Dafür, dass ich voreilige Schlüsse gezogen und dich als gemeinen Kerl abgestempelt habe.
Was meiner Freundin passiert ist, hat nichts mit dir zu tun ...
Es tut mir wirklich leid!!
DOMM
Schwamm drüber!
Ich hab dir gegenüber auch nicht gerade den feinsten Ton angeschlagen.
Kopf hoch!
!

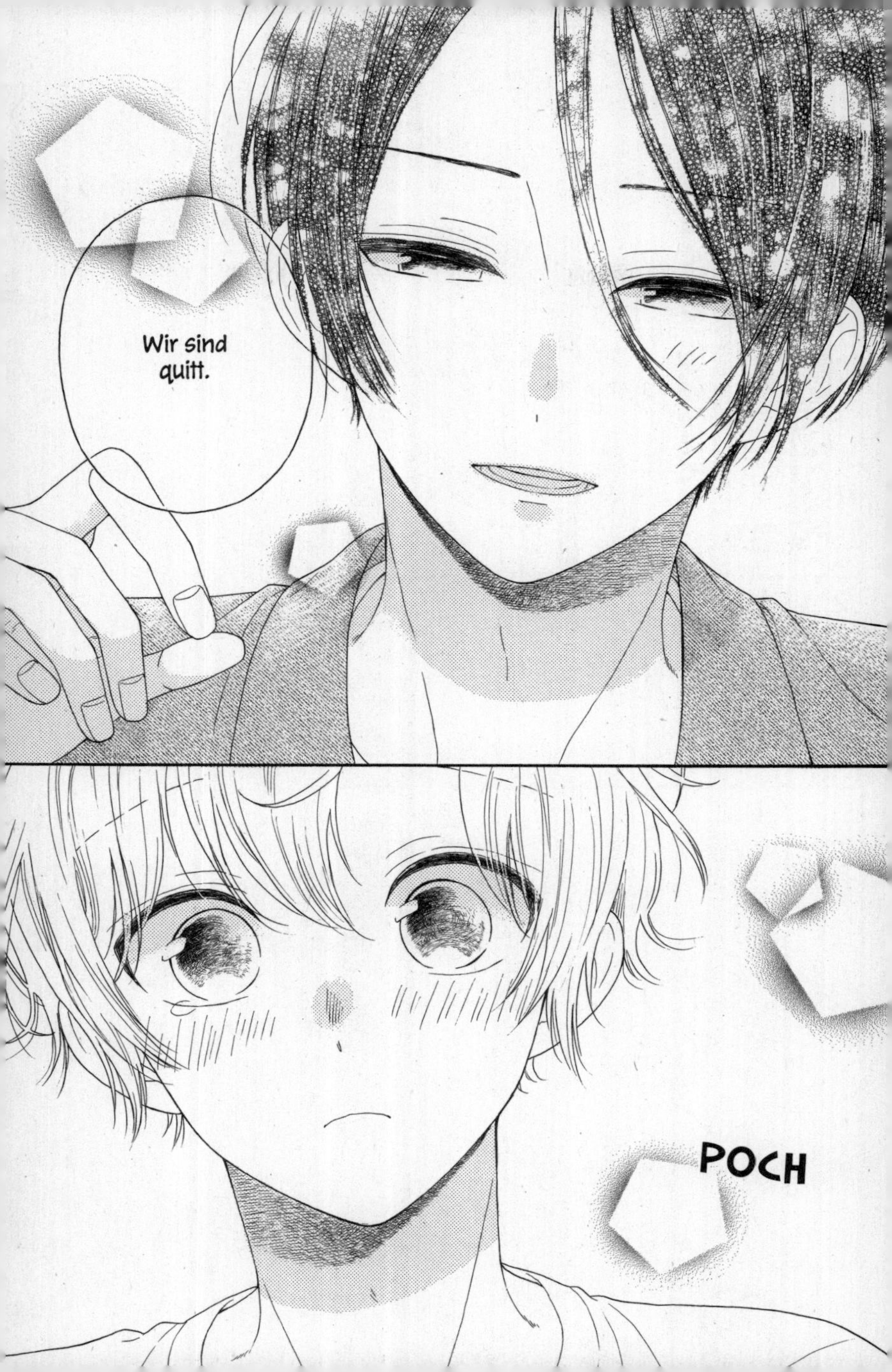
Wir sind quitt.
POCH

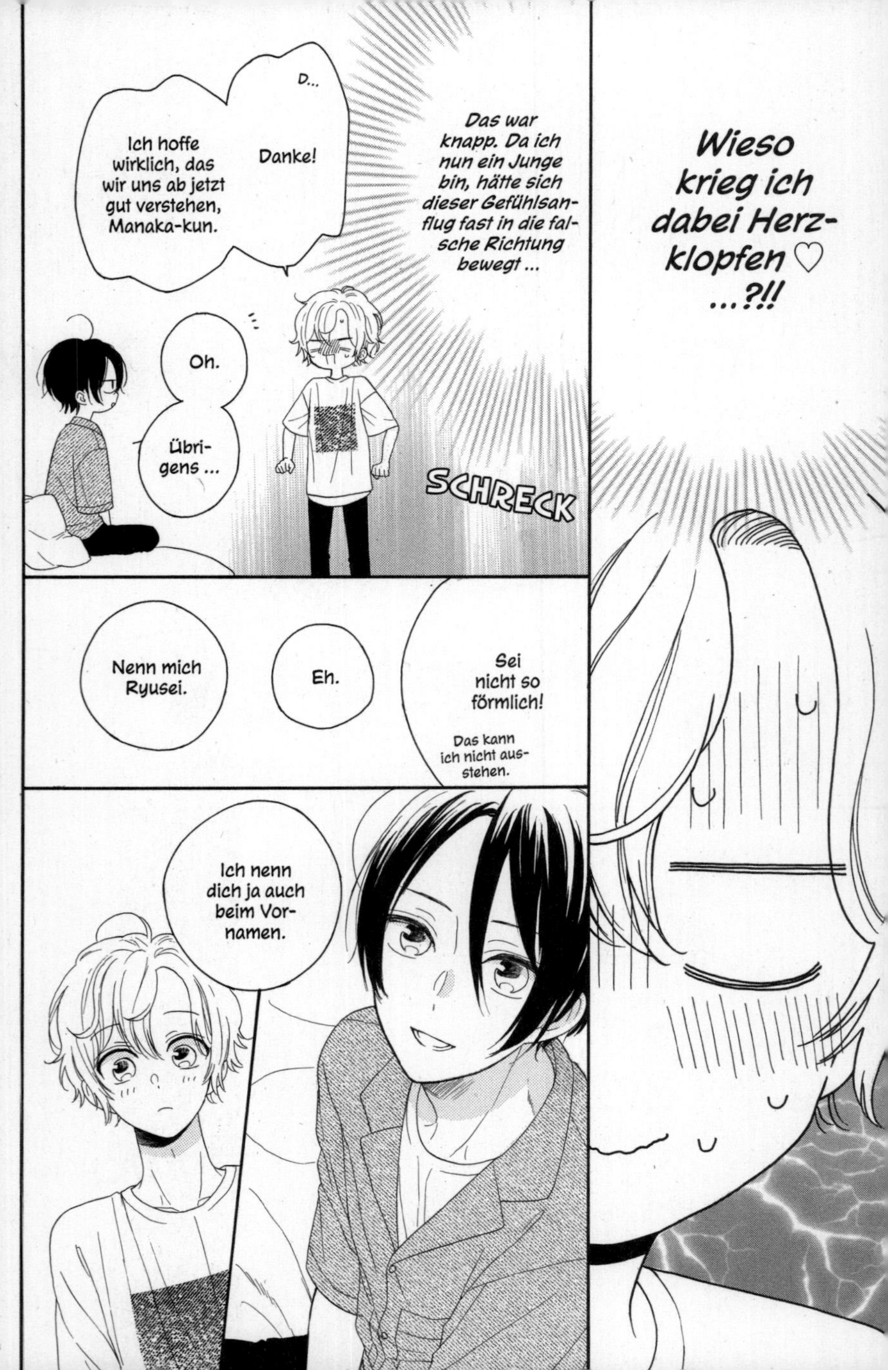

D...
Danke!
Ich hoffe wirklich, das wir uns ab jetzt gut verstehen, Manaka-kun.
Das war knapp. Da ich nun ein Junge bin, hätte sich dieser Gefühlsanflug fast in die falsche Richtung bewegt ...
SCHRECK
Oh.
Übrigens ...
Sei nicht so förmlich!
Das kann ich nicht ausstehen.
Eh.
Nenn mich Ryusei.
Ich nenn dich ja auch beim Vornamen.
Wieso krieg ich dabei Herzklopfen ♡ ...?!!

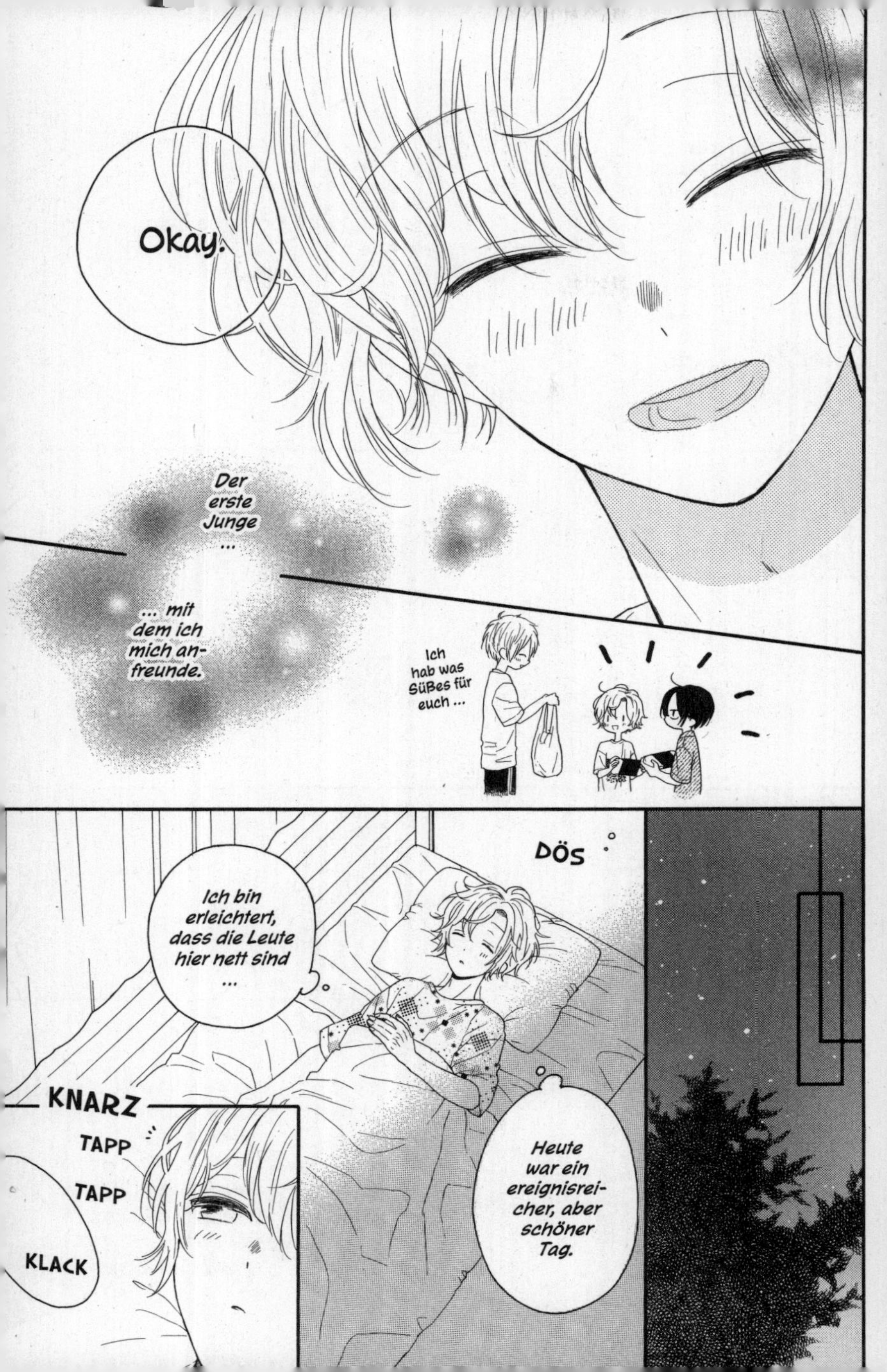
Okay.
Der erste Junge ...
... mit dem ich mich anfreunde.
Ich hab was Süßes für euch ...
DÖS
Ich bin erleichtert, dass die Leute hier nett sind ...
Heute war ein ereignisreicher, aber schöner Tag.
KNARZ
TAPP
TAPP
KLACK

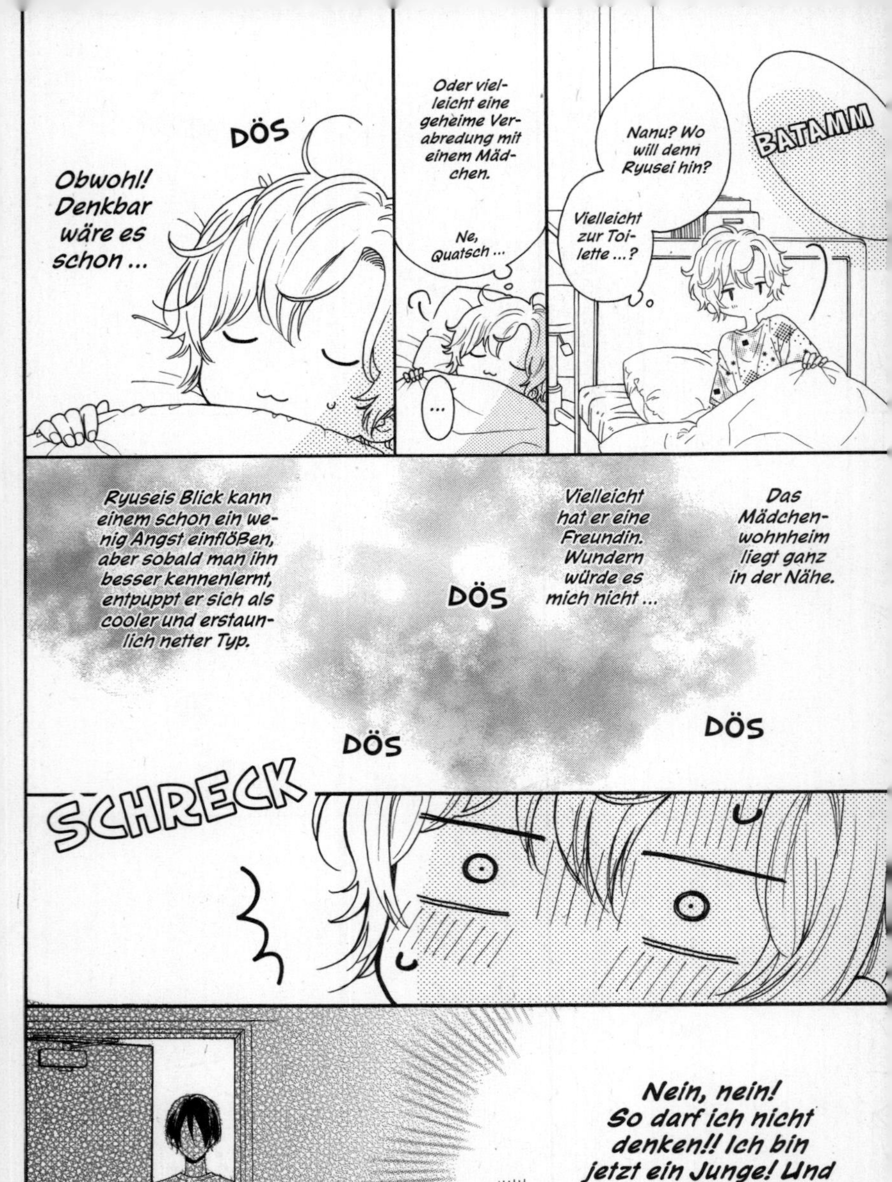
BATAMM
Nanu? Wo will denn Ryusei hin?
Vielleicht zur Toilette ...?
Oder vielleicht eine geheime Verabredung mit einem Mädchen.
Ne, Quatsch ...
...
DÖS
Obwohl! Denkbar wäre es schon ...
Das Mädchenwohnheim liegt ganz in der Nähe.
Vielleicht hat er eine Freundin. Wundern würde es mich nicht ...
DÖS
Ryuseis Blick kann einem schon ein wenig Angst einflößen, aber sobald man ihn besser kennenlernt, entpuppt er sich als cooler und erstaunlich netter Typ.
DÖS
DÖS
SCHRECK
Nein, nein! So darf ich nicht denken!! Ich bin jetzt ein Junge! Und Ryusei auch! Bloß keine Eifersucht!! Bloß keine romantischen Gefühle!!
KLACK

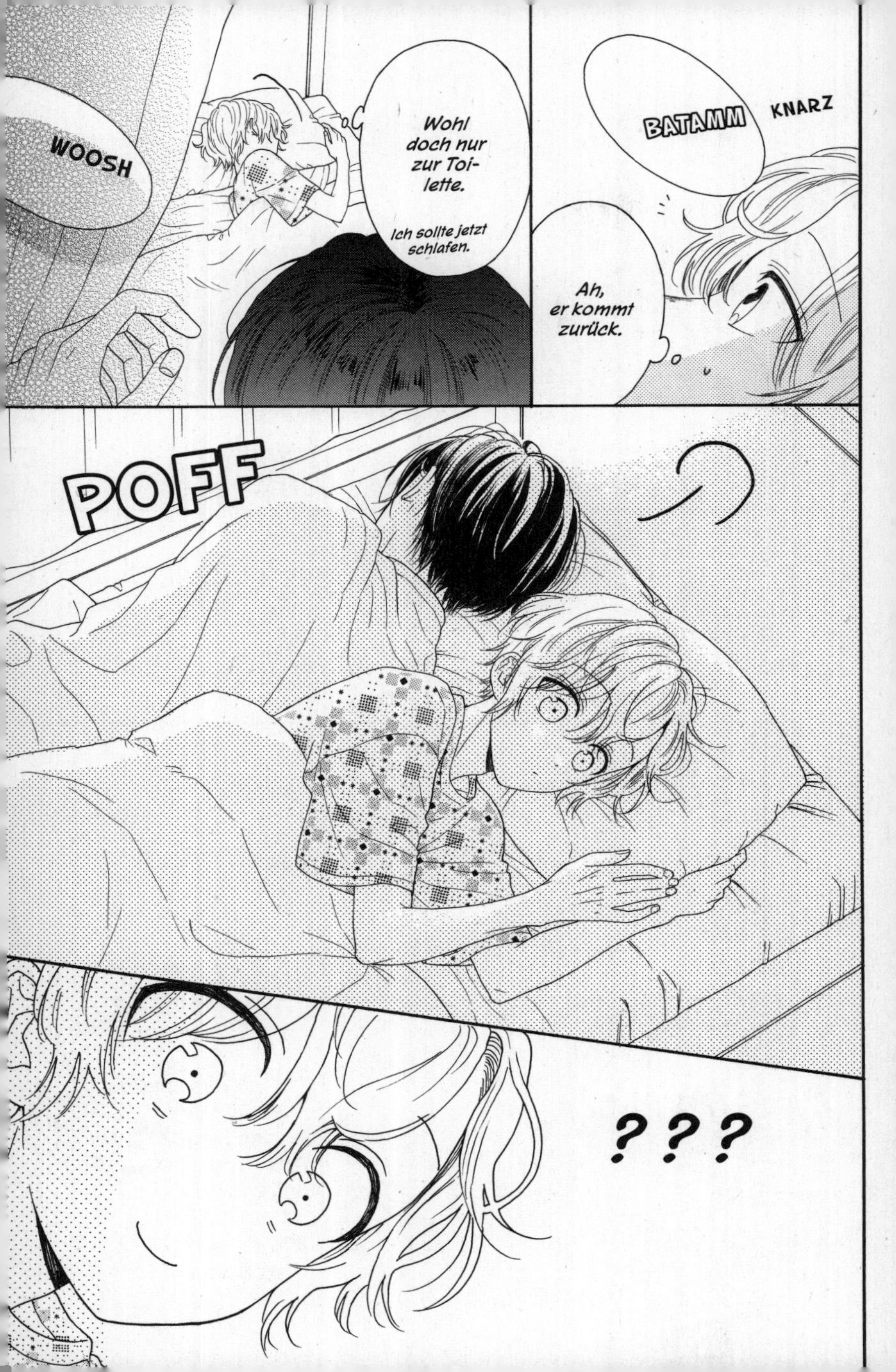
BATAMM
KNARZ
Ah, er kommt zurück.
Wohl doch nur zur Toilette.
Ich sollte jetzt schlafen.
WOOSH
POFF
???

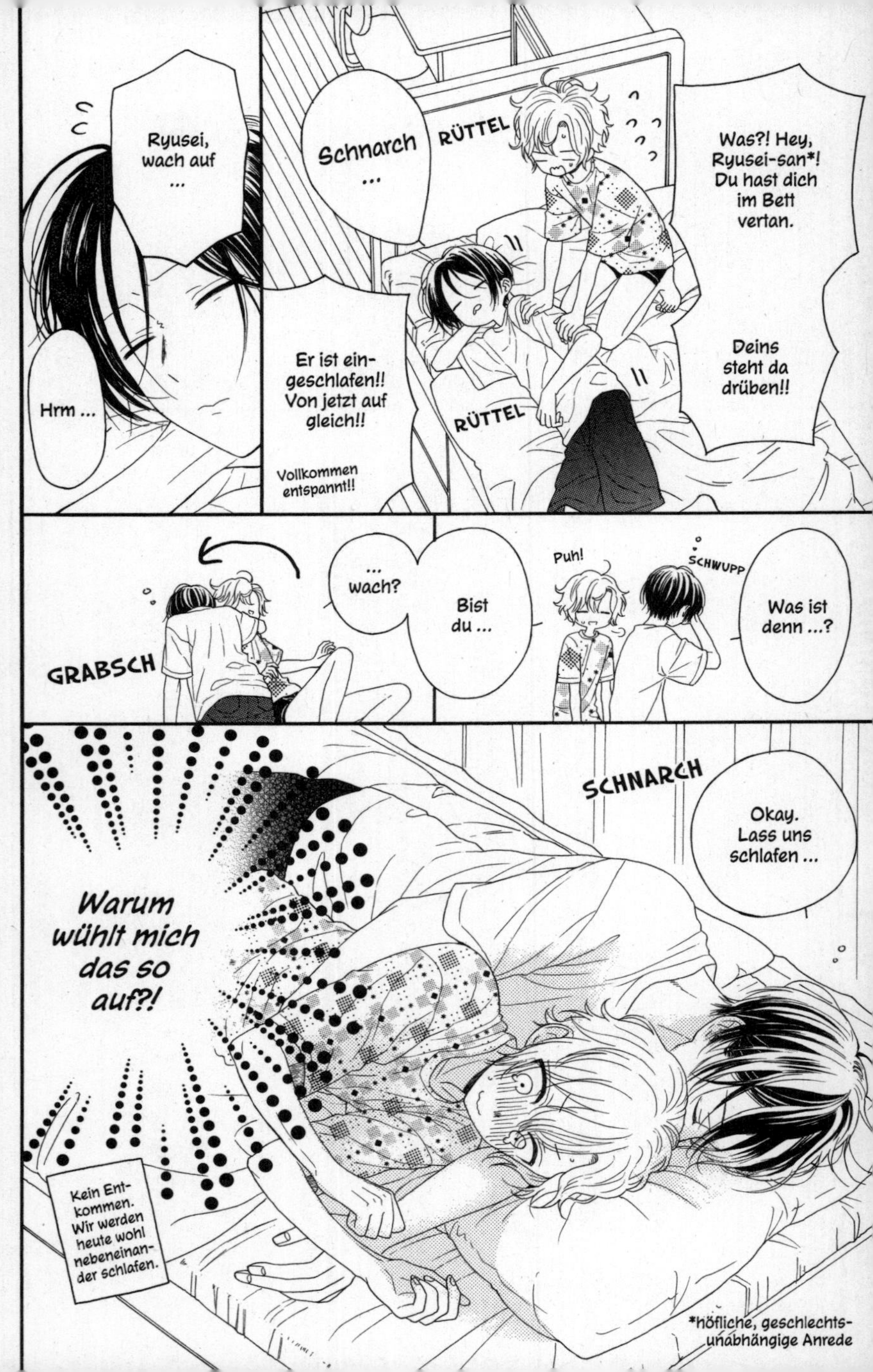
Was?! Hey, Ryusei-san*! Du hast dich im Bett vertan.
Deins steht da drüben!!
RÜTTEL
RÜTTEL
Schnarch ...
Er ist eingeschlafen!! Von jetzt auf gleich!!
Vollkommen entspannt!!
Ryusei, wach auf ...
Hrm ...
Was ist denn ...?
SCHWUPP
Puh!
Bist du ...
... wach?
GRABSCH
Okay. Lass uns schlafen ...
SCHNARCH
Warum wühlt mich das so auf?!
Kein Entkommen. Wir werden heute wohl nebeneinander schlafen.
*höfliche, geschlechtsunabhängige Anrede

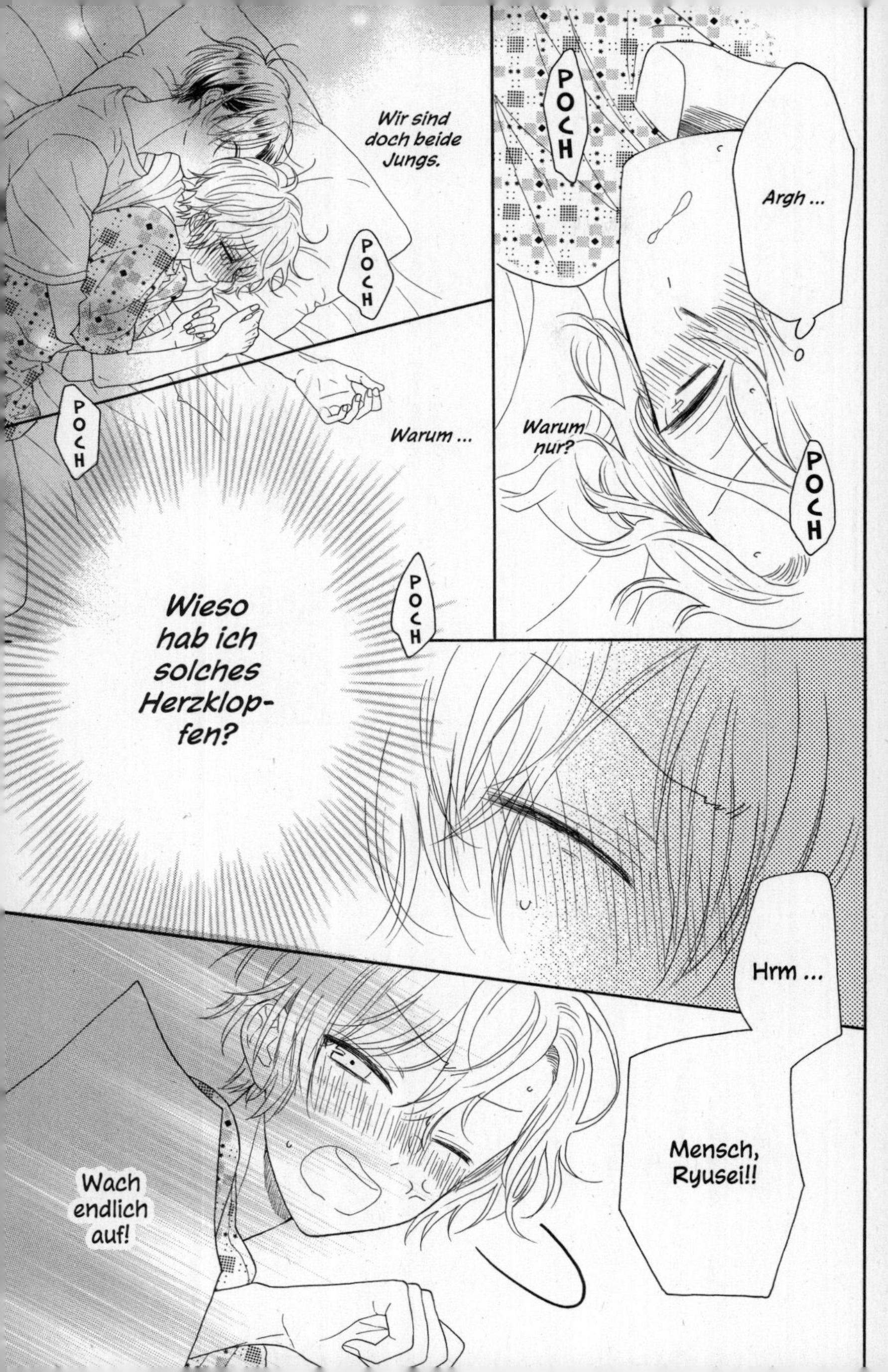
POCH
Argh ...
Wir sind doch beide Jungs.
POCH
POCH
Warum nur?
POCH
Warum ...
POCH
Wieso hab ich solches Herzklop-fen?
Hrm ...
Mensch, Ryusei!!
Wach endlich auf!

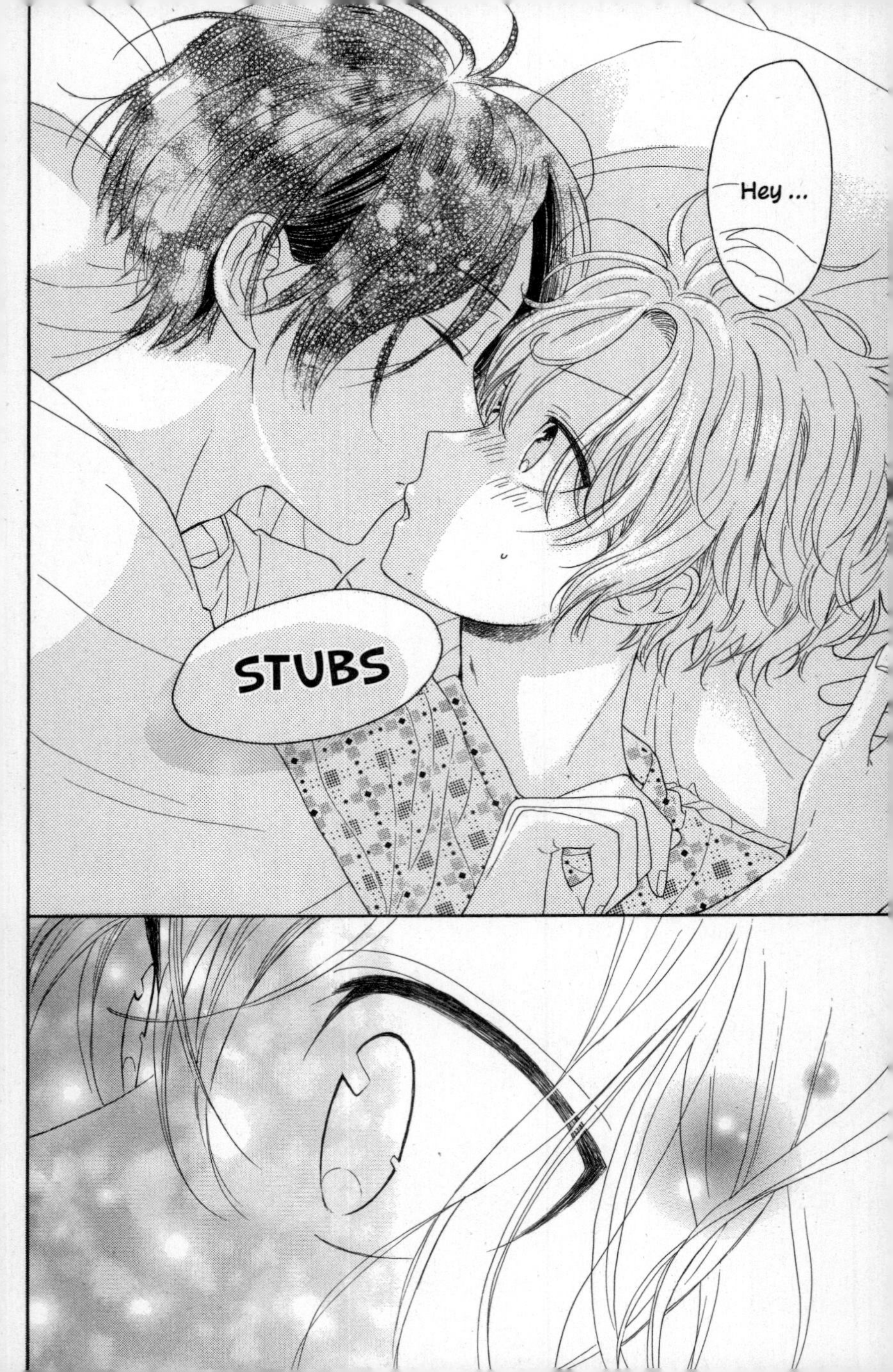
Hey ...
STUBS

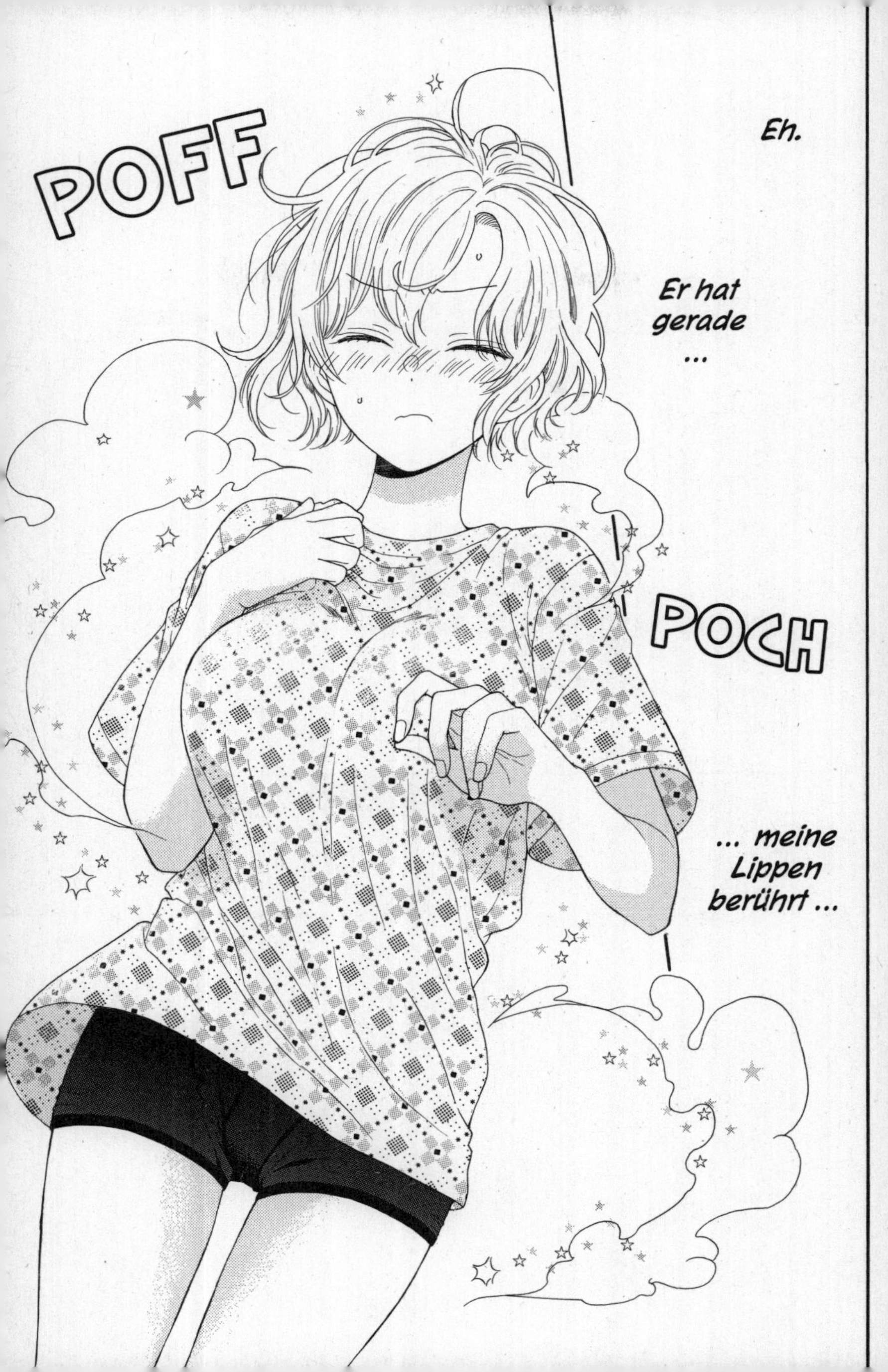
Eh.
Er hat gerade …
POFF
POCH
… meine Lippen berührt …

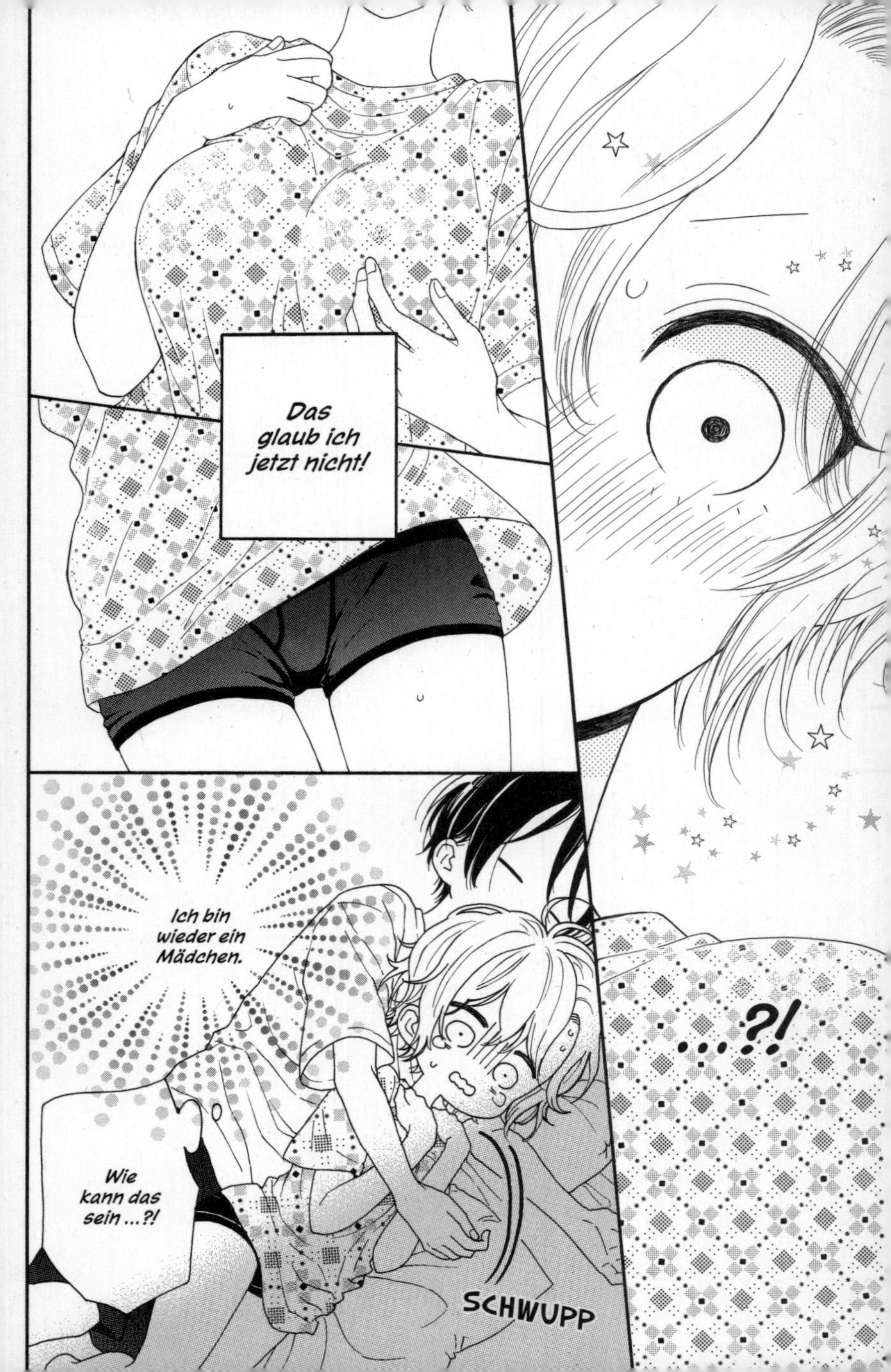

...?!
Das glaub ich jetzt nicht!
Ich bin wieder ein Mädchen.
Wie kann das sein ...?!
SCHWUPP

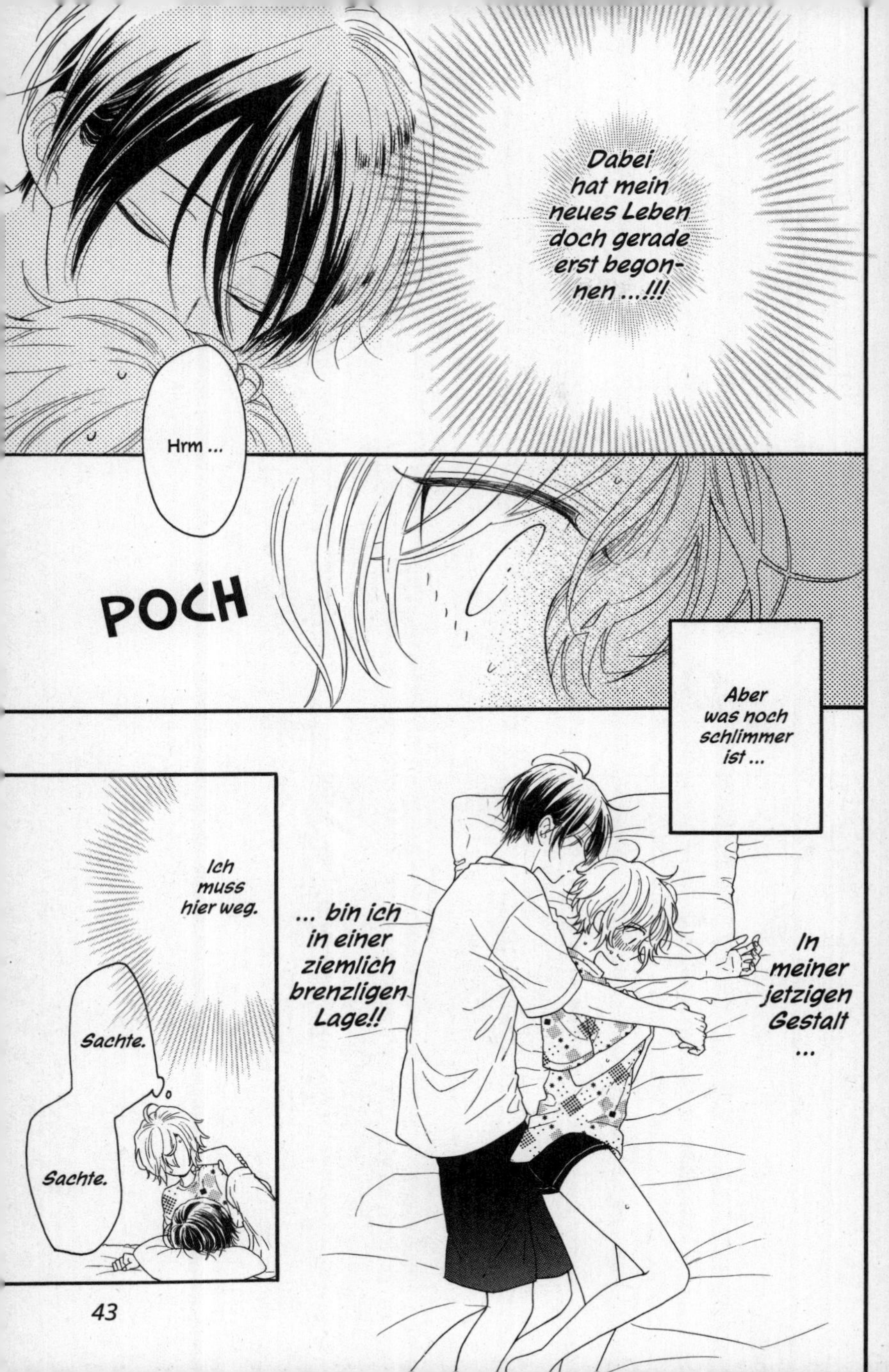
Dabei hat mein neues Leben doch gerade erst begon-nen ...!!!
Hrm ...
POCH
Aber was noch schlimmer ist ...
In meiner jetzigen Gestalt ...
... bin ich in einer ziemlich brenzligen Lage!!
Ich muss hier weg.
Sachte.
Sachte.

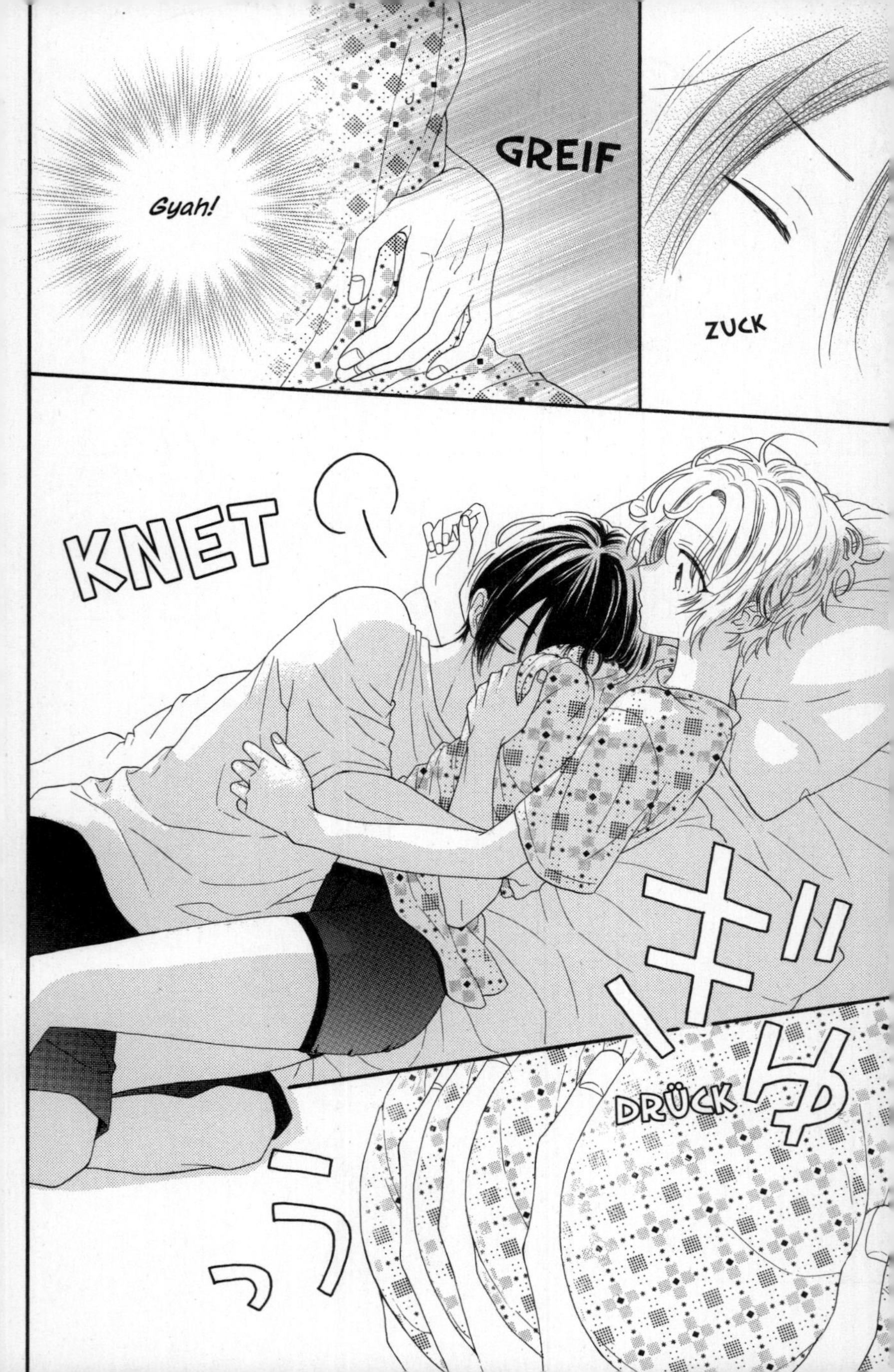
ZUCK
GREIF
Gyah!
KNET
DRÜCK

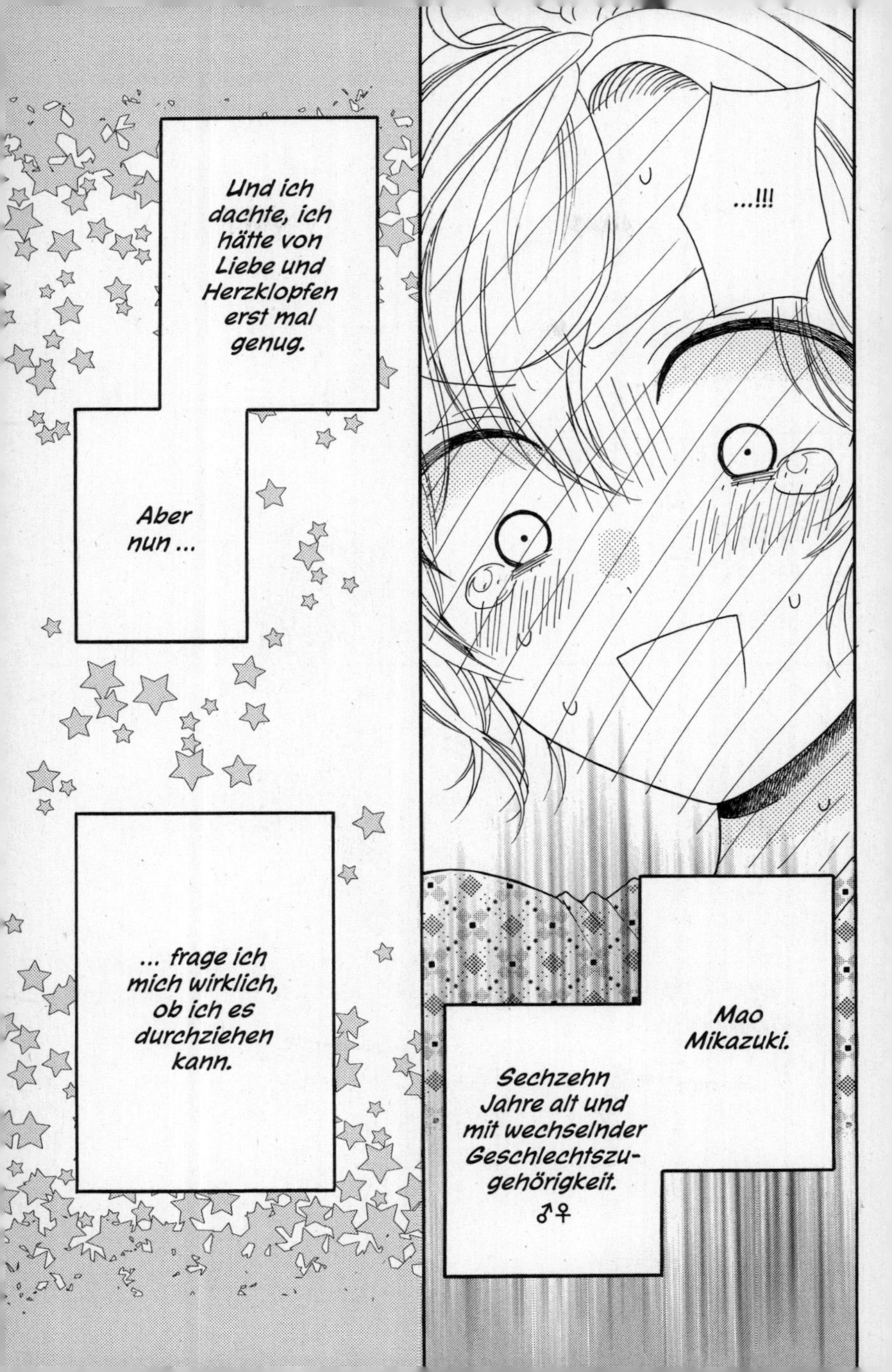

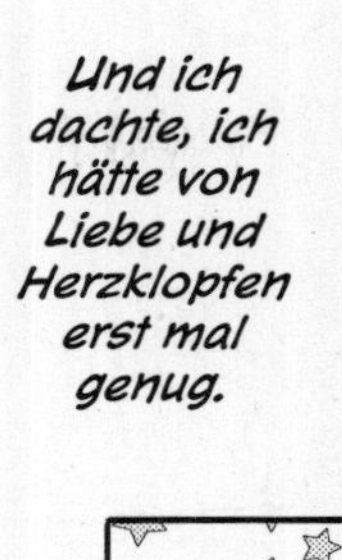
...!!!
Mao Mikazuki.
Sechzehn Jahre alt und mit wechselnder Geschlechtszugehörigkeit. ♂♀
Und ich dachte, ich hätte von Liebe und Herzklopfen erst mal genug.
Aber nun ...
... frage ich mich wirklich, ob ich es durchziehen kann.

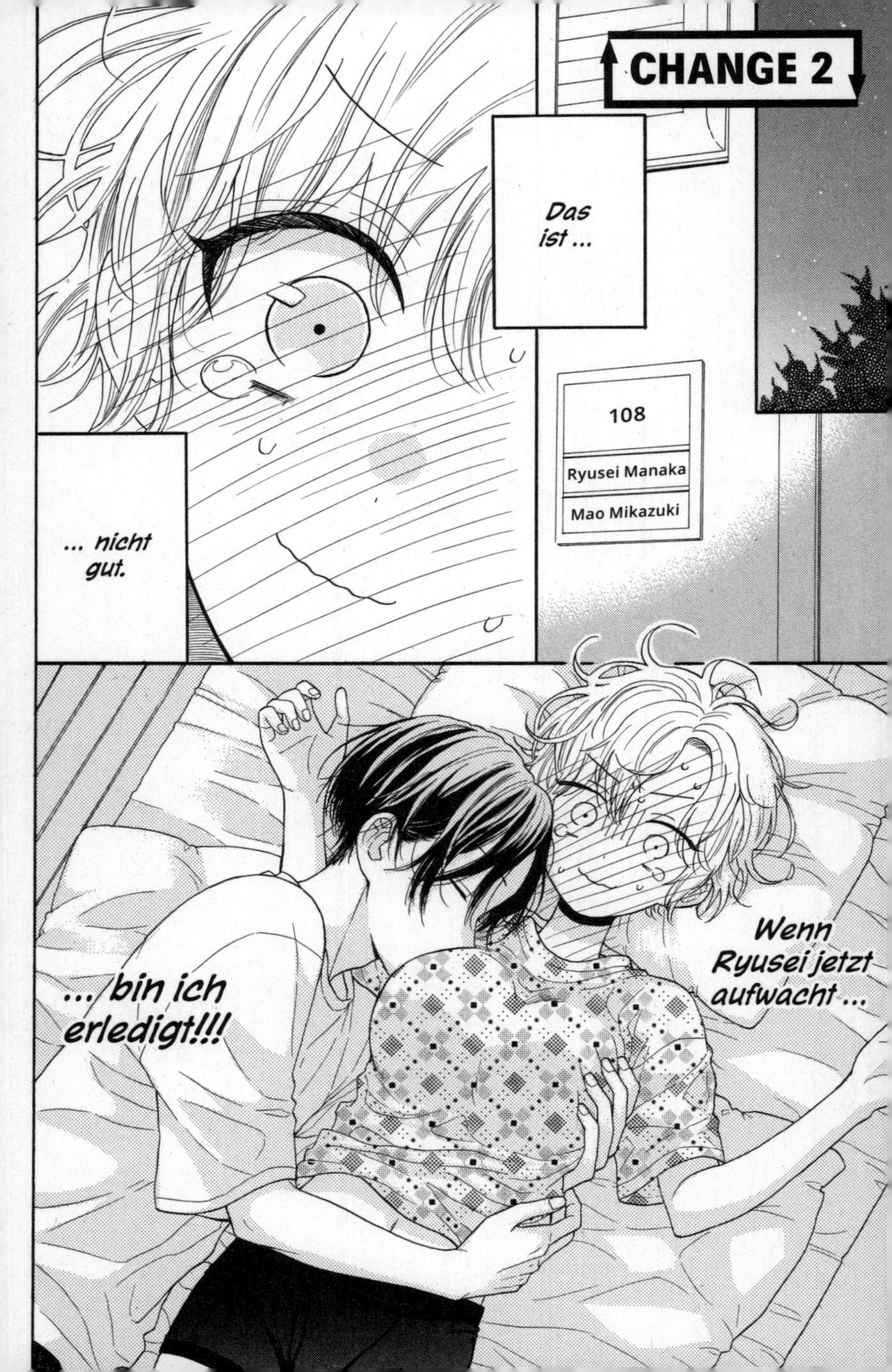
CHANGE 2
Das ist ...
108
Ryusei Manaka
Mao Mikazuki
... nicht gut.
Wenn Ryusei jetzt aufwacht ...
... bin ich erledigt!!!

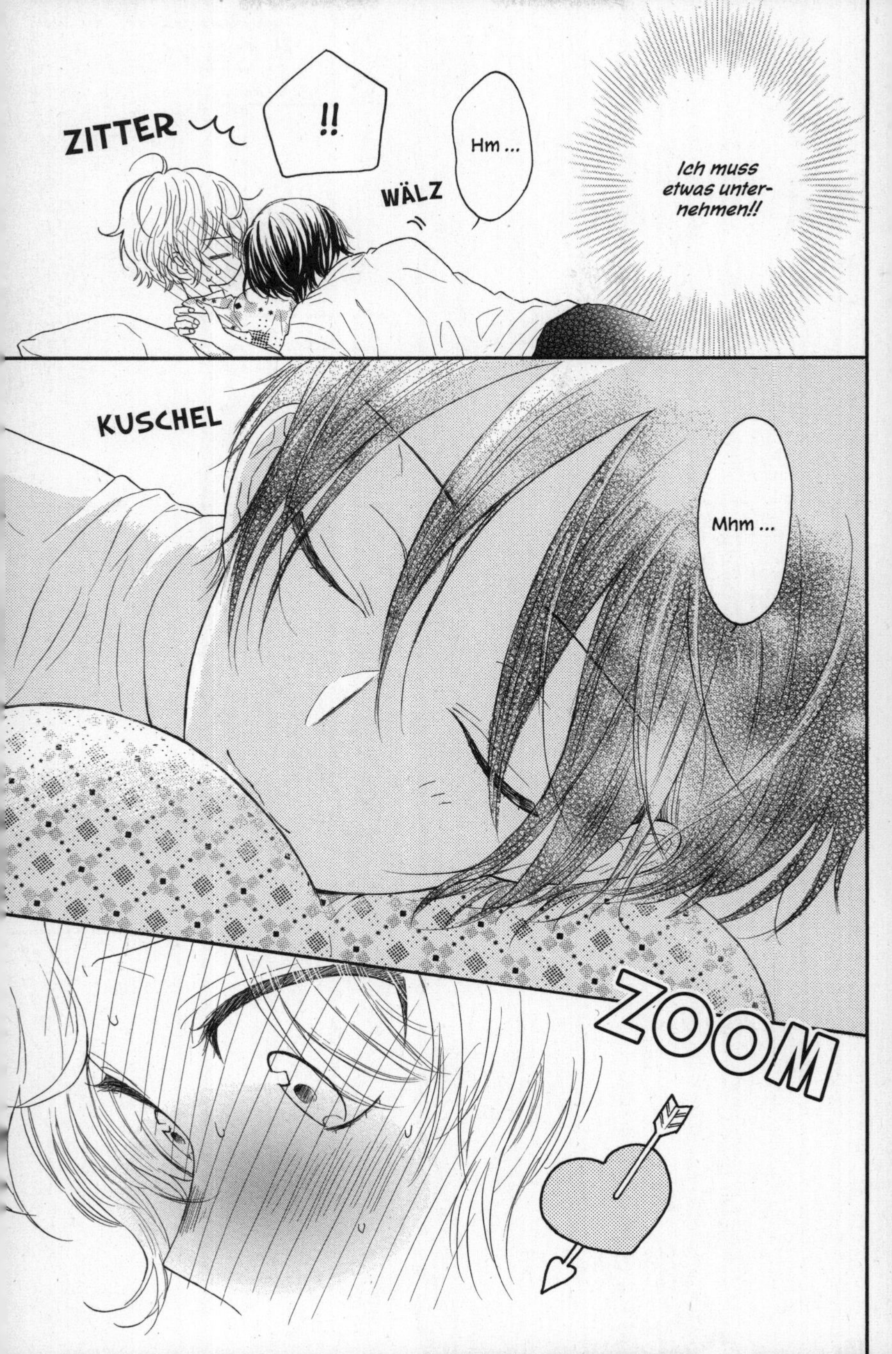
Ich muss etwas unternehmen!!
Hm ...
WÄLZ
!!
ZITTER
Mhm ...
KUSCHEL
ZOOM

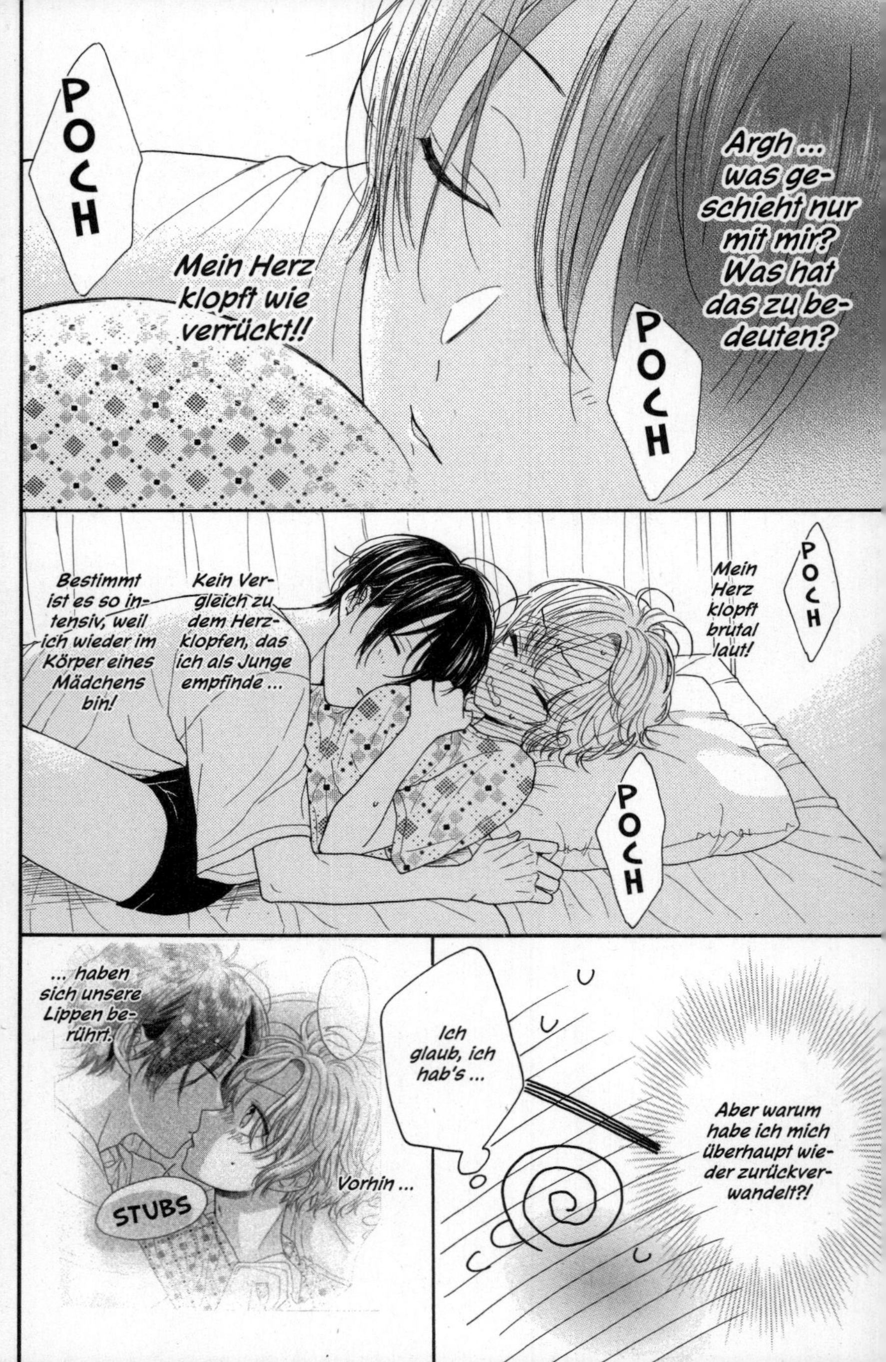

Argh ... was geschieht nur mit mir? Was hat das zu bedeuten?
POCH
Mein Herz klopft wie verrückt!!
POCH
POCH
Mein Herz klopft brutal laut!
POCH
Kein Vergleich zu dem Herzklopfen, das ich als Junge empfinde ...
Bestimmt ist es so intensiv, weil ich wieder im Körper eines Mädchens bin!
Aber warum habe ich mich überhaupt wieder zurückverwandelt?!
Ich glaub, ich hab's ...
Vorhin ...
... haben sich unsere Lippen berührt.
STUBS

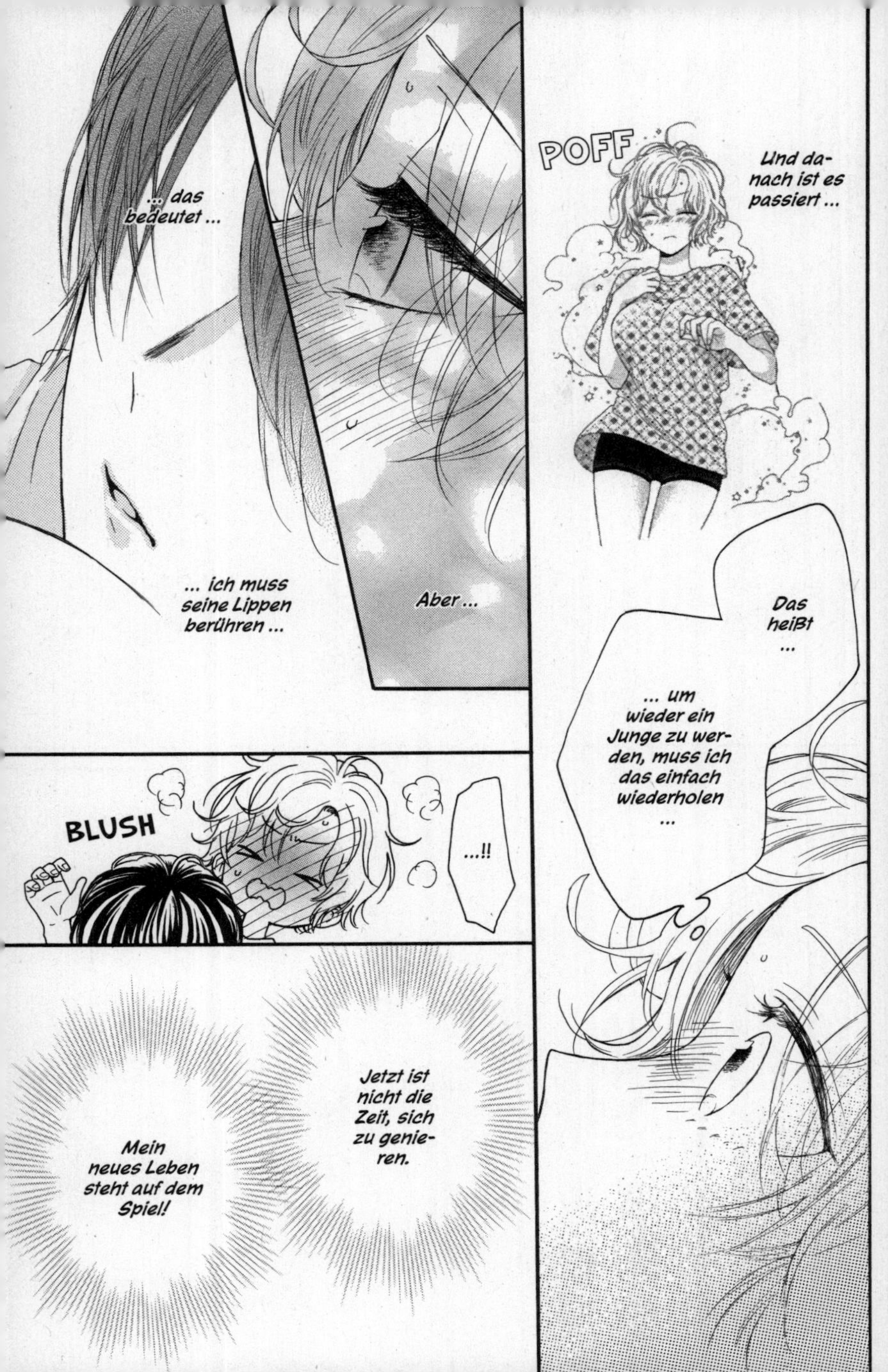
POFF
Und danach ist es passiert ...
Das heißt ...
... um wieder ein Junge zu werden, muss ich das einfach wiederholen ...
Aber ...
... das bedeutet ...
... ich muss seine Lippen berühren ...
...!!
BLUSH
Jetzt ist nicht die Zeit, sich zu genieren.
Mein neues Leben steht auf dem Spiel!

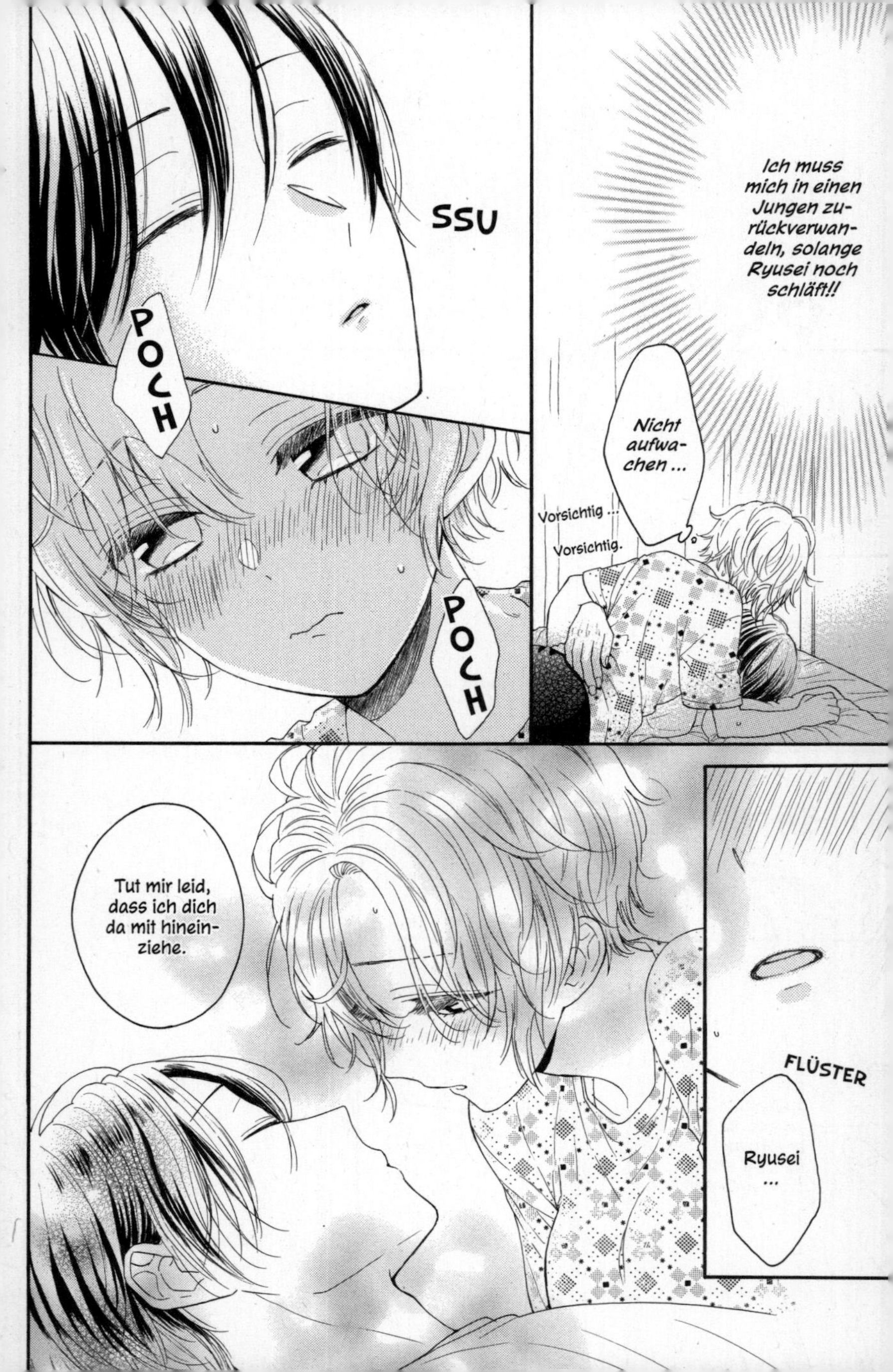

Ich muss mich in einen Jungen zurückverwandeln, solange Ryusei noch schläft!!
Nicht aufwachen ...
Vorsichtig ...
Vorsichtig.
SSU
POCH
POCH
FLÜSTER
Ryusei ...
Tut mir leid, dass ich dich da mit hineinziehe.

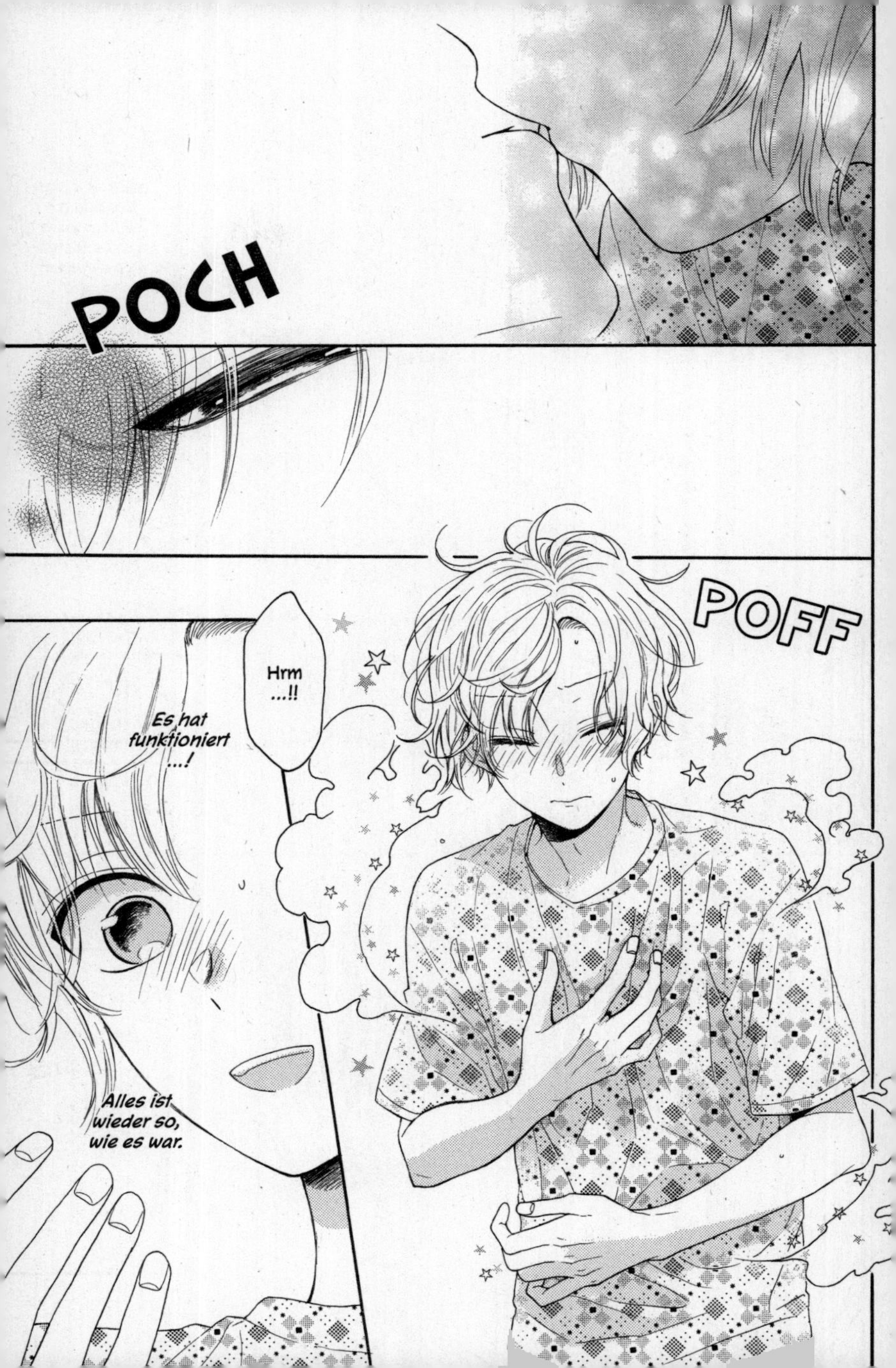
POCH
POFF
Hrm ...!!
Es hat funktioniert ...!
Alles ist wieder so, wie es war.

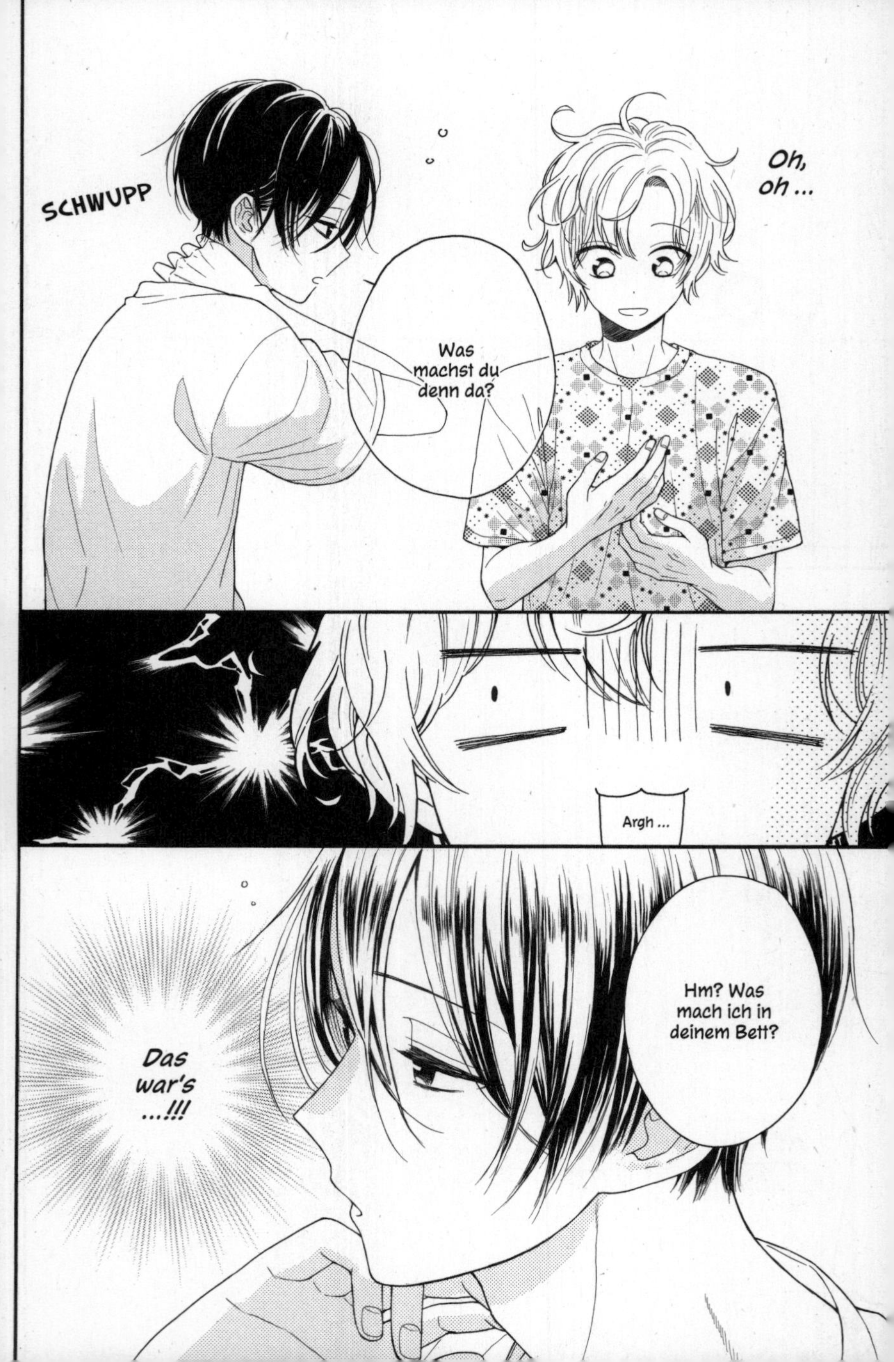
Oh, oh ...
Was machst du denn da?
SCHWUPP
Argh ...
Hm? Was mach ich in deinem Bett?
Das war's ...!!!

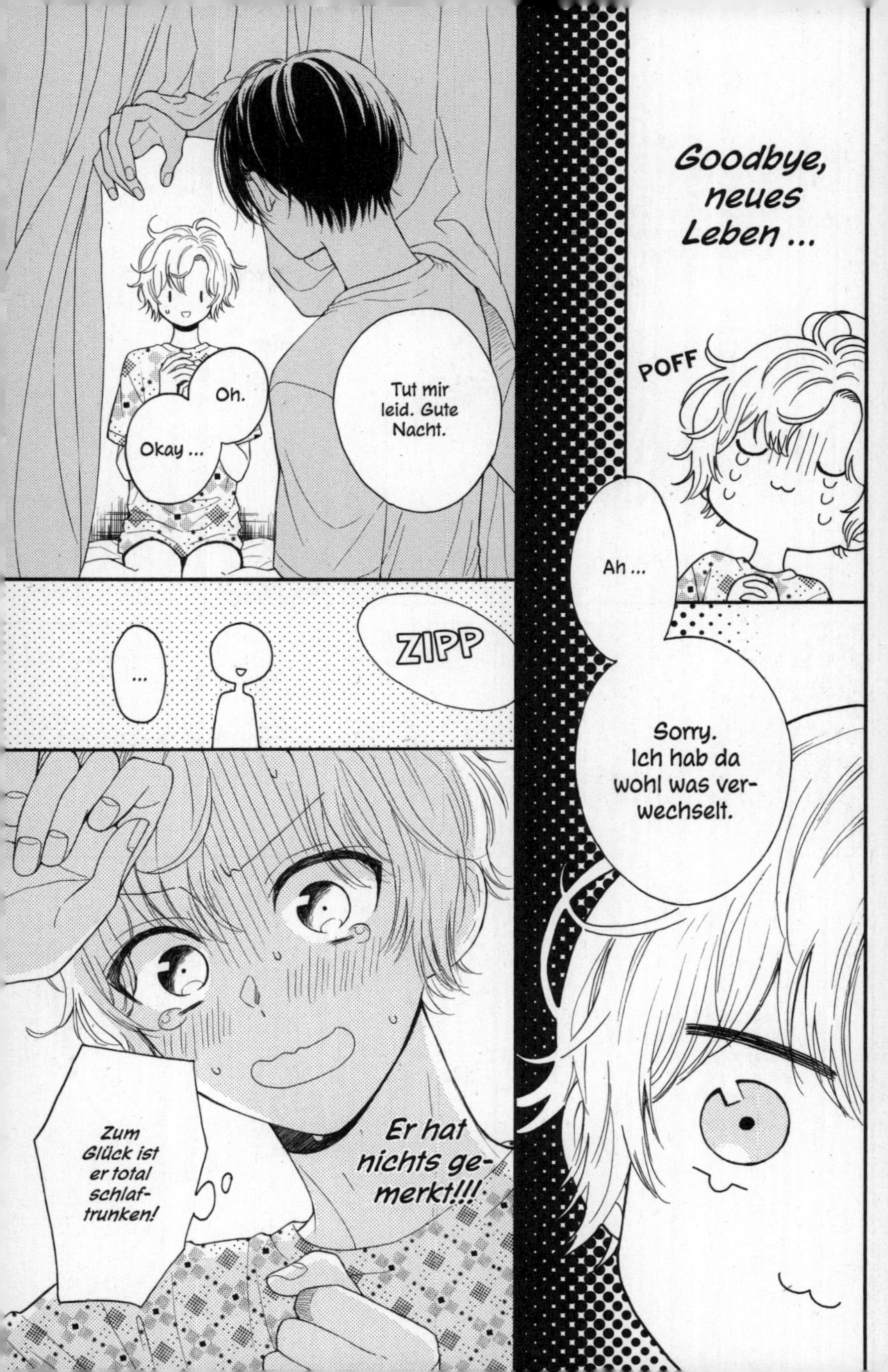
Goodbye, neues Leben ...
POFF
Ah ...
Sorry. Ich hab da wohl was verwechselt.
Tut mir leid. Gute Nacht.
Oh.
Okay ...
ZIPP
...
Er hat nichts gemerkt!!!
Zum Glück ist er total schlaftrunken!

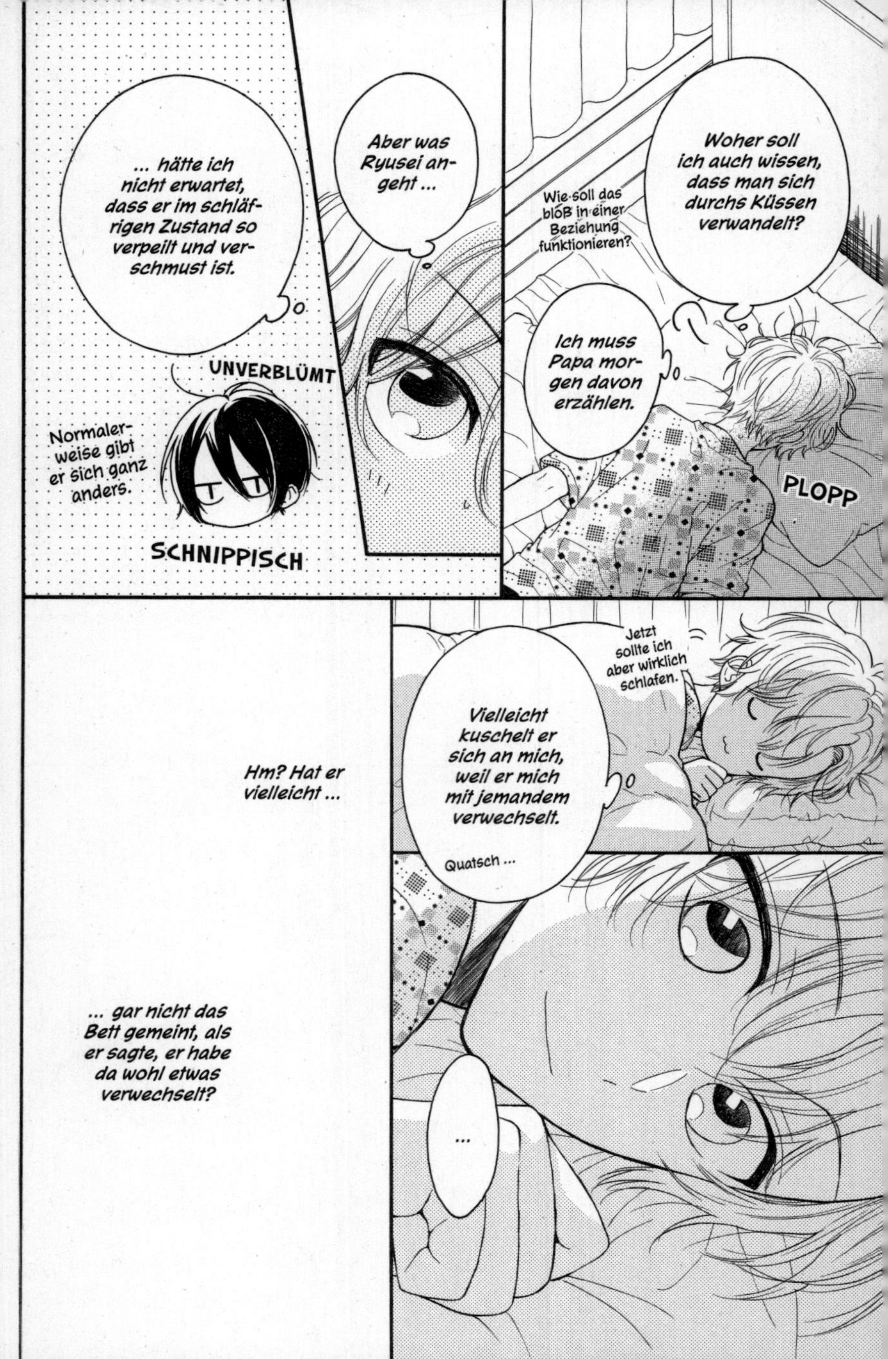

Woher soll ich auch wissen, dass man sich durchs Küssen verwandelt?
Wie soll das bloß in einer Beziehung funktionieren?
Ich muss Papa morgen davon erzählen.
PLOPP
Aber was Ryusei angeht ...
... hätte ich nicht erwartet, dass er im schläfrigen Zustand so verpeilt und verschmust ist.
UNVERBLÜMT
Normalerweise gibt er sich ganz anders.
SCHNIPPISCH
Jetzt sollte ich aber wirklich schlafen.
Vielleicht kuschelt er sich an mich, weil er mich mit jemandem verwechselt.
Quatsch ...
Hm? Hat er vielleicht ...
...
... gar nicht das Bett gemeint, als er sagte, er habe da wohl etwas verwechselt?

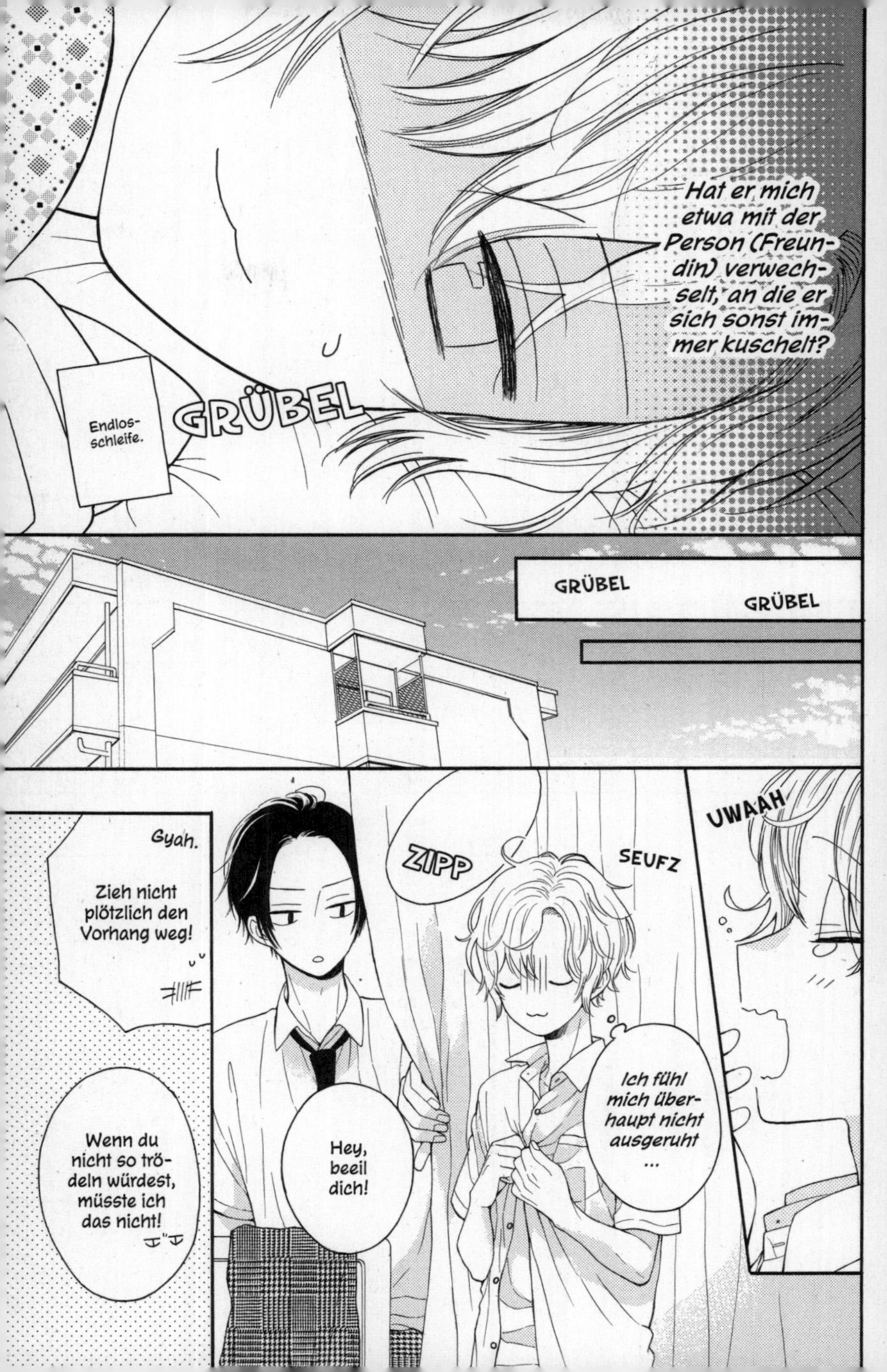
Hat er mich etwa mit der Person (Freundin) verwechselt, an die er sich sonst immer kuschelt?
GRÜBEL
Endlosschleife.
GRÜBEL
GRÜBEL
UWAAH
SEUFZ
ZIPP
Gyah.
Zieh nicht plötzlich den Vorhang weg!
Ich fühl mich überhaupt nicht ausgeruht ...
Hey, beeil dich!
Wenn du nicht so trödeln würdest, müsste ich das nicht!

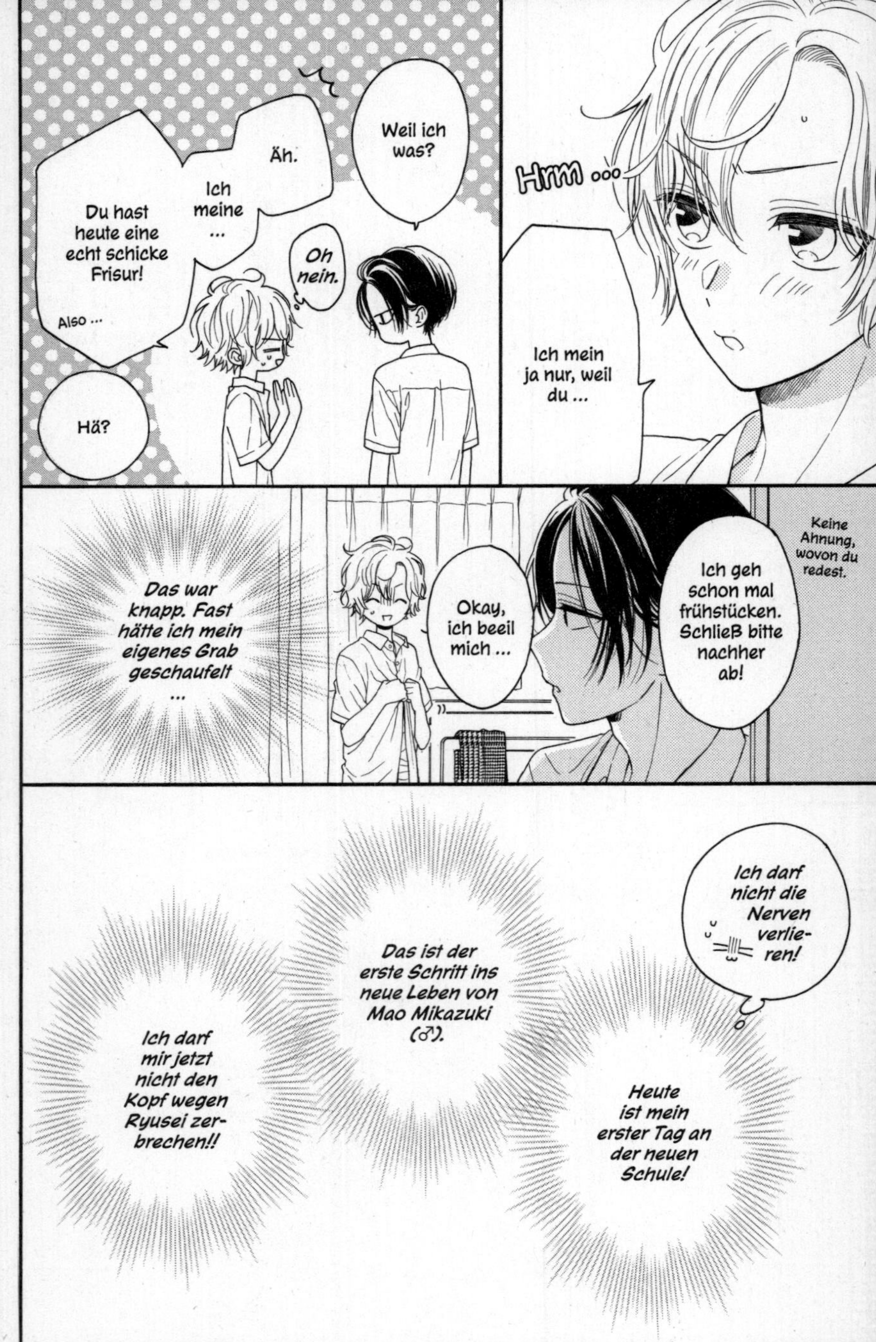

Hrm ooo
Ich mein ja nur, weil du ...
Weil ich was?
Äh.
Ich meine ...
Du hast heute eine echt schicke Frisur!
Also ...
Oh nein.
Hä?
Keine Ahnung, wovon du redest.
Ich geh schon mal frühstücken. Schließ bitte nachher ab!
Okay, ich beeil mich ...
Das war knapp. Fast hätte ich mein eigenes Grab geschaufelt ...
Ich darf nicht die Nerven verlieren!
Heute ist mein erster Tag an der neuen Schule!
Das ist der erste Schritt ins neue Leben von Mao Mikazuki (♂).
Ich darf mir jetzt nicht den Kopf wegen Ryusei zerbrechen!!

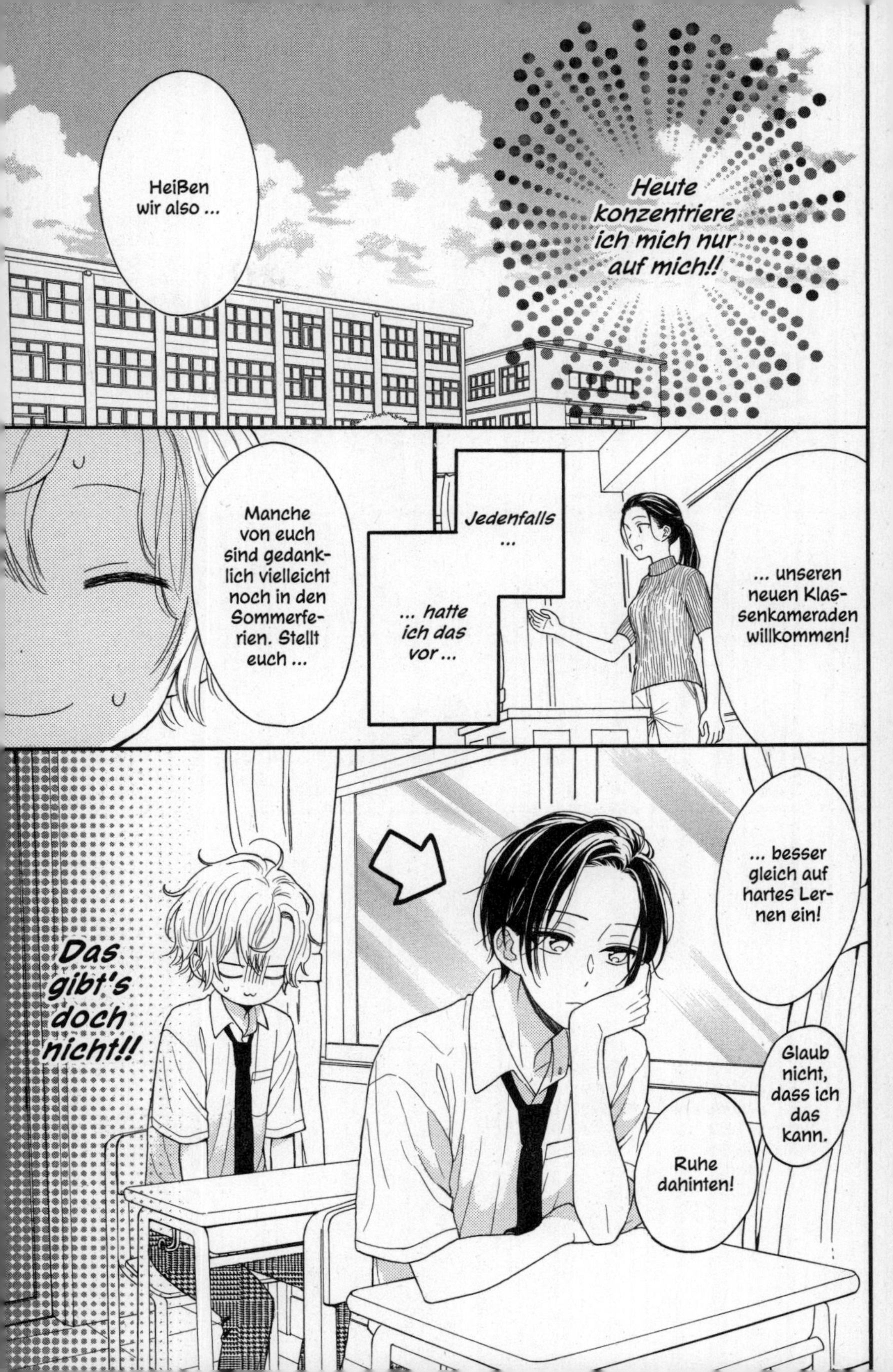
Heute konzentriere ich mich nur auf mich!!
Heißen wir also ...
... unseren neuen Klassenkameraden willkommen!
Jedenfalls ...
... hatte ich das vor ...
Manche von euch sind gedanklich vielleicht noch in den Sommerferien. Stellt euch ...
... besser gleich auf hartes Lernen ein!
Glaub nicht, dass ich das kann.
Ruhe dahinten!
Das gibt's doch nicht!!

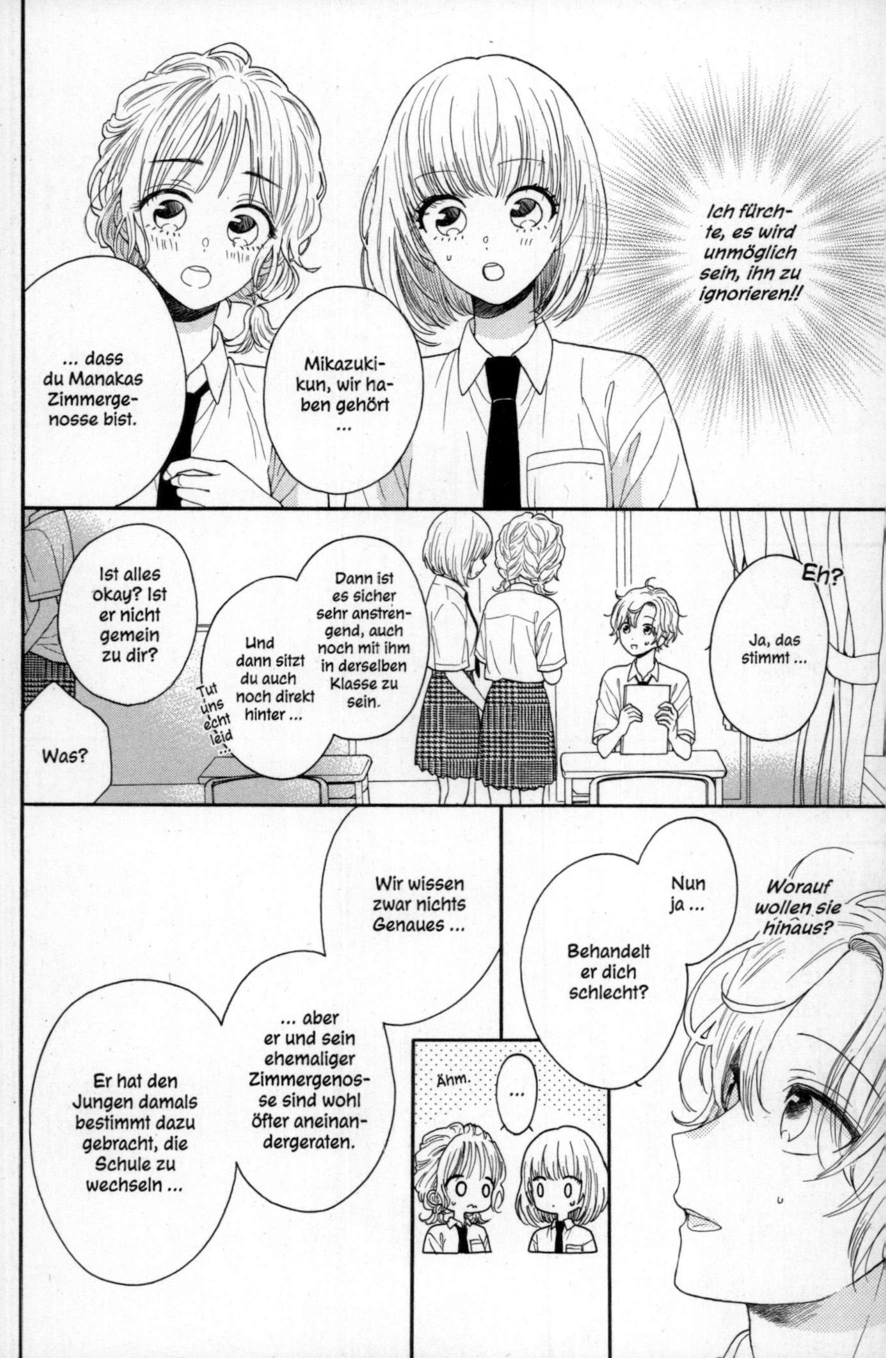
Ich fürchte, es wird unmöglich sein, ihn zu ignorieren!!
Mikazuki-kun, wir haben gehört ...
... dass du Manakas Zimmergenosse bist.
Eh?
Ja, das stimmt ...
Dann ist es sicher sehr anstrengend, auch noch mit ihm in derselben Klasse zu sein.
Und dann sitzt du auch noch direkt hinter ...
Tut uns echt leid ...
Ist alles okay? Ist er nicht gemein zu dir?
Was?
Worauf wollen sie hinaus?
Nun ja ...
Behandelt er dich schlecht?
Ähm.
...
Wir wissen zwar nichts Genaues ...
... aber er und sein ehemaliger Zimmergenosse sind wohl öfter aneinandergeraten.
Er hat den Jungen damals bestimmt dazu gebracht, die Schule zu wechseln ...

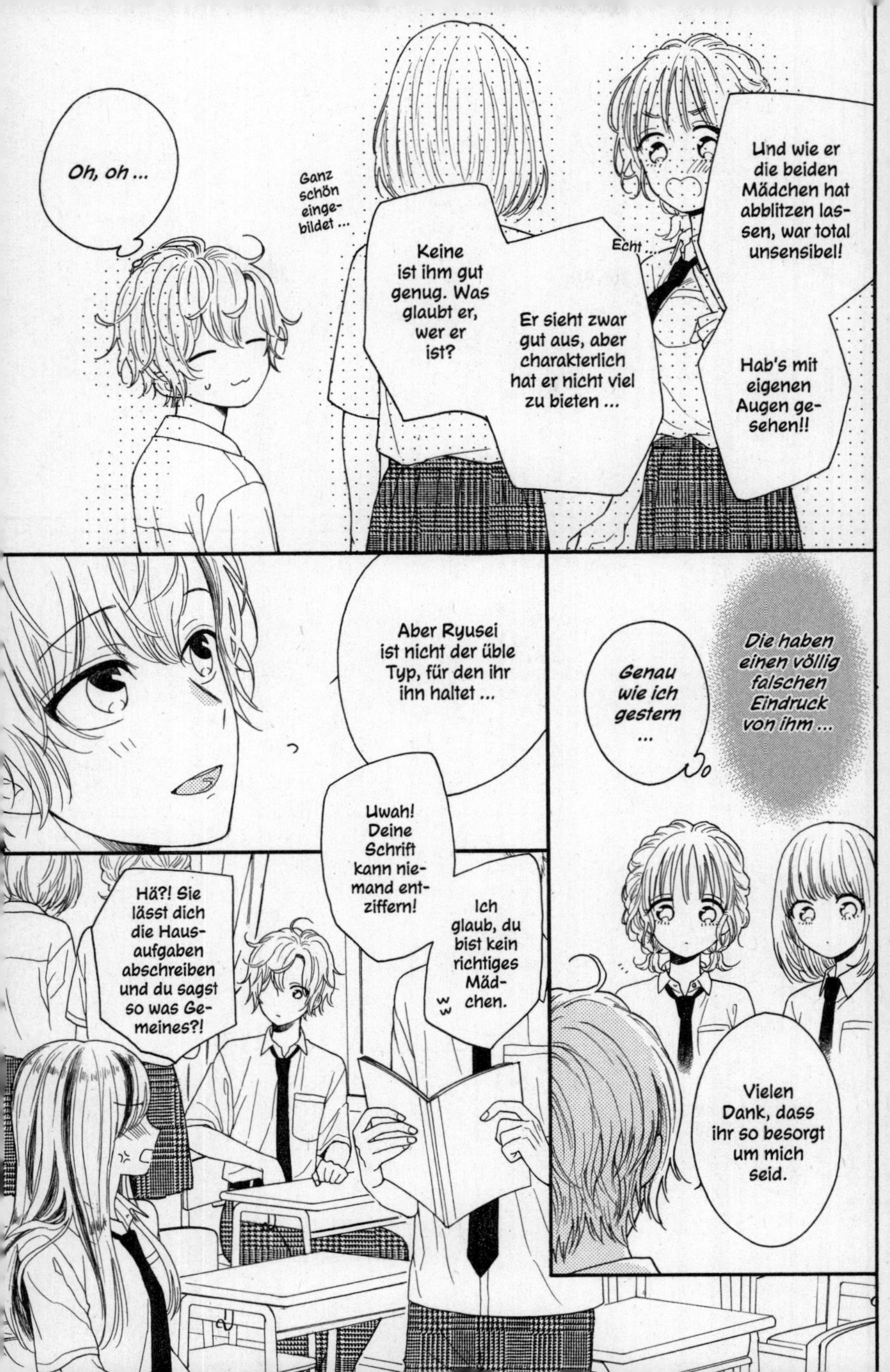
Und wie er die beiden Mädchen hat abblitzen lassen, war total unsensibel!
Hab's mit eigenen Augen gesehen!!
Echt ...
Er sieht zwar gut aus, aber charakterlich hat er nicht viel zu bieten ...
Keine ist ihm gut genug. Was glaubt er, wer er ist?
Ganz schön eingebildet ...
Oh, oh ...
Die haben einen völlig falschen Eindruck von ihm ...
Genau wie ich gestern ...
Aber Ryusei ist nicht der üble Typ, für den ihr ihn haltet ...
Vielen Dank, dass ihr so besorgt um mich seid.
Uwah! Deine Schrift kann niemand entziffern!
Ich glaub, du bist kein richtiges Mädchen.
Hä?! Sie lässt dich die Hausaufgaben abschreiben und du sagst so was Gemeines?!

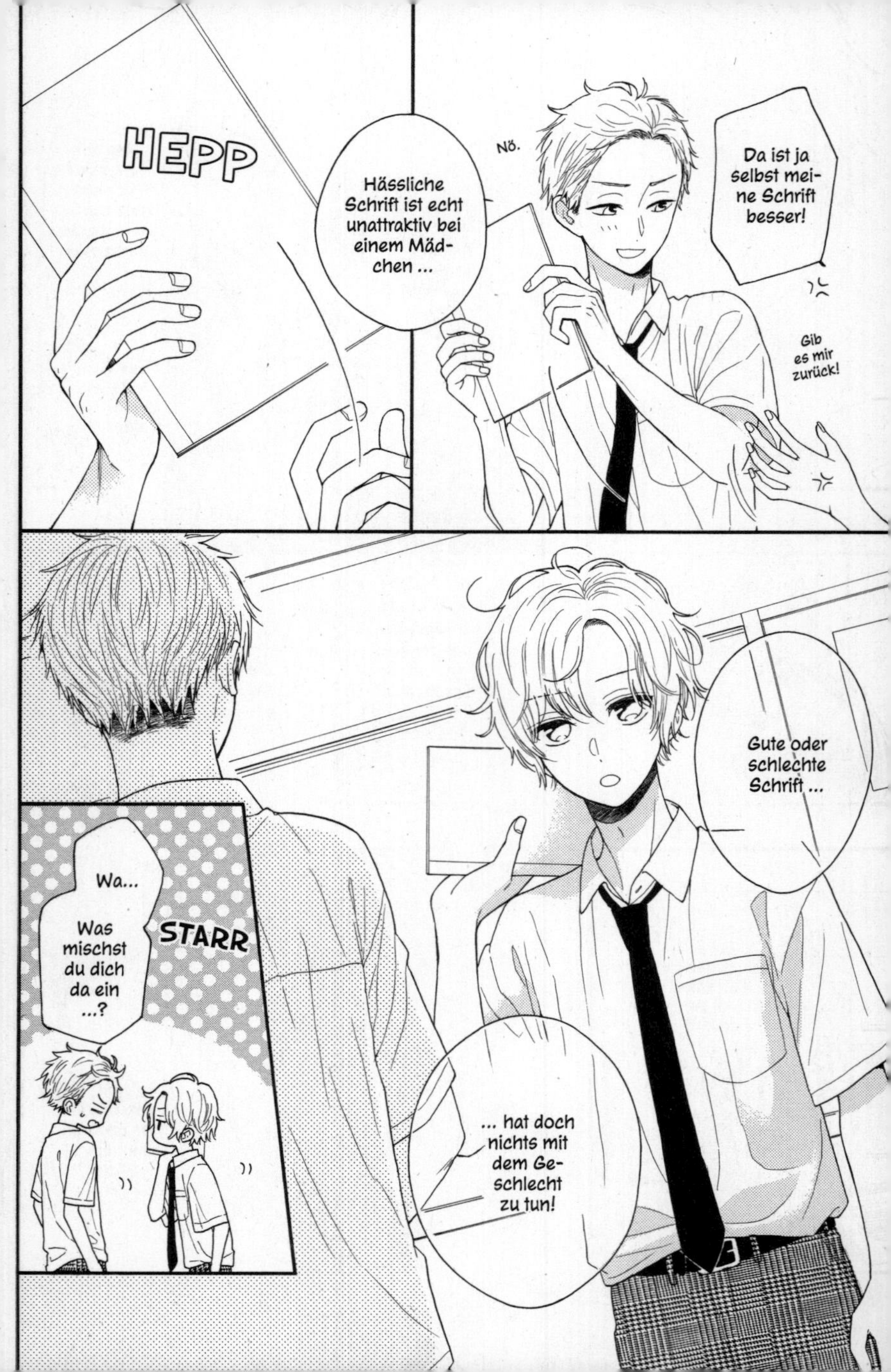
Da ist ja selbst meine Schrift besser!
Gib es mir zurück!
Nö.
Hässliche Schrift ist echt unattraktiv bei einem Mädchen ...
HEPP
Gute oder schlechte Schrift ...
... hat doch nichts mit dem Geschlecht zu tun!
STARR
Wa...
Was mischst du dich da ein ...?

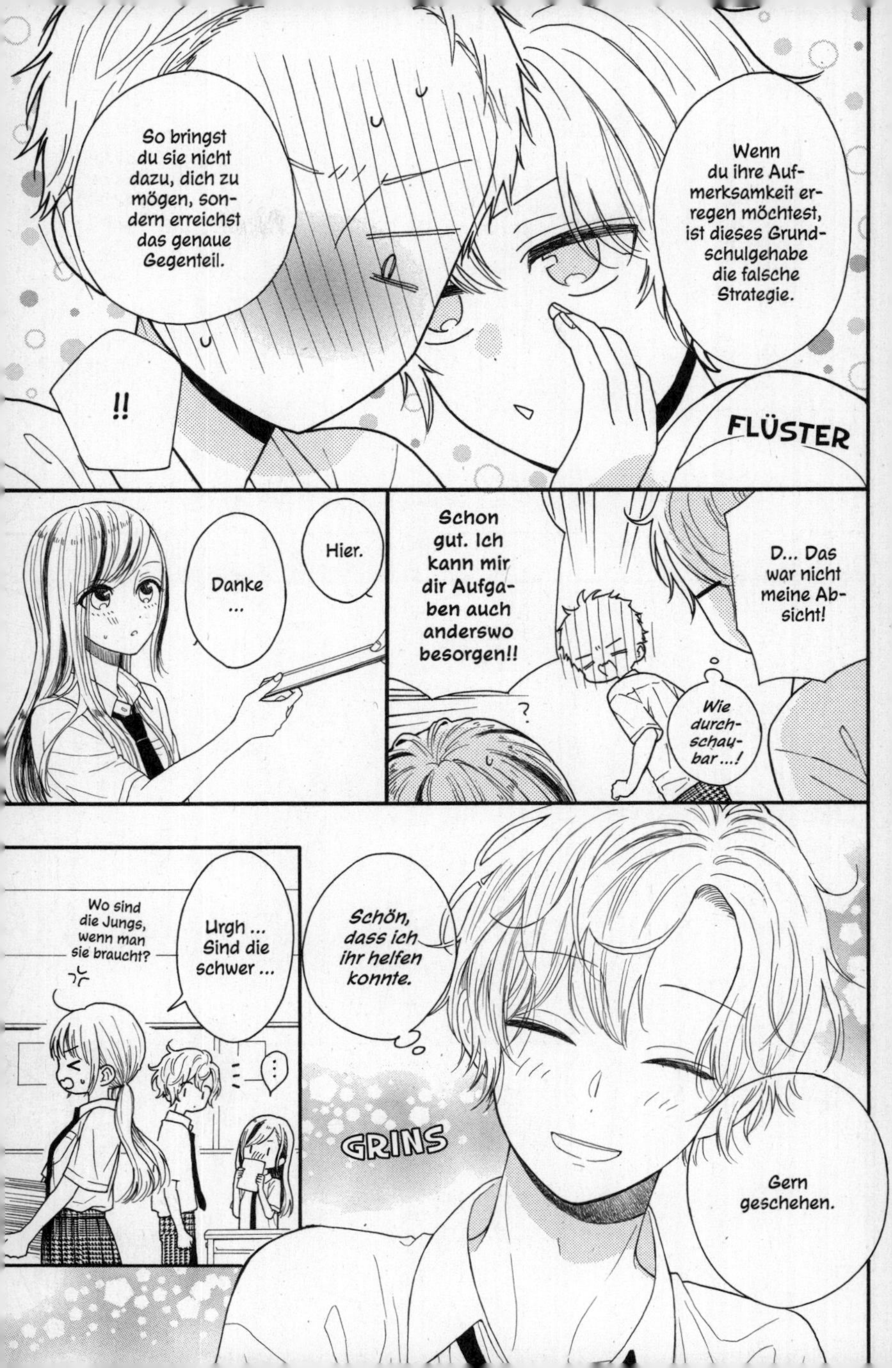
Wenn du ihre Aufmerksamkeit erregen möchtest, ist dieses Grundschulgehabe die falsche Strategie.
FLÜSTER
So bringst du sie nicht dazu, dich zu mögen, sondern erreichst das genaue Gegenteil.
!!
D... Das war nicht meine Absicht!
Wie durchschaubar ...!
Schon gut. Ich kann mir dir Aufgaben auch anderswo besorgen!!
?
Hier.
Danke ...
Gern geschehen.
GRINS
Schön, dass ich ihr helfen konnte.
Urgh ... Sind die schwer ...
Wo sind die Jungs, wenn man sie braucht?
...

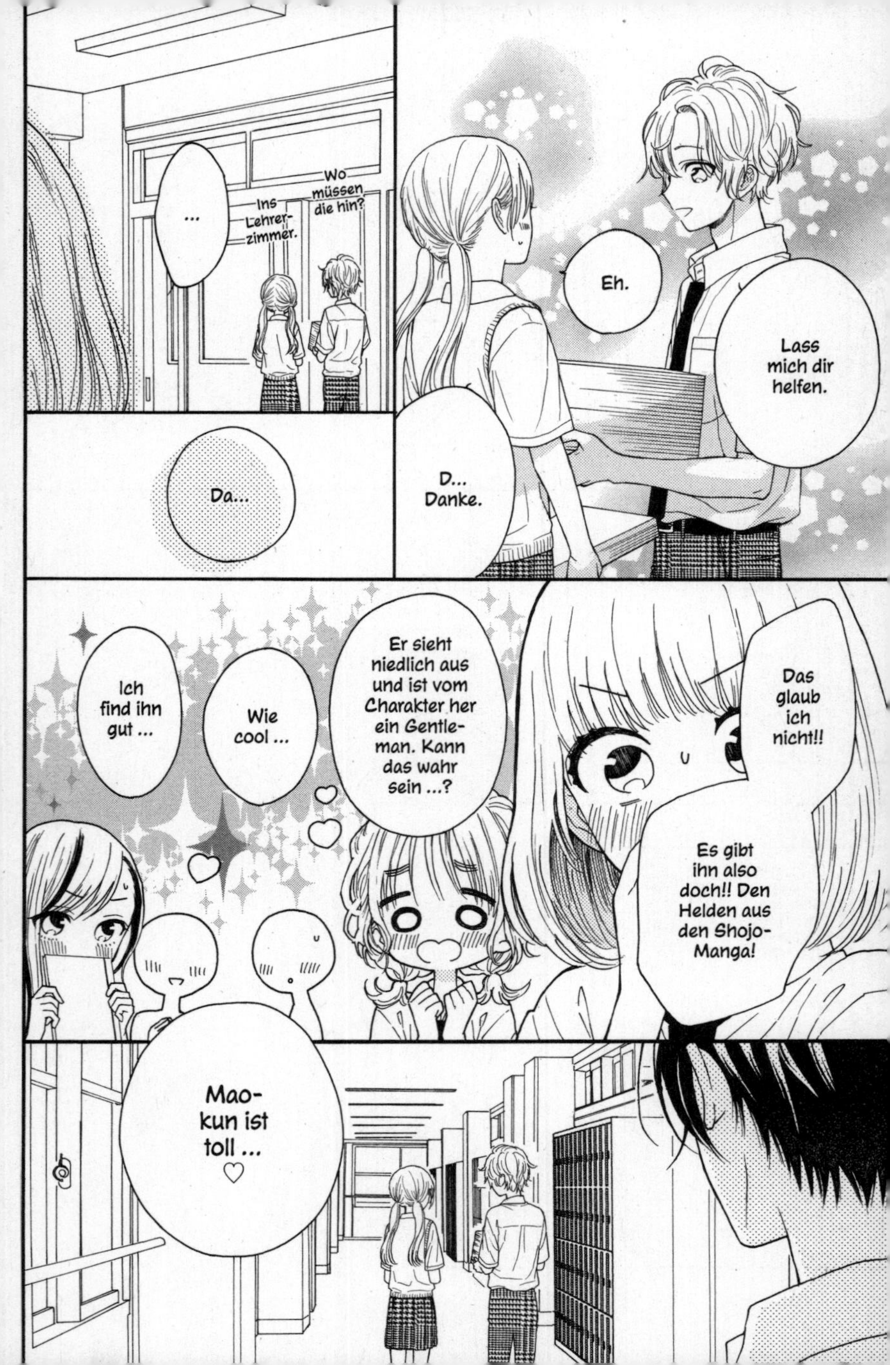
Lass mich dir helfen.
Eh.
Wo müssen die hin?
Ins Lehrerzimmer.
...
D... Danke.
Da...
Das glaub ich nicht!!
Es gibt ihn also doch!! Den Helden aus den Shojo-Manga!
Er sieht niedlich aus und ist vom Charakter her ein Gentleman. Kann das wahr sein ...?
Wie cool ...
Ich find ihn gut ...
Mao-kun ist toll ... ♡

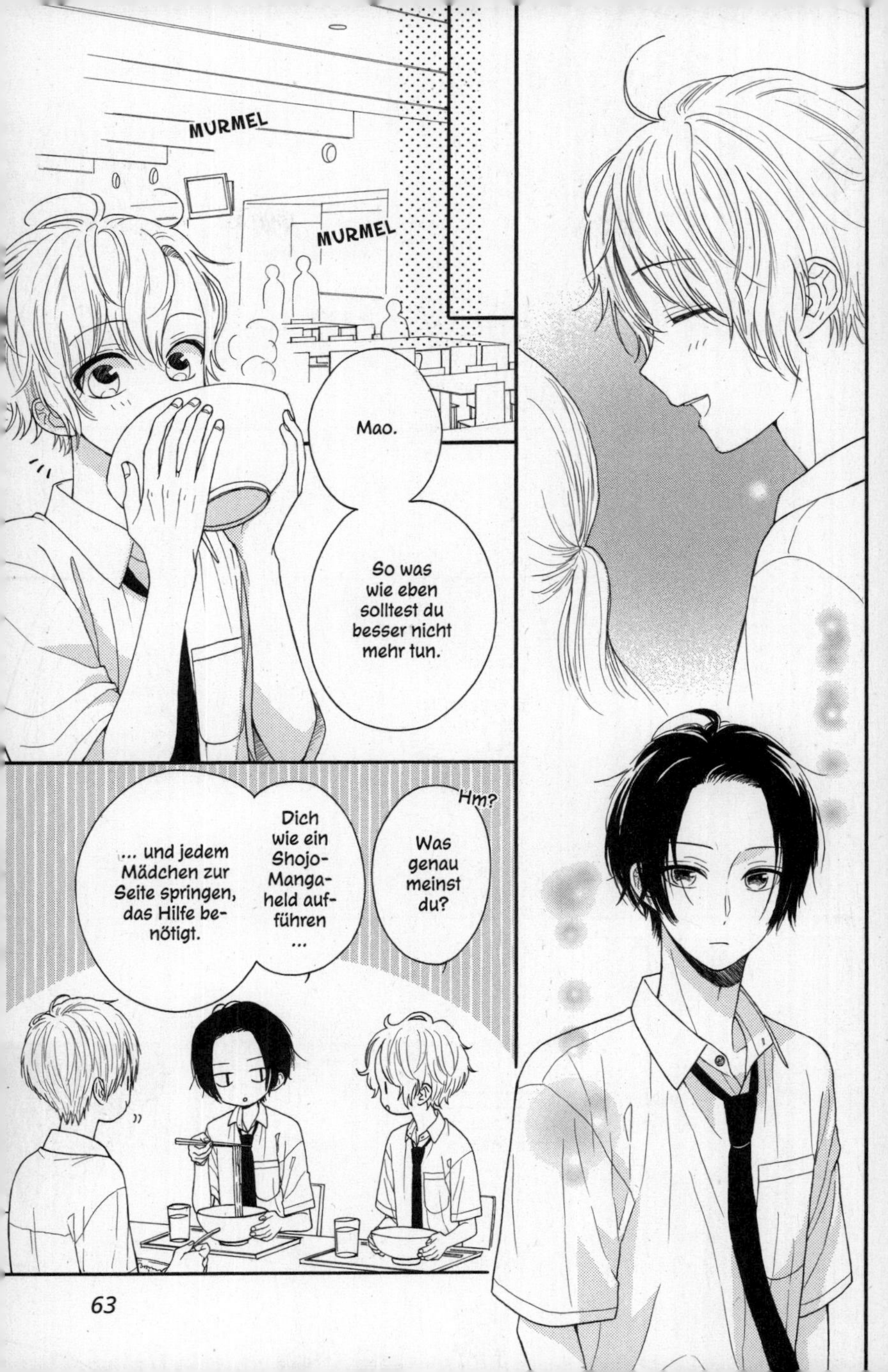
MURMEL
MURMEL
Mao.
So was wie eben solltest du besser nicht mehr tun.
Hm?
Was genau meinst du?
Dich wie ein Shojo-Mangaheld aufführen ...
... und jedem Mädchen zur Seite springen, das Hilfe benötigt.

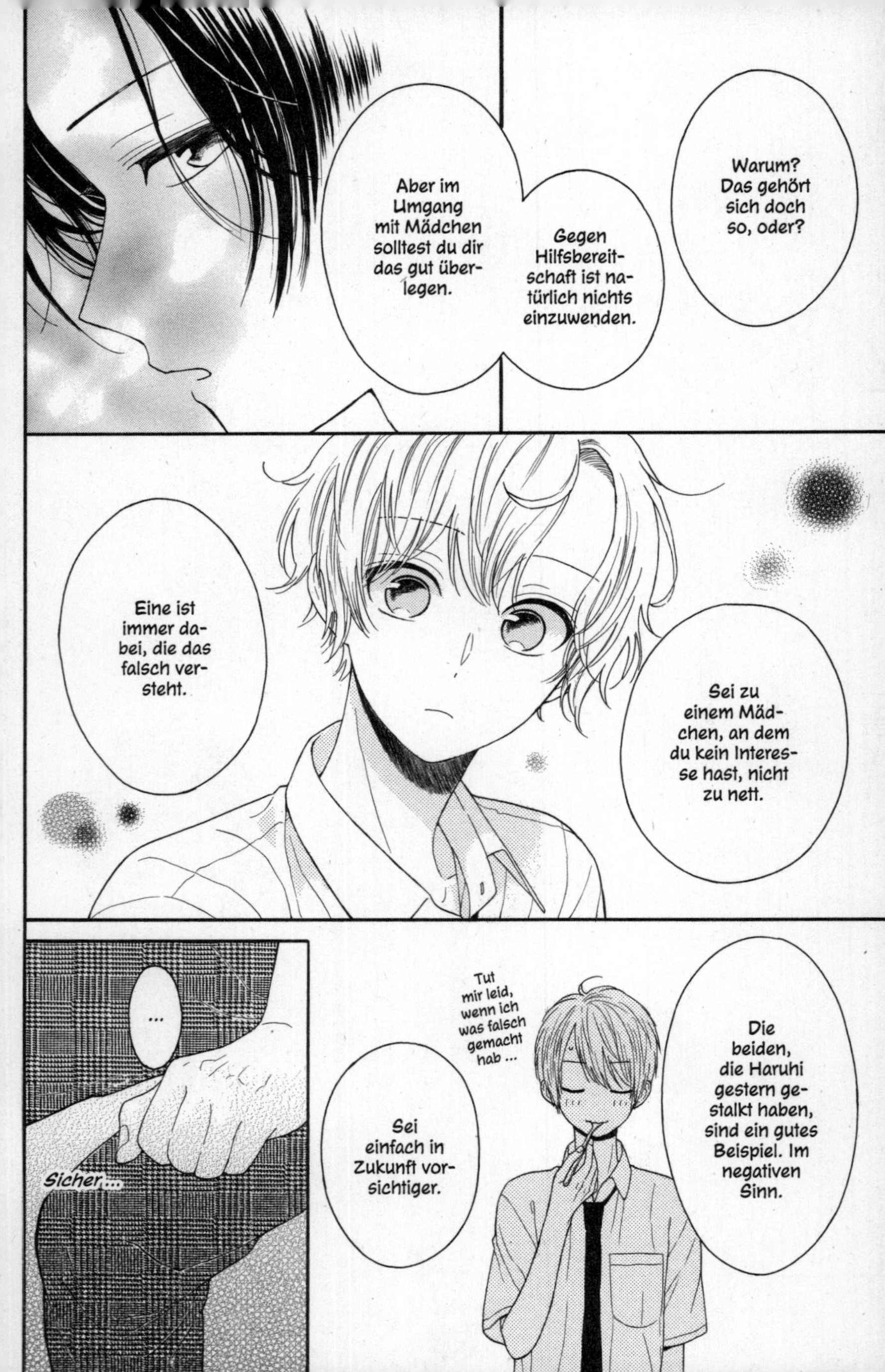

Warum? Das gehört sich doch so, oder?
Gegen Hilfsbereitschaft ist natürlich nichts einzuwenden.
Aber im Umgang mit Mädchen solltest du dir das gut überlegen.
Sei zu einem Mädchen, an dem du kein Interesse hast, nicht zu nett.
Eine ist immer dabei, die das falsch versteht.
Die beiden, die Haruhi gestern gestalkt haben, sind ein gutes Beispiel. Im negativen Sinn.
Tut mir leid, wenn ich was falsch gemacht hab ...
Sei einfach in Zukunft vorsichtiger.
...
Sicher ...

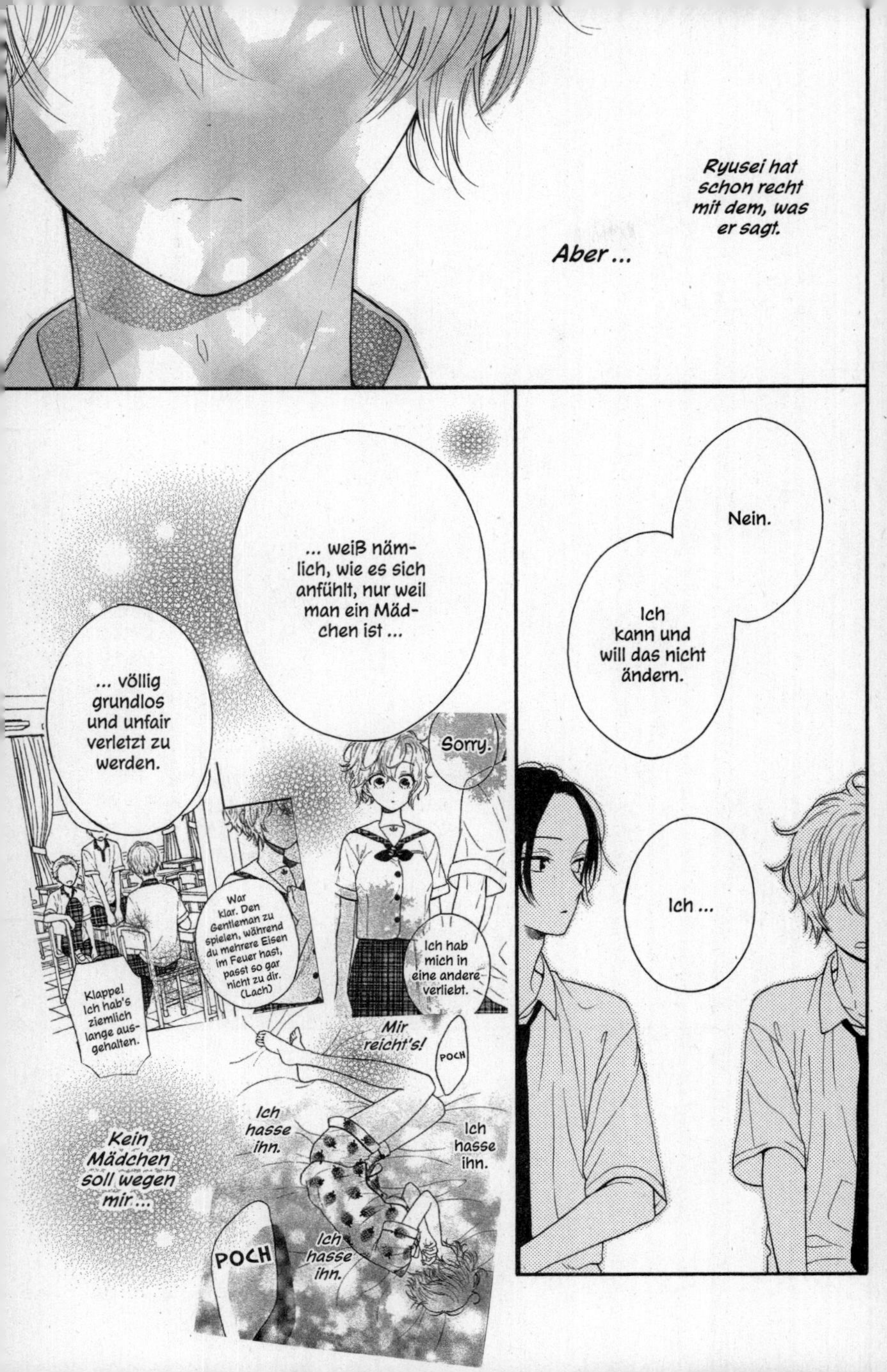
Ryusei hat schon recht mit dem, was er sagt.
Aber ...
Nein.
Ich kann und will das nicht ändern.
Ich ...
... weiß nämlich, wie es sich anfühlt, nur weil man ein Mädchen ist ...
... völlig grundlos und unfair verletzt zu werden.
Sorry.
Ich hab mich in eine andere verliebt.
War klar. Den Gentleman zu spielen, während du mehrere Eisen im Feuer hast, passt so gar nicht zu dir. (Lach)
Klappe! Ich hab's ziemlich lange ausgehalten.
Mir reicht's!
POCH
Ich hasse ihn.
Ich hasse ihn.
Ich hasse ihn.
POCH
Kein Mädchen soll wegen mir ...

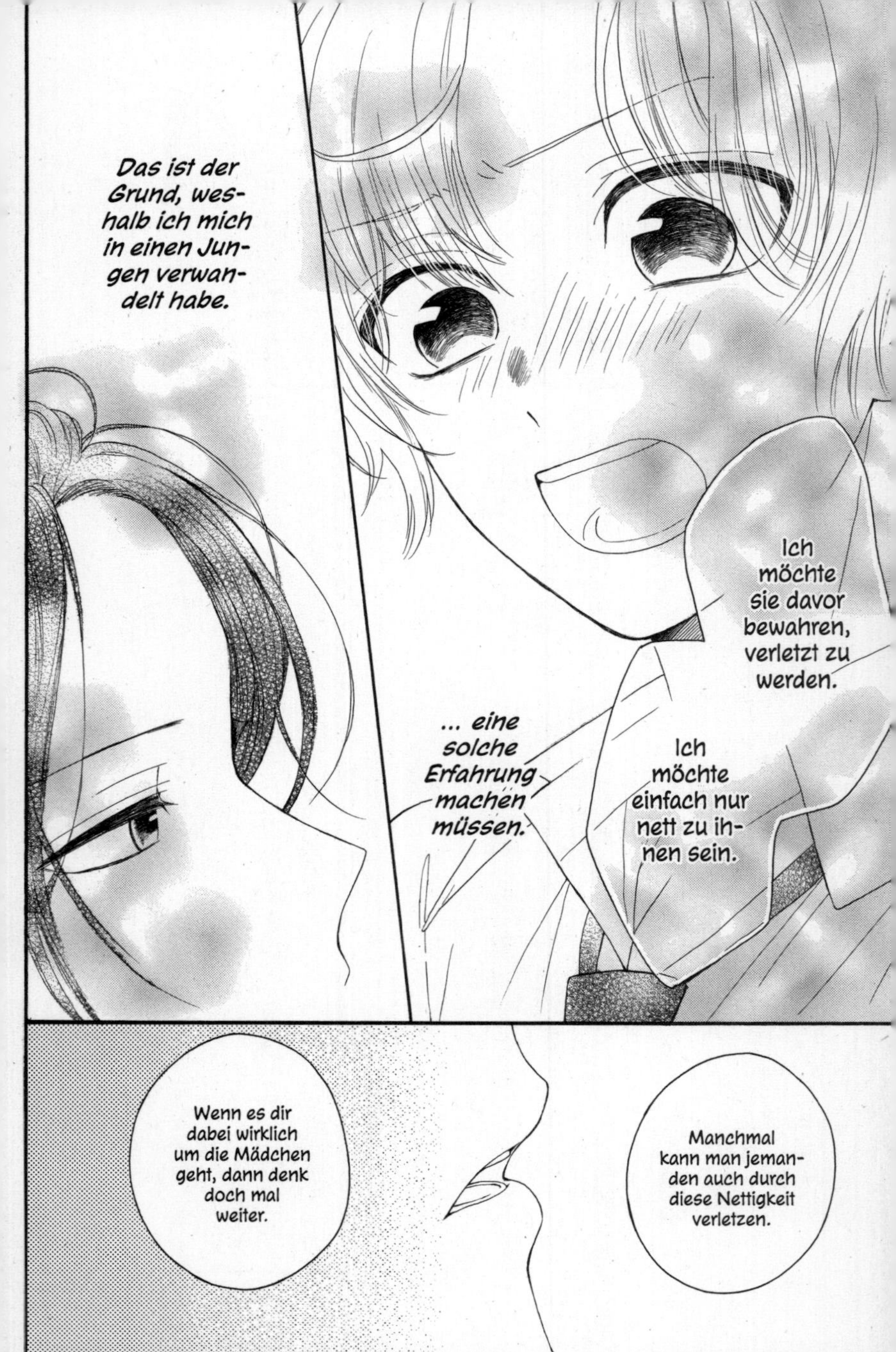
Das ist der Grund, weshalb ich mich in einen Jungen verwandelt habe.
Ich möchte sie davor bewahren, verletzt zu werden.
Ich möchte einfach nur nett zu ihnen sein.
... eine solche Erfahrung machen müssen.
Manchmal kann man jemanden auch durch diese Nettigkeit verletzen.
Wenn es dir dabei wirklich um die Mädchen geht, dann denk doch mal weiter.

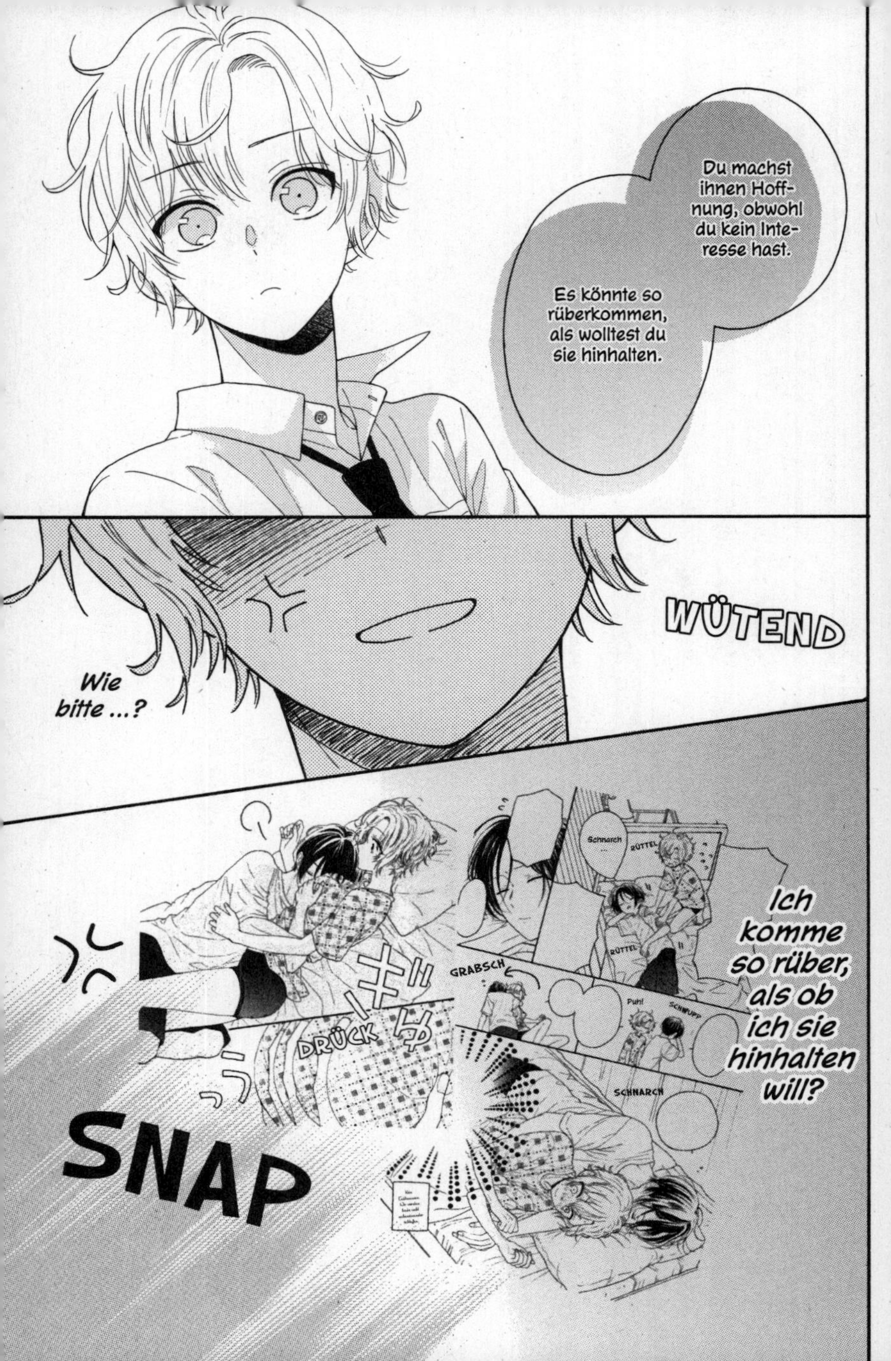

Du machst ihnen Hoffnung, obwohl du kein Interesse hast.
Es könnte so rüberkommen, als wolltest du sie hinhalten.
WÜTEND
Wie bitte ...?
Ich komme so rüber, als ob ich sie hinhalten will?
Schnarch ...
RÜTTEL
RÜTTEL
GRABSCH
SCHWUPP
Puh!
SCHNARCH
DRÜCK
SNAP

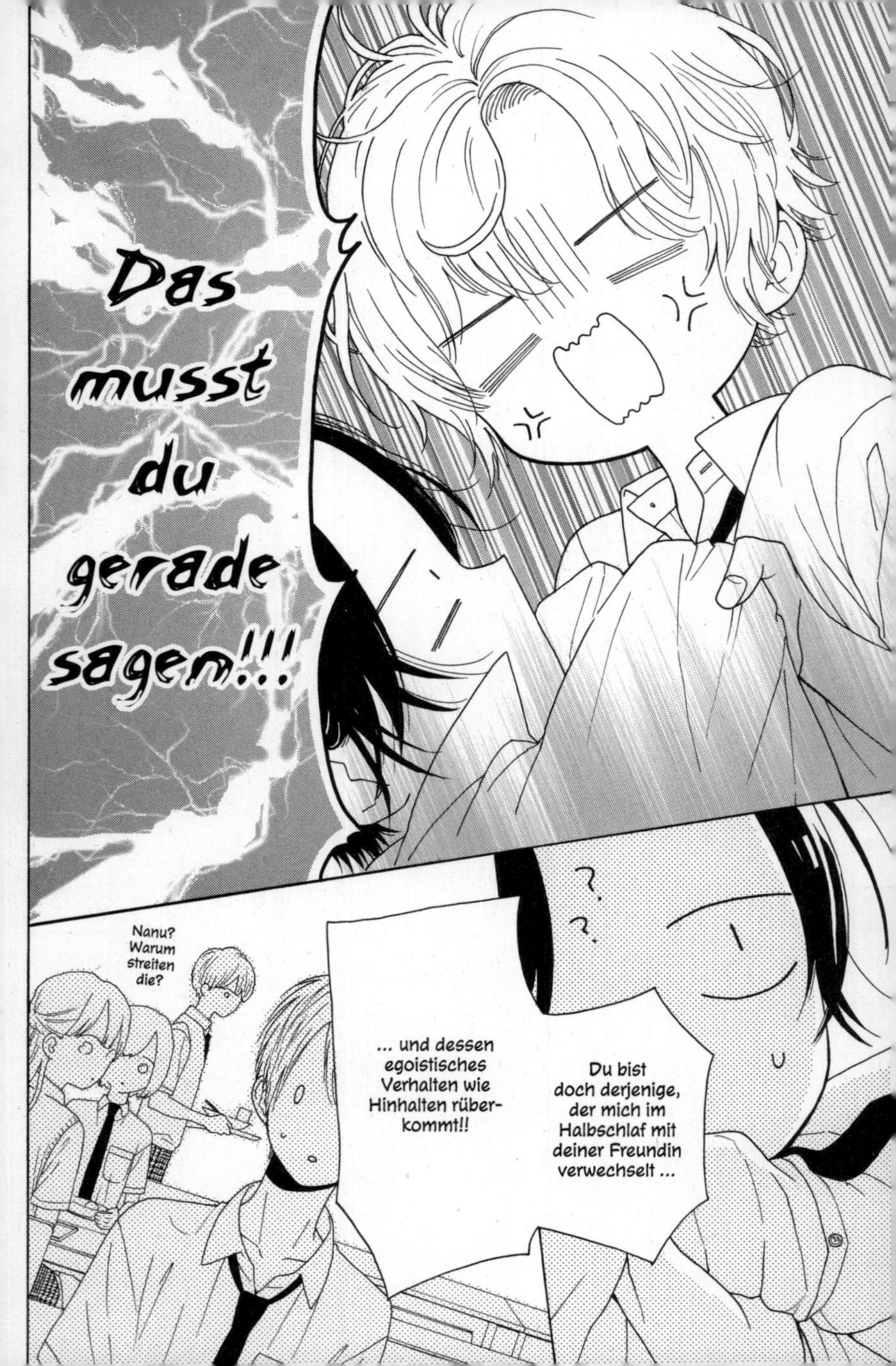
Das musst du gerade sagen!!!
Du bist doch derjenige, der mich im Halbschlaf mit deiner Freundin verwechselt ...
... und dessen egoistisches Verhalten wie Hinhalten rüber- kommt!!
Nanu? Warum streiten die?

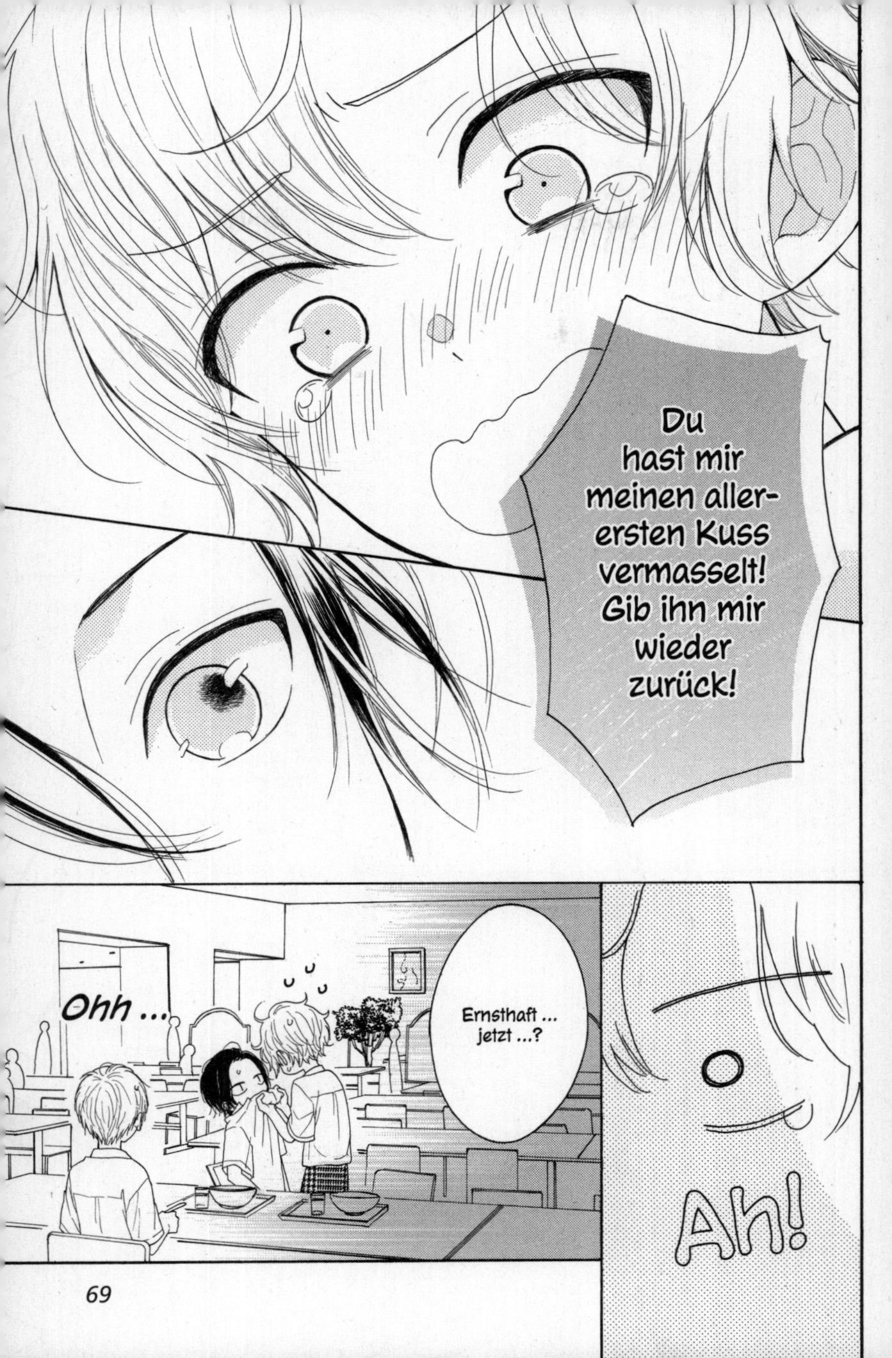
Du hast mir meinen aller-ersten Kuss vermasselt! Gib ihn mir wieder zurück!
Ah!
Ernsthaft … jetzt …?
Ohh …

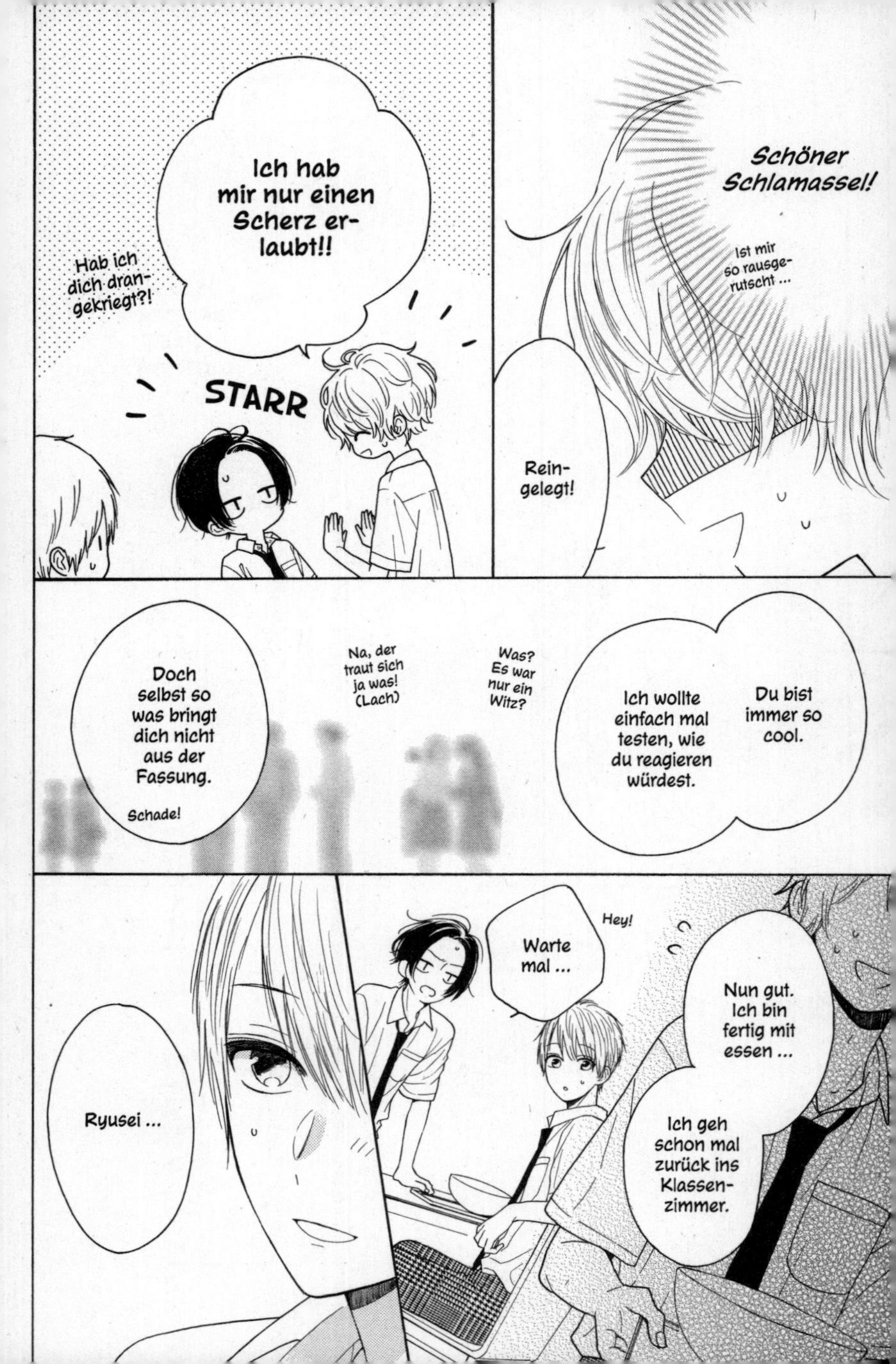

Schöner Schlamassel!
Ist mir so rausgerutscht ...
Reingelegt!
Ich hab mir nur einen Scherz erlaubt!!
Hab ich dich drangekriegt?!
STARR
Du bist immer so cool.
Ich wollte einfach mal testen, wie du reagieren würdest.
Was? Es war nur ein Witz?
Na, der traut sich ja was! (Lach)
Doch selbst so was bringt dich nicht aus der Fassung.
Schade!
Nun gut. Ich bin fertig mit essen ...
Ich geh schon mal zurück ins Klassenzimmer.
Hey!
Warte mal ...
Ryusei ...

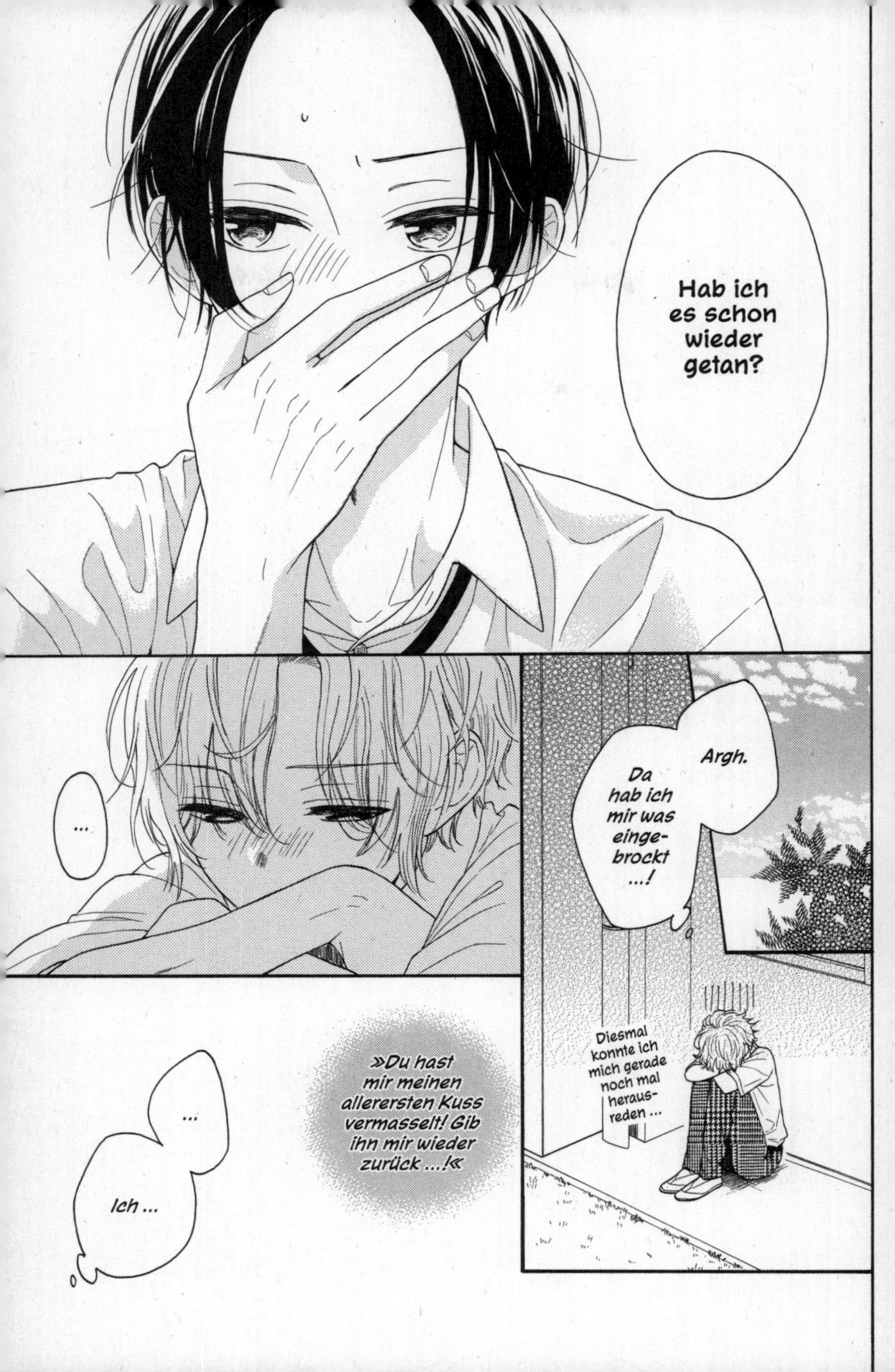
Hab ich es schon wieder getan?
...
Argh.
Da hab ich mir was eingebrockt ...!
Diesmal konnte ich mich gerade noch mal herausreden ...
»Du hast mir meinen allerersten Kuss vermasselt! Gib ihn mir wieder zurück ...!«
...
Ich ...

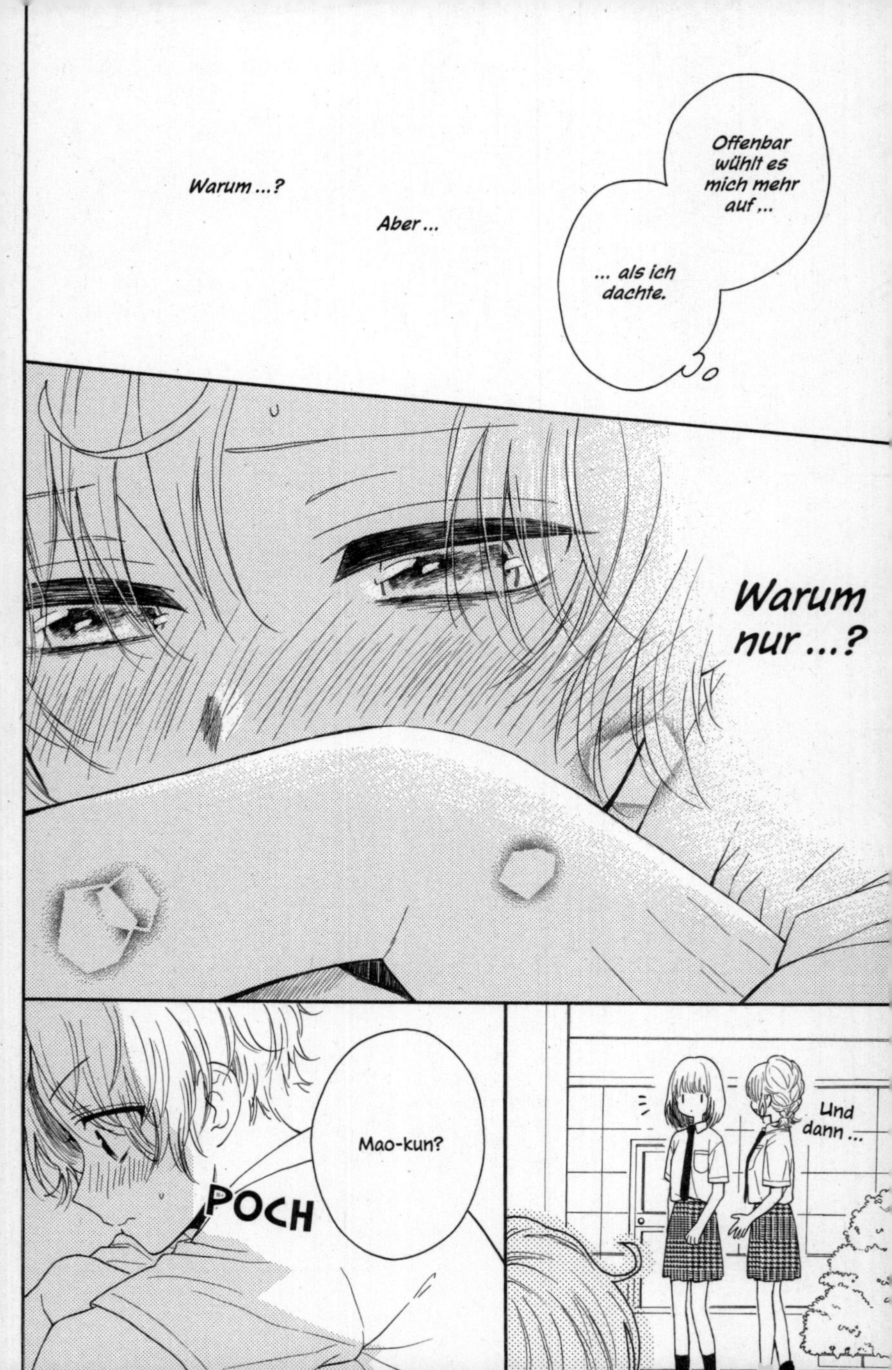
Offenbar wühlt es mich mehr auf ...
... als ich dachte.
Aber ...
Warum ...?
Warum nur ...?
Und dann ...
Mao-kun?
POCH

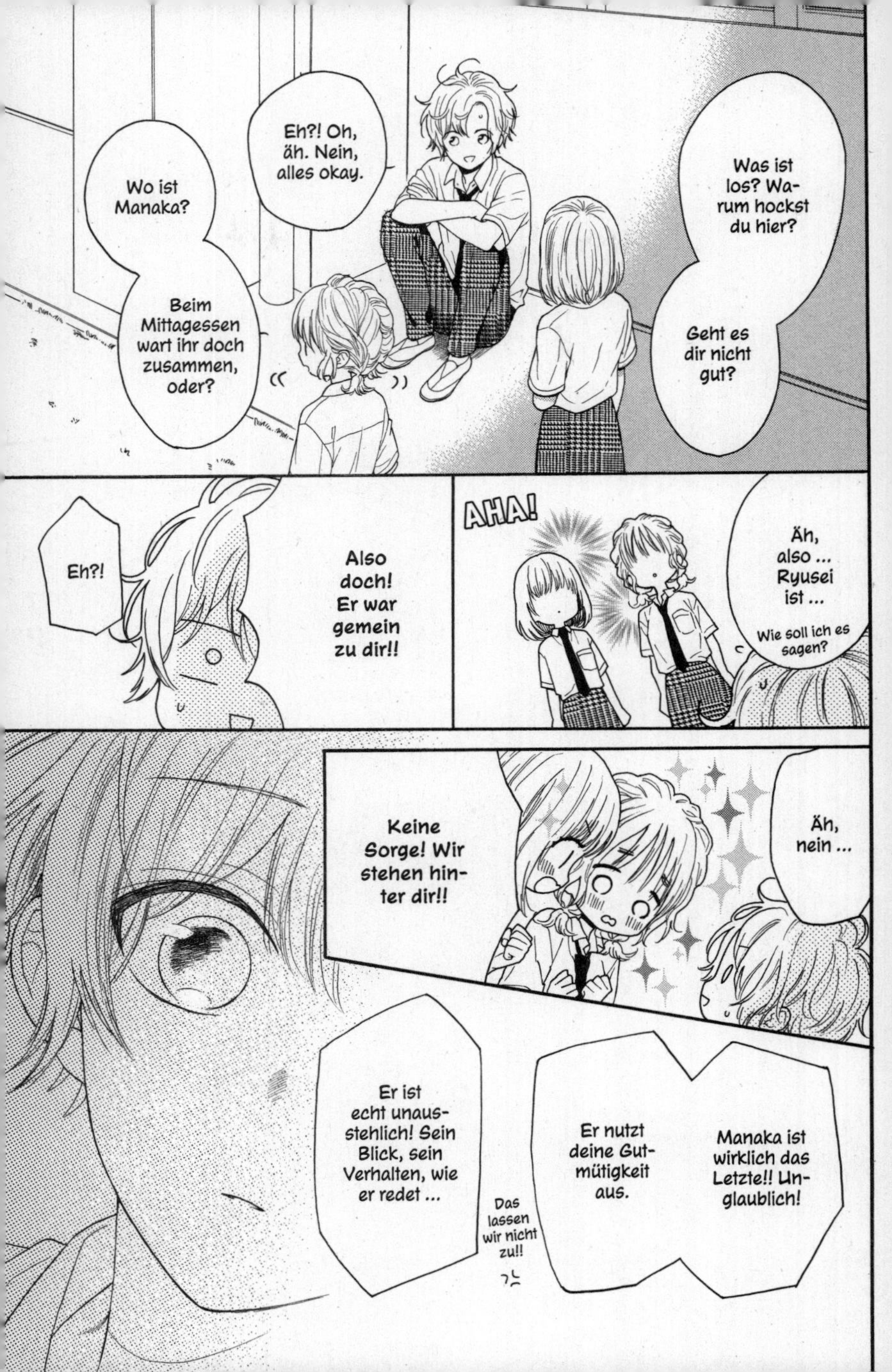
Was ist los? Warum hockst du hier?
Geht es dir nicht gut?
Eh?! Oh, äh. Nein, alles okay.
Wo ist Manaka?
Beim Mittagessen wart ihr doch zusammen, oder?
Äh, also ... Ryusei ist ...
Wie soll ich es sagen?
AHA!
Also doch! Er war gemein zu dir!!
Eh?!
Äh, nein ...
Keine Sorge! Wir stehen hinter dir!!
Manaka ist wirklich das Letzte!! Unglaublich!
Er nutzt deine Gutmütigkeit aus.
Das lassen wir nicht zu!!
Er ist echt unausstehlich! Sein Blick, sein Verhalten, wie er redet ...

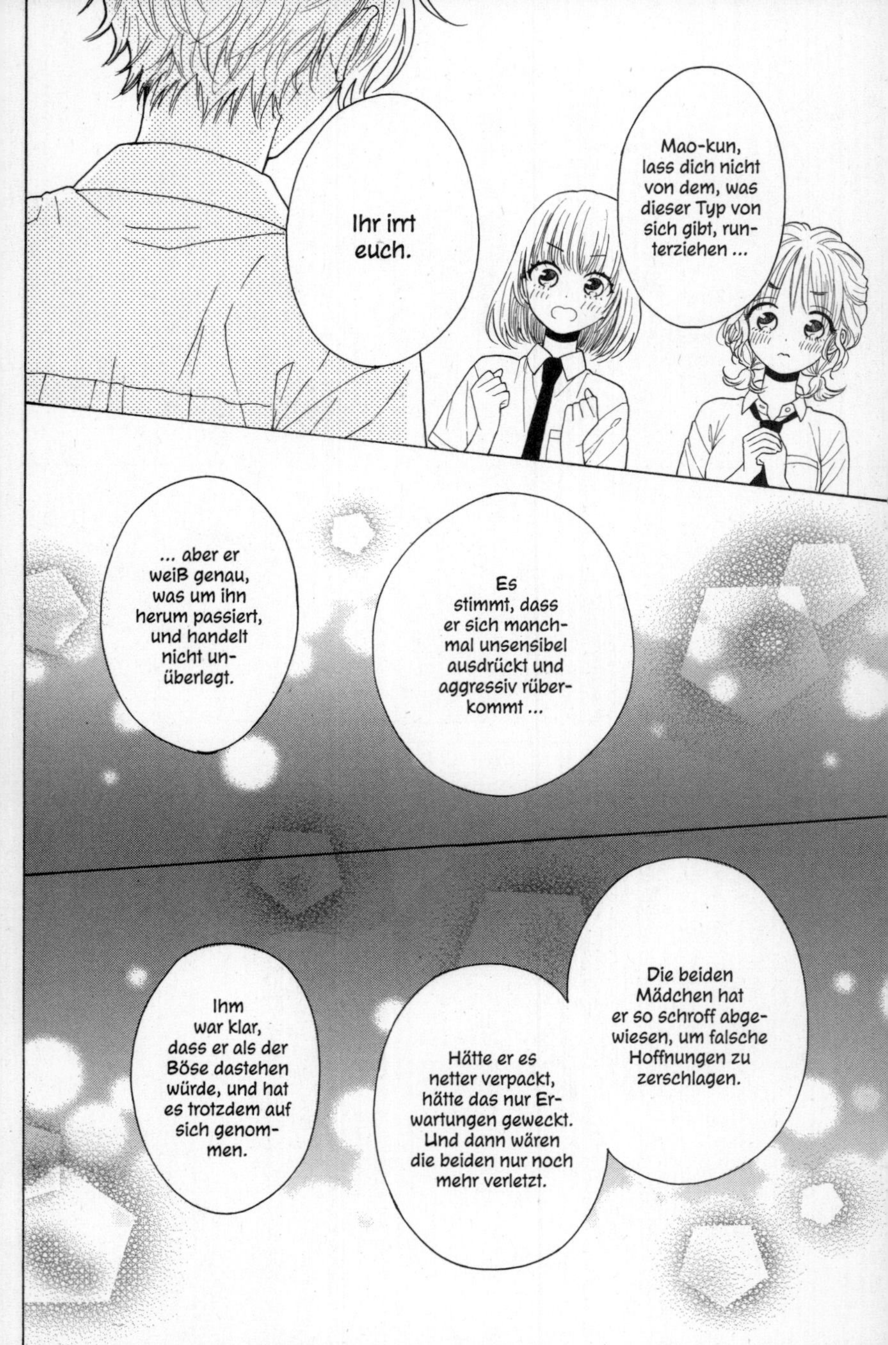
Mao-kun, lass dich nicht von dem, was dieser Typ von sich gibt, runterziehen ...
Ihr irrt euch.
Es stimmt, dass er sich manchmal unsensibel ausdrückt und aggressiv rüberkommt ...
... aber er weiß genau, was um ihn herum passiert, und handelt nicht unüberlegt.
Die beiden Mädchen hat er so schroff abgewiesen, um falsche Hoffnungen zu zerschlagen.
Hätte er es netter verpackt, hätte das nur Erwartungen geweckt. Und dann wären die beiden nur noch mehr verletzt.
Ihm war klar, dass er als der Böse dastehen würde, und hat es trotzdem auf sich genommen.

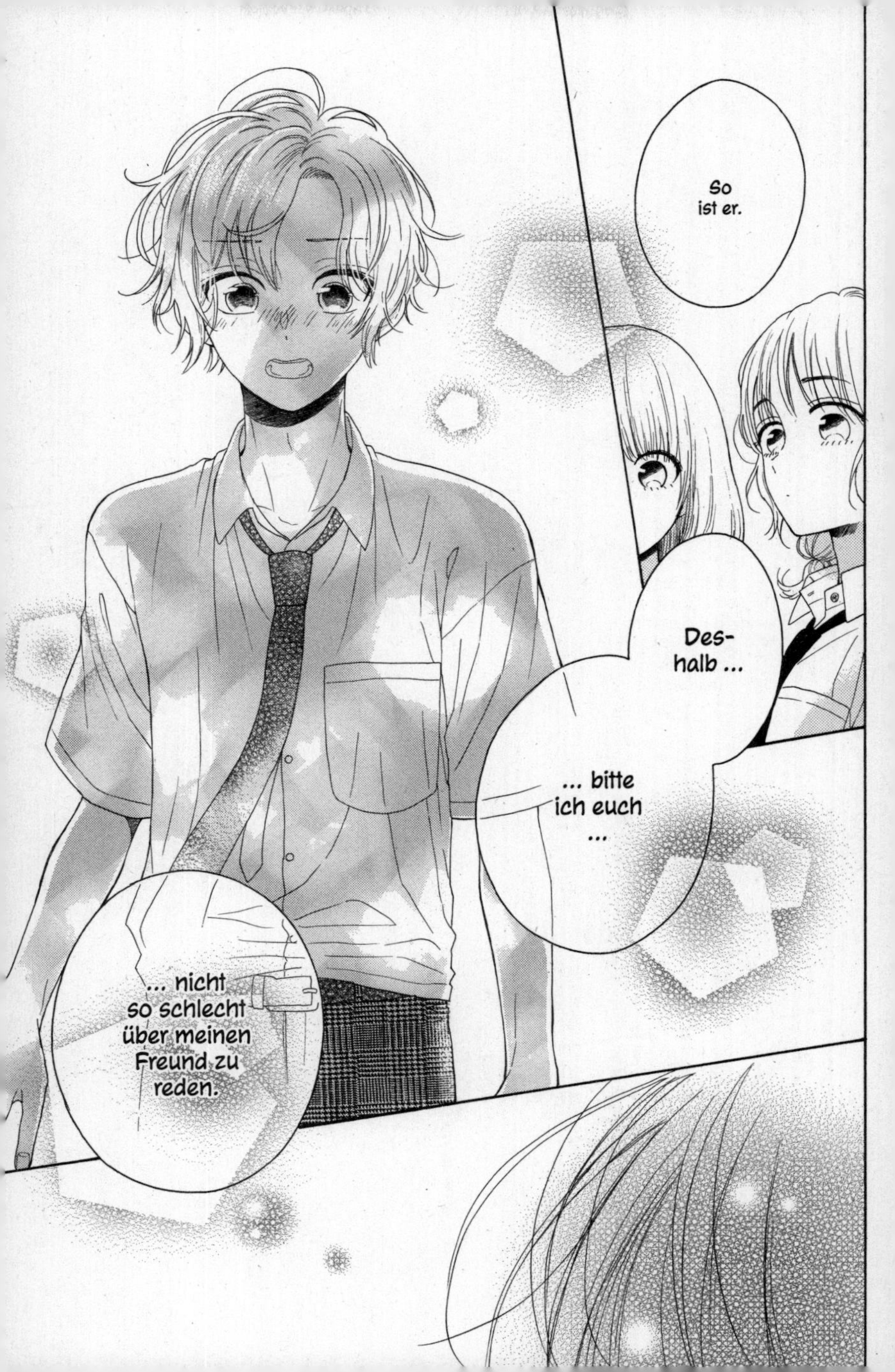

So ist er.
Des-halb ...
... bitte ich euch ...
... nicht so schlecht über meinen Freund zu reden.

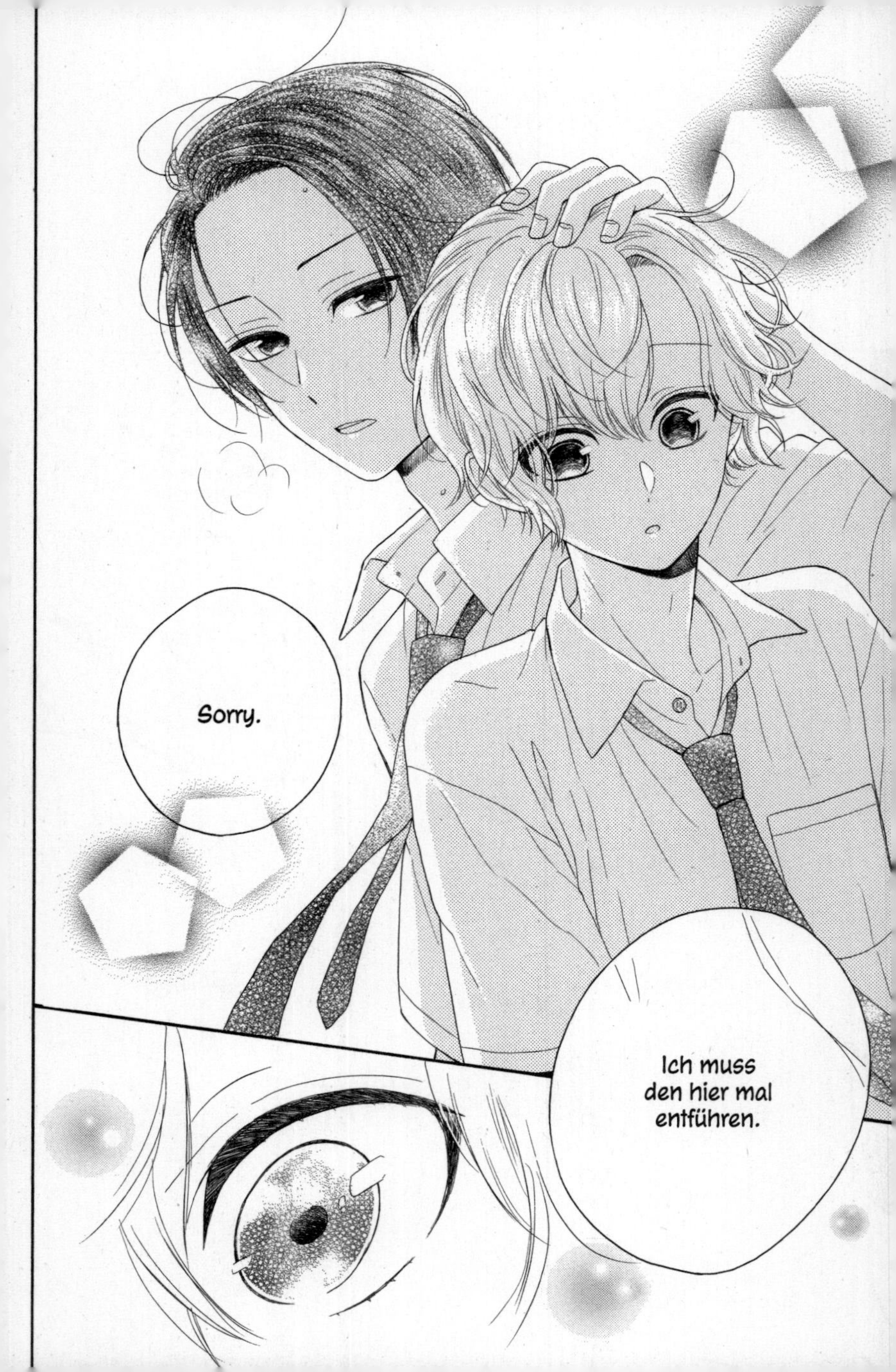
Sorry.
Ich muss den hier mal entführen.

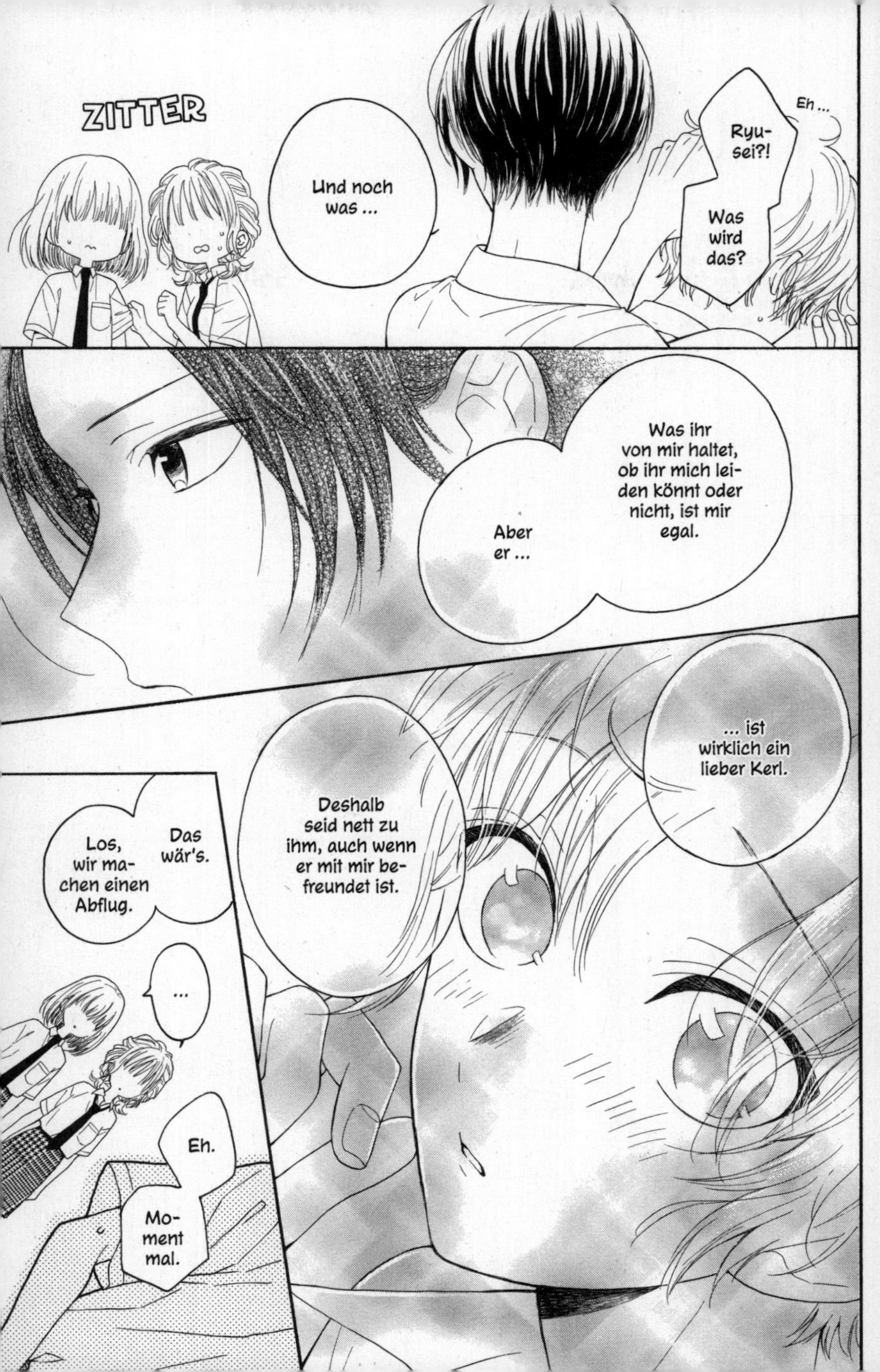
Eh …
Ryu-sei?!
Was wird das?
Und noch was …
ZITTER
Was ihr von mir haltet, ob ihr mich lei-den könnt oder nicht, ist mir egal.
Aber er …
… ist wirklich ein lieber Kerl.
Deshalb seid nett zu ihm, auch wenn er mit mir be-freundet ist.
Das wär's.
Los, wir ma-chen einen Abflug.
…
Eh.
Mo-ment mal.

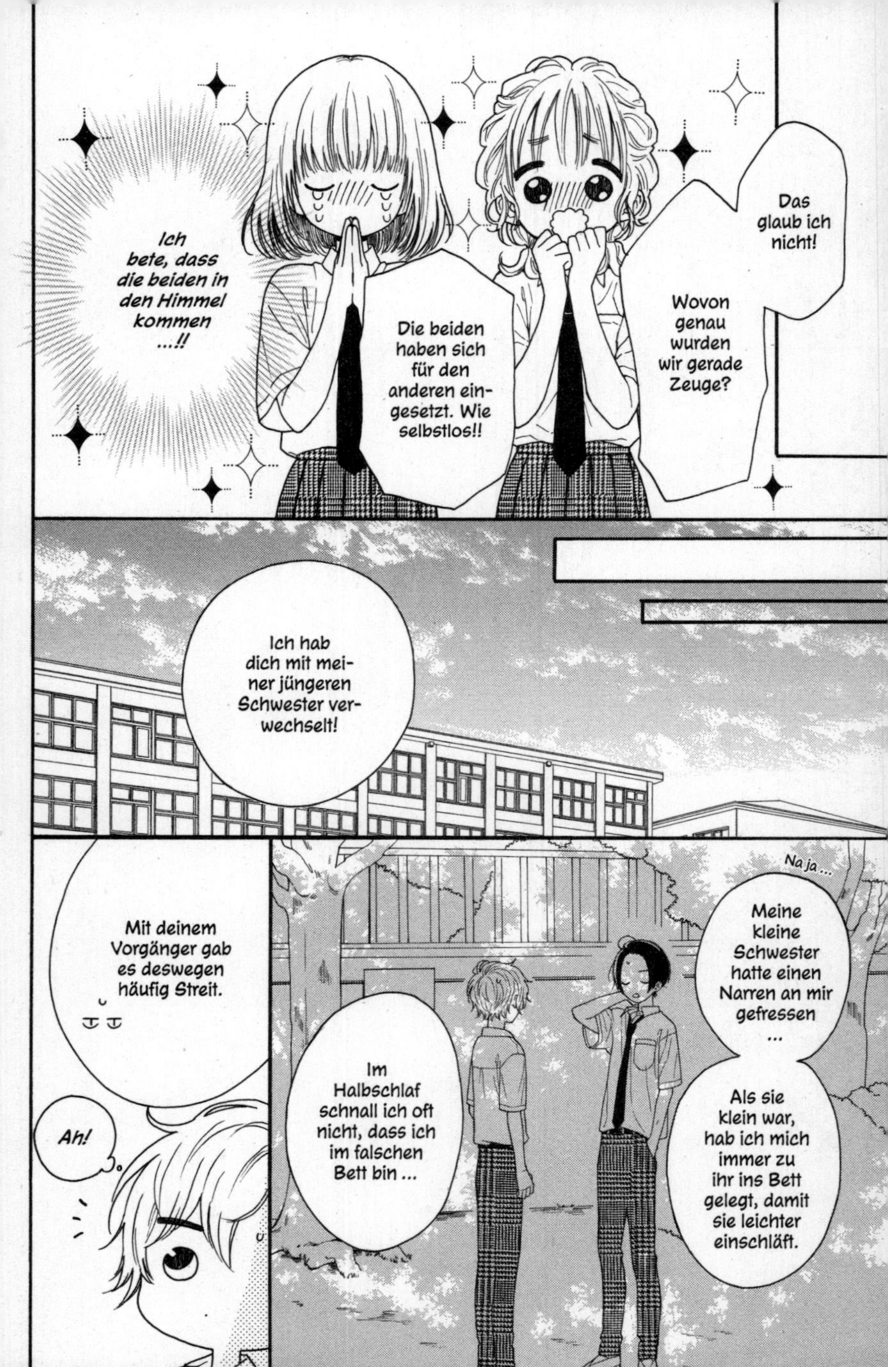
Das glaub ich nicht!
Wovon genau wurden wir gerade Zeuge?
Die beiden haben sich für den anderen eingesetzt. Wie selbstlos!!
Ich bete, dass die beiden in den Himmel kommen …!!
Ich hab dich mit meiner jüngeren Schwester verwechselt!
Na ja …
Meine kleine Schwester hatte einen Narren an mir gefressen …
Als sie klein war, hab ich mich immer zu ihr ins Bett gelegt, damit sie leichter einschläft.
Im Halbschlaf schnall ich oft nicht, dass ich im falschen Bett bin …
Mit deinem Vorgänger gab es deswegen häufig Streit.
Ah!

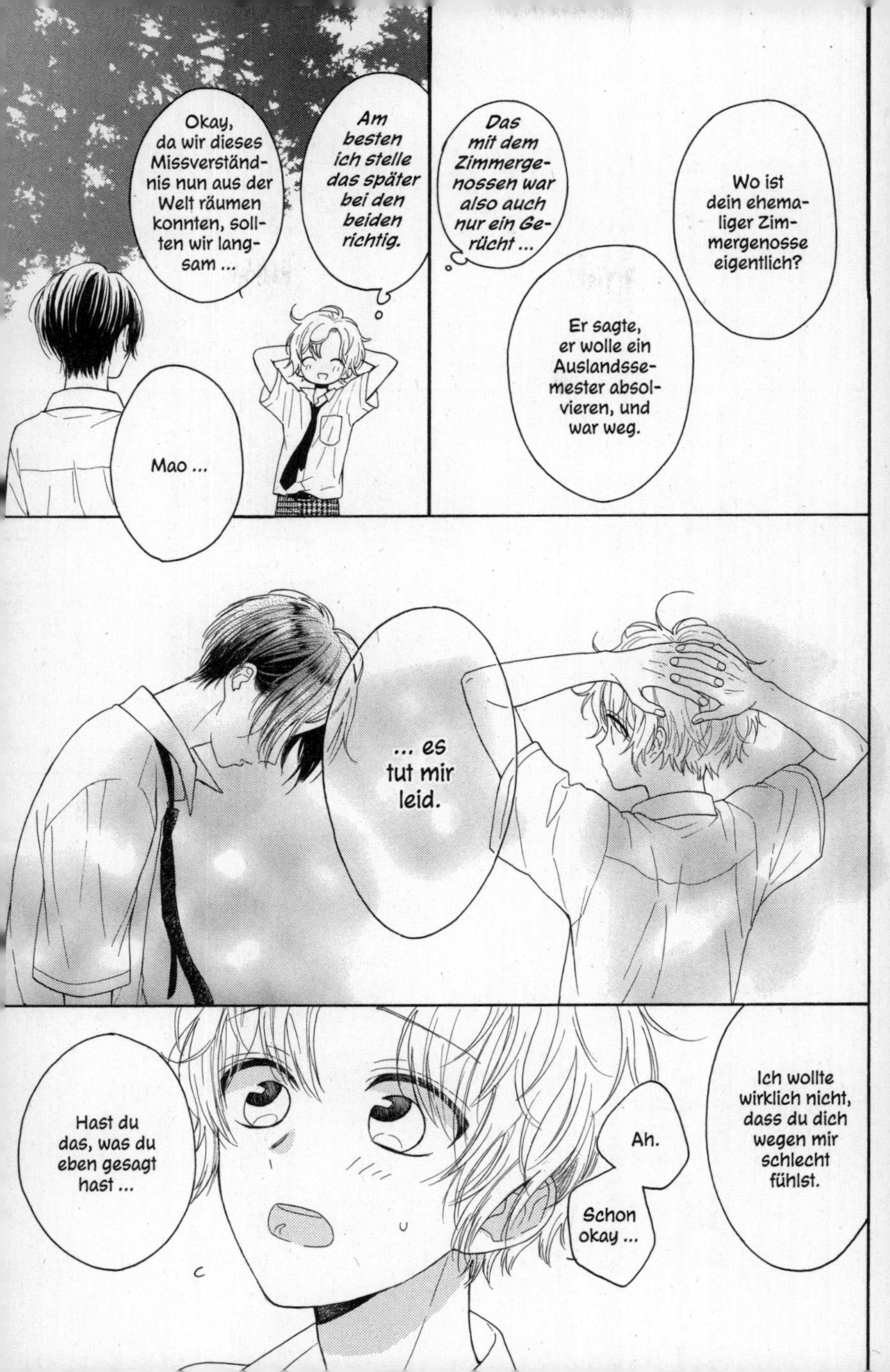
Wo ist dein ehemaliger Zimmergenosse eigentlich?
Er sagte, er wolle ein Auslandssemester absolvieren, und war weg.
Das mit dem Zimmergenossen war also auch nur ein Gerücht ...
Am besten ich stelle das später bei den beiden richtig.
Okay, da wir dieses Missverständnis nun aus der Welt räumen konnten, sollten wir langsam ...
Mao ...
... es tut mir leid.
Ich wollte wirklich nicht, dass du dich wegen mir schlecht fühlst.
Ah.
Schon okay ...
Hast du das, was du eben gesagt hast ...

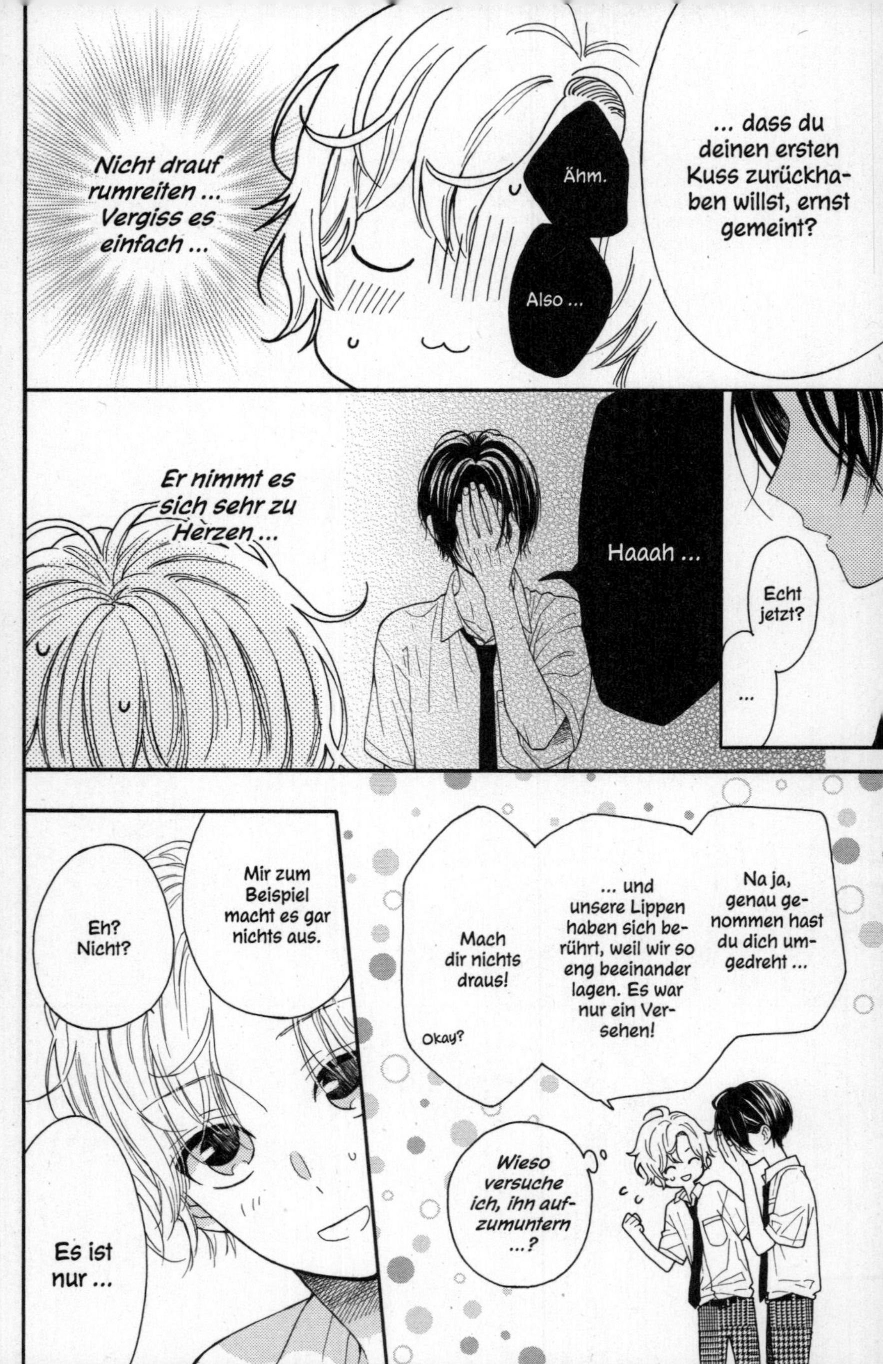
... dass du deinen ersten Kuss zurückhaben willst, ernst gemeint?
Ähm.
Also ...
Nicht drauf rumreiten ... Vergiss es einfach ...
Echt jetzt?
...
Haaah ...
Er nimmt es sich sehr zu Herzen ...
Na ja, genau genommen hast du dich umgedreht ...
... und unsere Lippen haben sich berührt, weil wir so eng beeinander lagen. Es war nur ein Versehen!
Mach dir nichts draus!
Okay?
Wieso versuche ich, ihn aufzumuntern ...?
Mir zum Beispiel macht es gar nichts aus.
Eh? Nicht?
Es ist nur ...

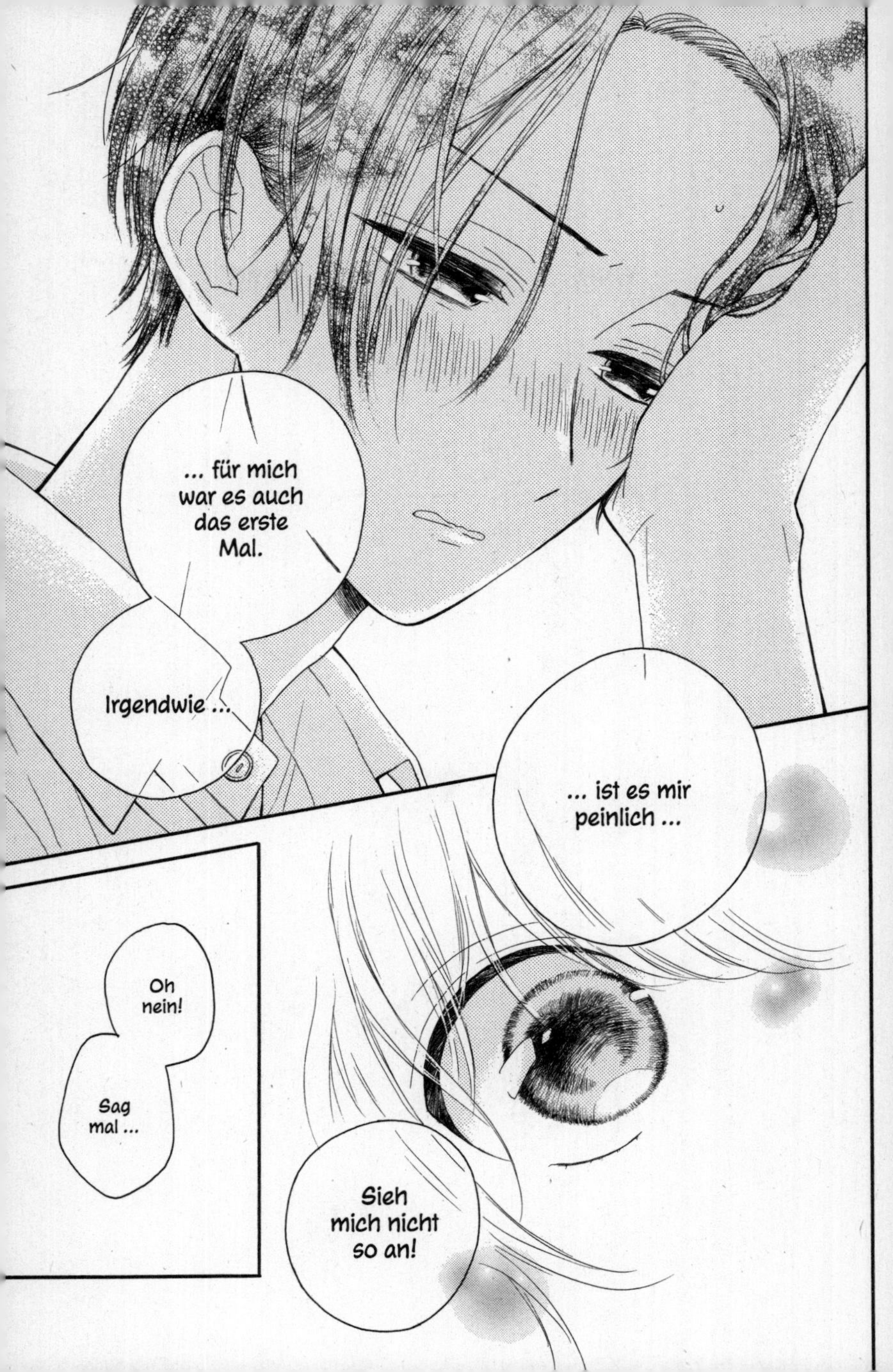
... für mich war es auch das erste Mal.
Irgendwie ...
... ist es mir peinlich ...
Sieh mich nicht so an!
Oh nein!
Sag mal ...

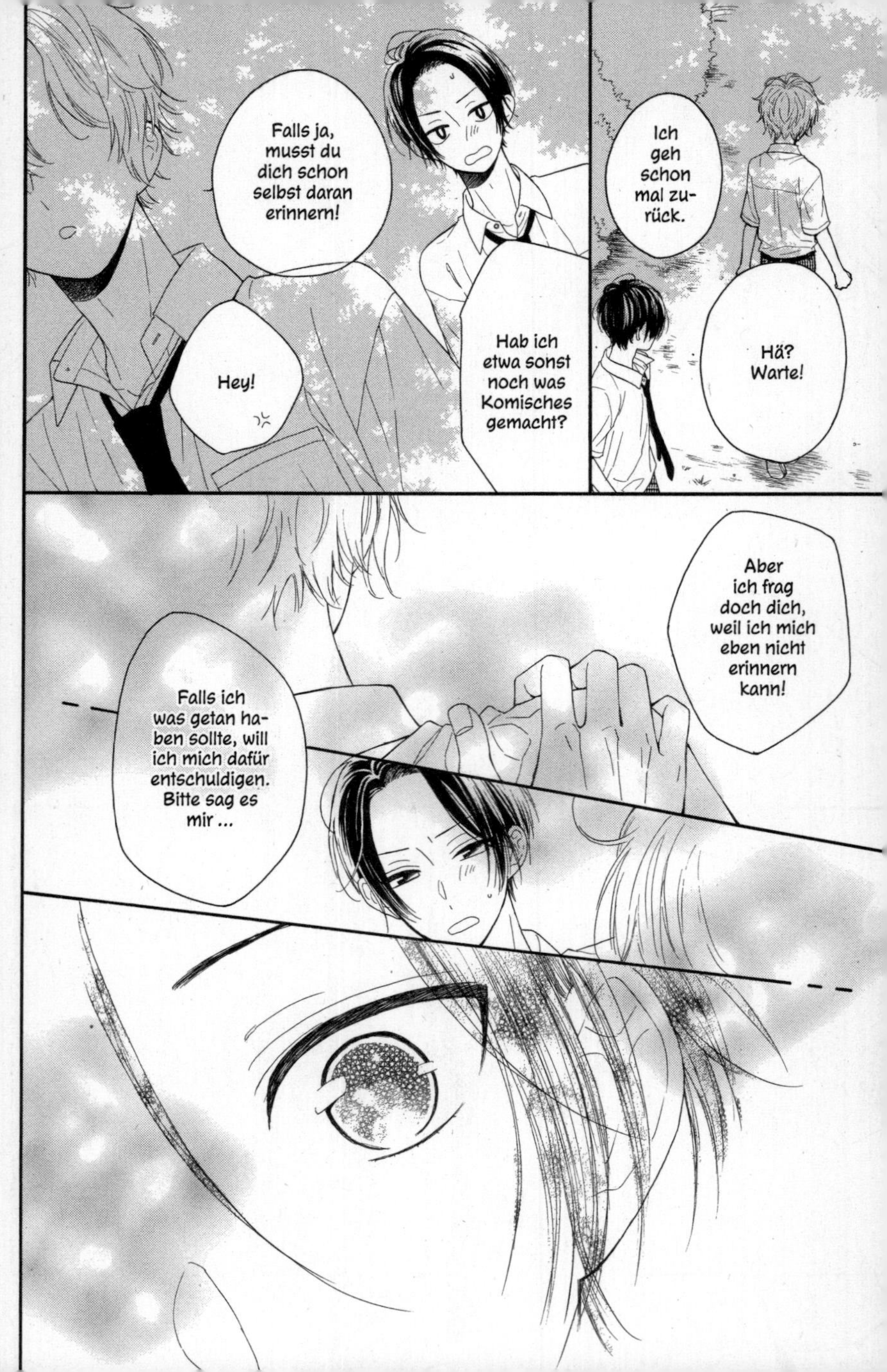
Ich geh schon mal zurück.
Hä? Warte!
Hab ich etwa sonst noch was Komisches gemacht?
Falls ja, musst du dich schon selbst daran erinnern!
Hey!
Aber ich frag doch dich, weil ich mich eben nicht erinnern kann!
Falls ich was getan haben sollte, will ich mich dafür entschuldigen. Bitte sag es mir ...

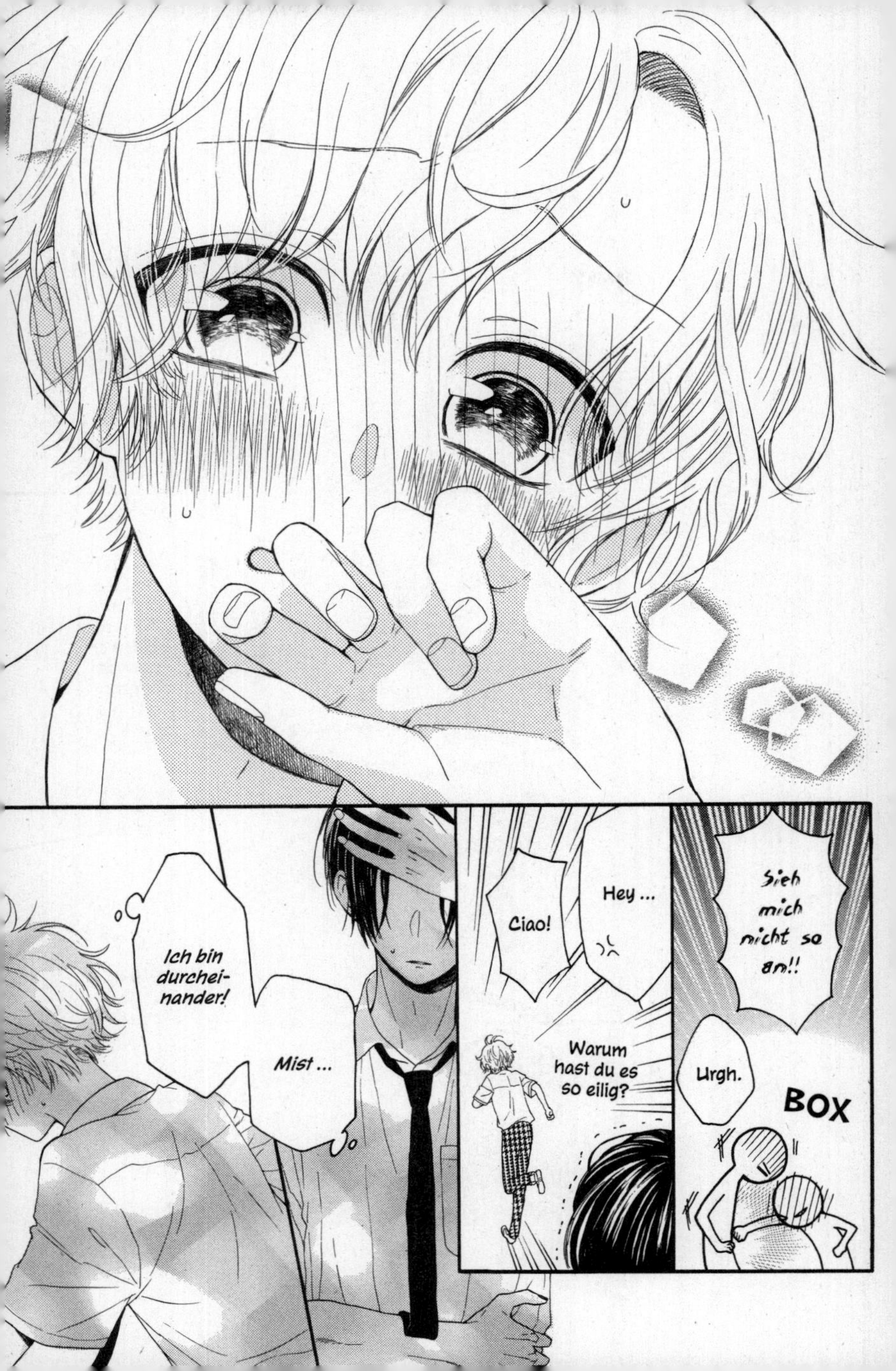

Sieh mich nicht so an!!
Urgh.
BOX
Hey ...
Ciao!
Warum hast du es so eilig?
Ich bin durcheinander!
Mist ...

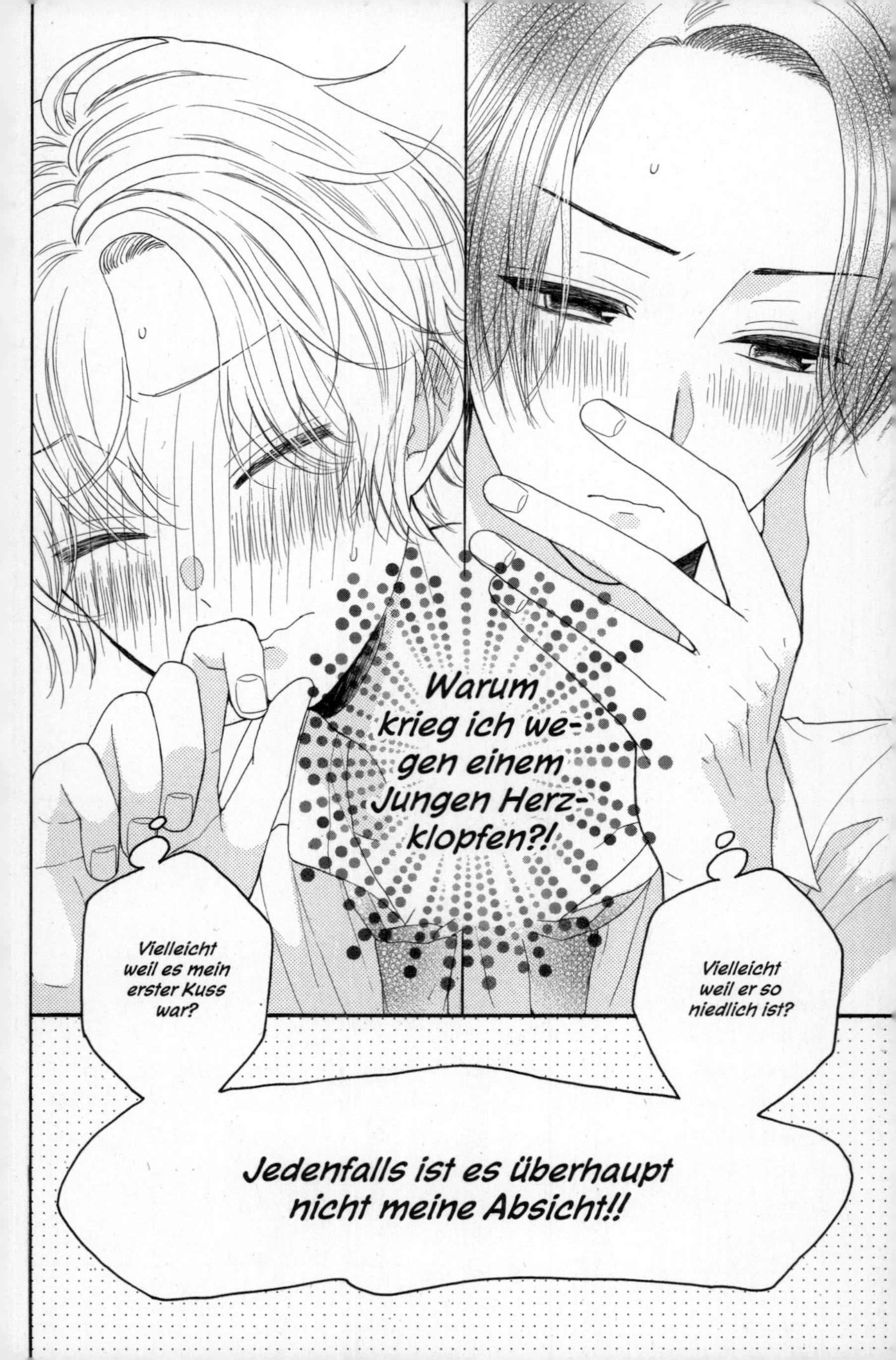
Warum krieg ich wegen einem Jungen Herzklopfen?!
Vielleicht weil er so niedlich ist?
Vielleicht weil es mein erster Kuss war?
Jedenfalls ist es überhaupt nicht meine Absicht!!

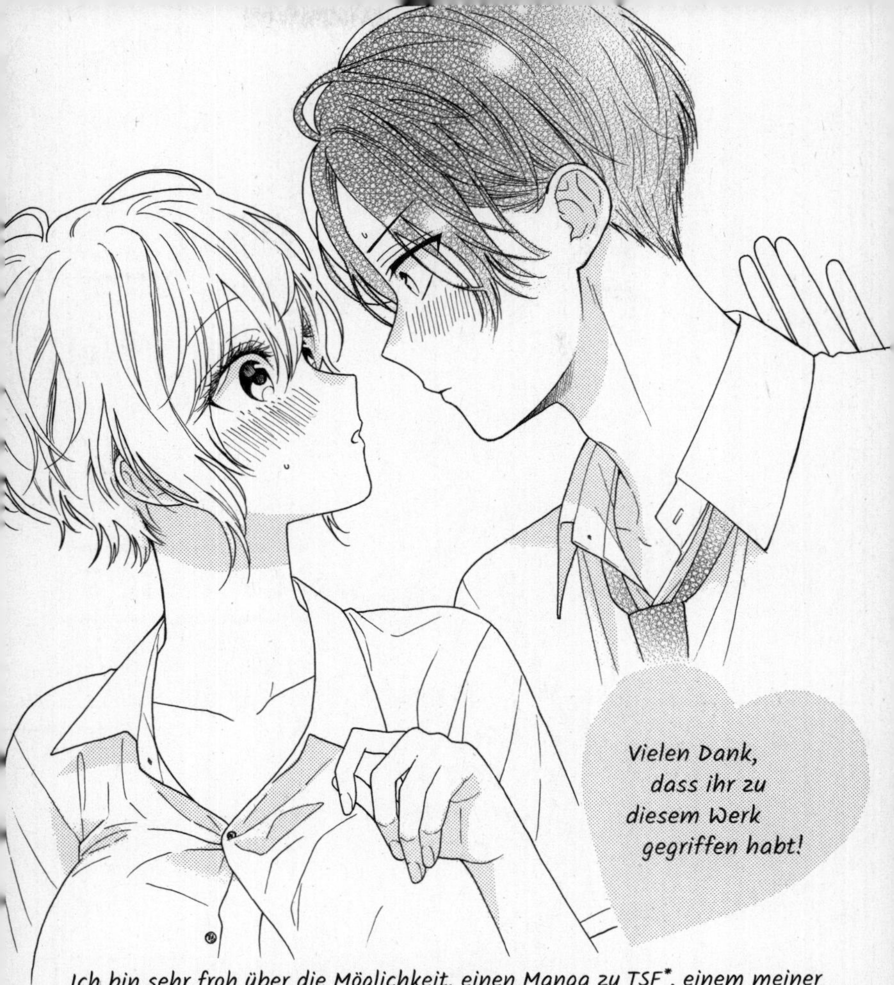

Ich bin sehr froh über die Möglichkeit, einen Manga zu TSF*, einem meiner Lieblingsthemen, zeichnen zu können. Ich werde mir viel Mühe geben, damit ihr beim Lesen großen Spaß habt!
Die Extraseite nutze ich gerne für Zeichnungen, die im Mangateil nicht vorkommen. Für diesen Band war eigentlich eine etwas intimere Szene zwischen Ryusei und Mao (♀) vorgesehen. Doch die nun gewählte Zeichnung passt gut zu den Charakteren und spiegelt außerdem den aktuellen Stand ihrer Beziehung besser wider. (Vielleicht gehört die Hand, die hinter dem Rücken zu sehen ist, zu einer der beiden Unterstützerinnen Ryuseis und Maos?)

*»Transsexual Fiction« bzw. »Transsexual Fantasy«. Siehe auch Seite 168 für eine tiefergehende Erklärung.

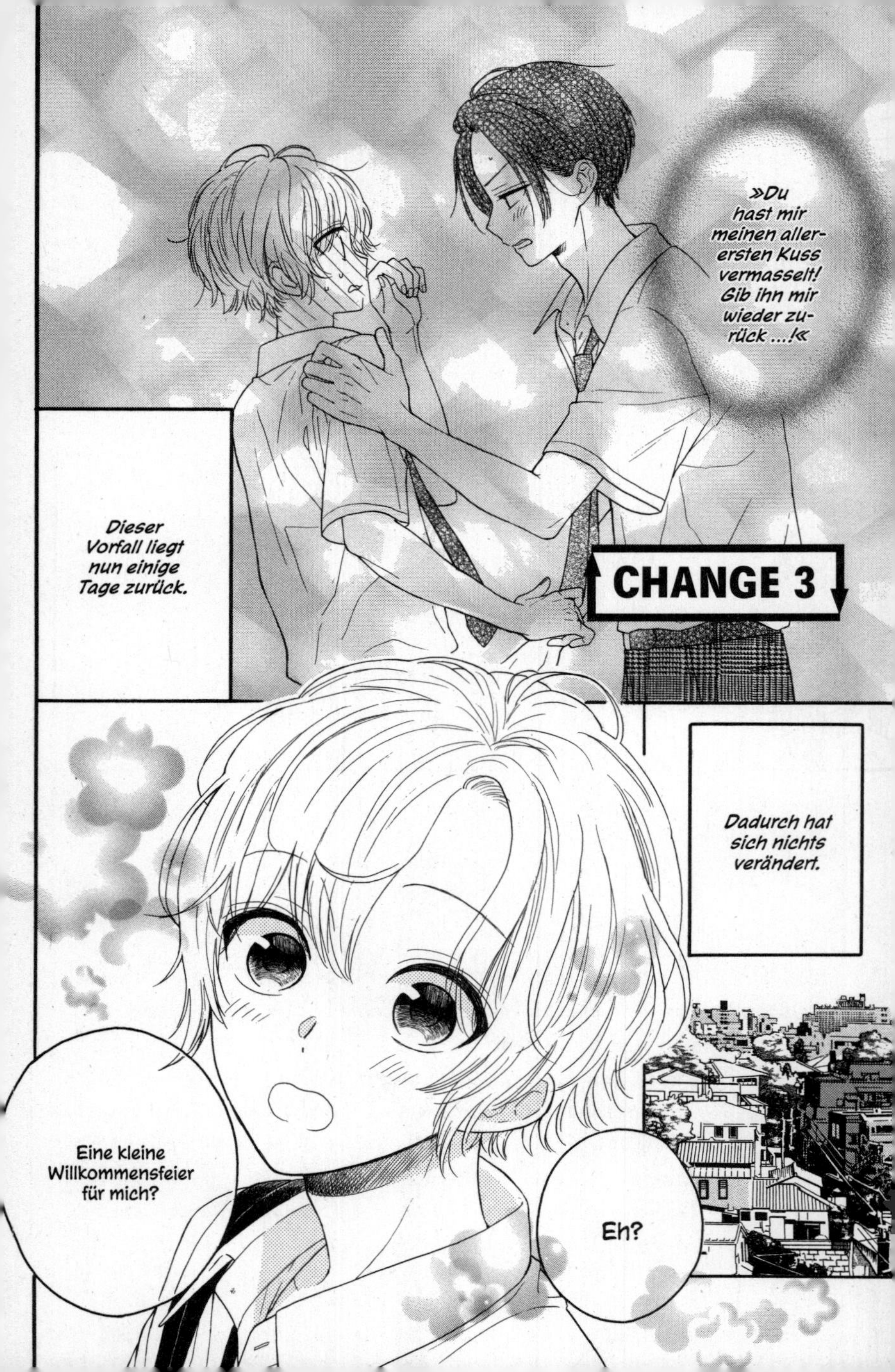
»Du hast mir meinen allerersten Kuss vermasselt! Gib ihn mir wieder zurück ...!«
Dieser Vorfall liegt nun einige Tage zurück.
CHANGE 3
Dadurch hat sich nichts verändert.
Eh?
Eine kleine Willkommensfeier für mich?

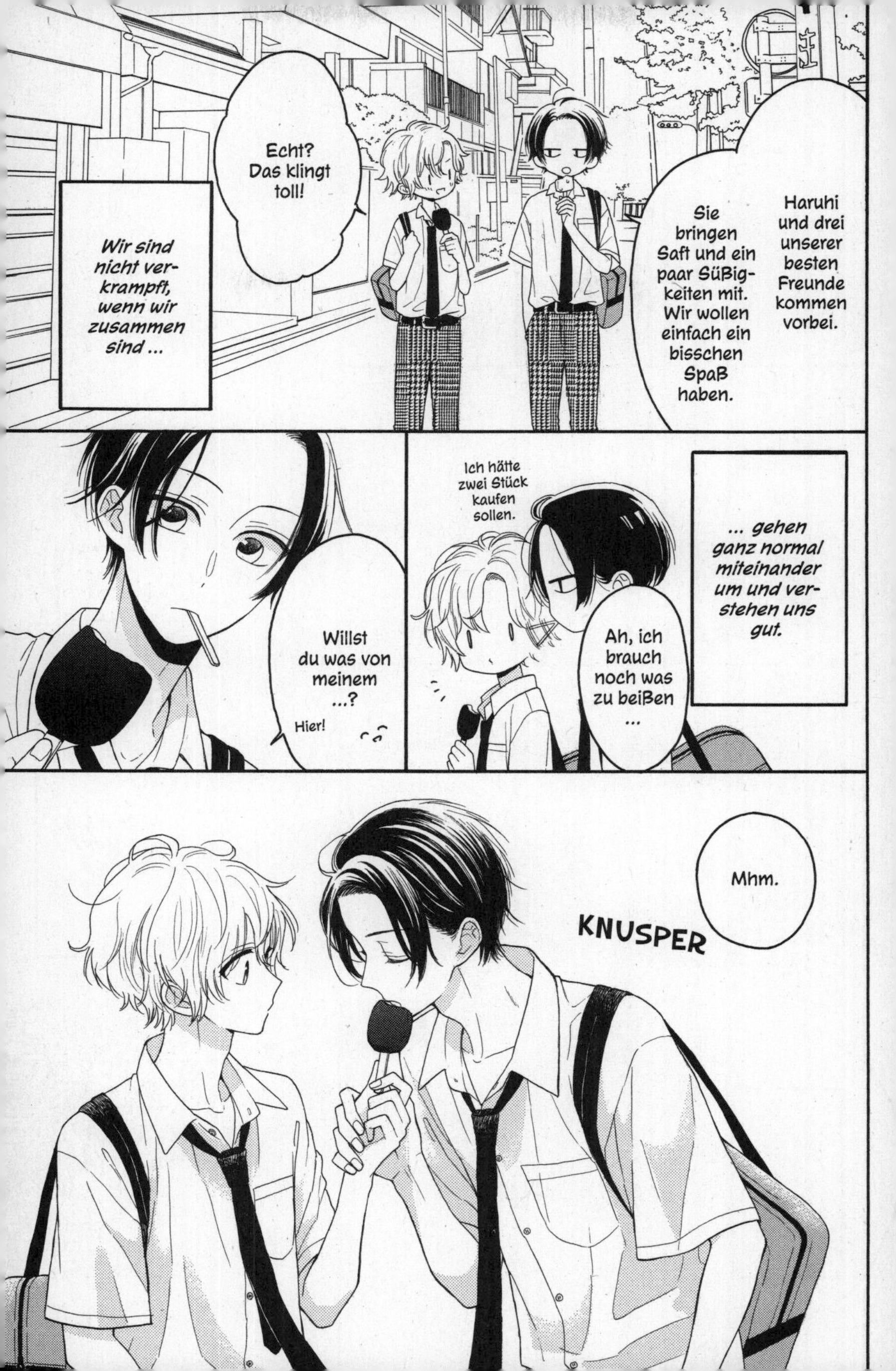
Haruhi und drei unserer besten Freunde kommen vorbei.
Sie bringen Saft und ein paar Süßigkeiten mit. Wir wollen einfach ein bisschen Spaß haben.
Echt? Das klingt toll!
Wir sind nicht verkrampft, wenn wir zusammen sind ...
... gehen ganz normal miteinander um und verstehen uns gut.
Ich hätte zwei Stück kaufen sollen.
Ah, ich brauch noch was zu beißen ...
Willst du was von meinem ...?
Hier!
Mhm.
KNUSPER

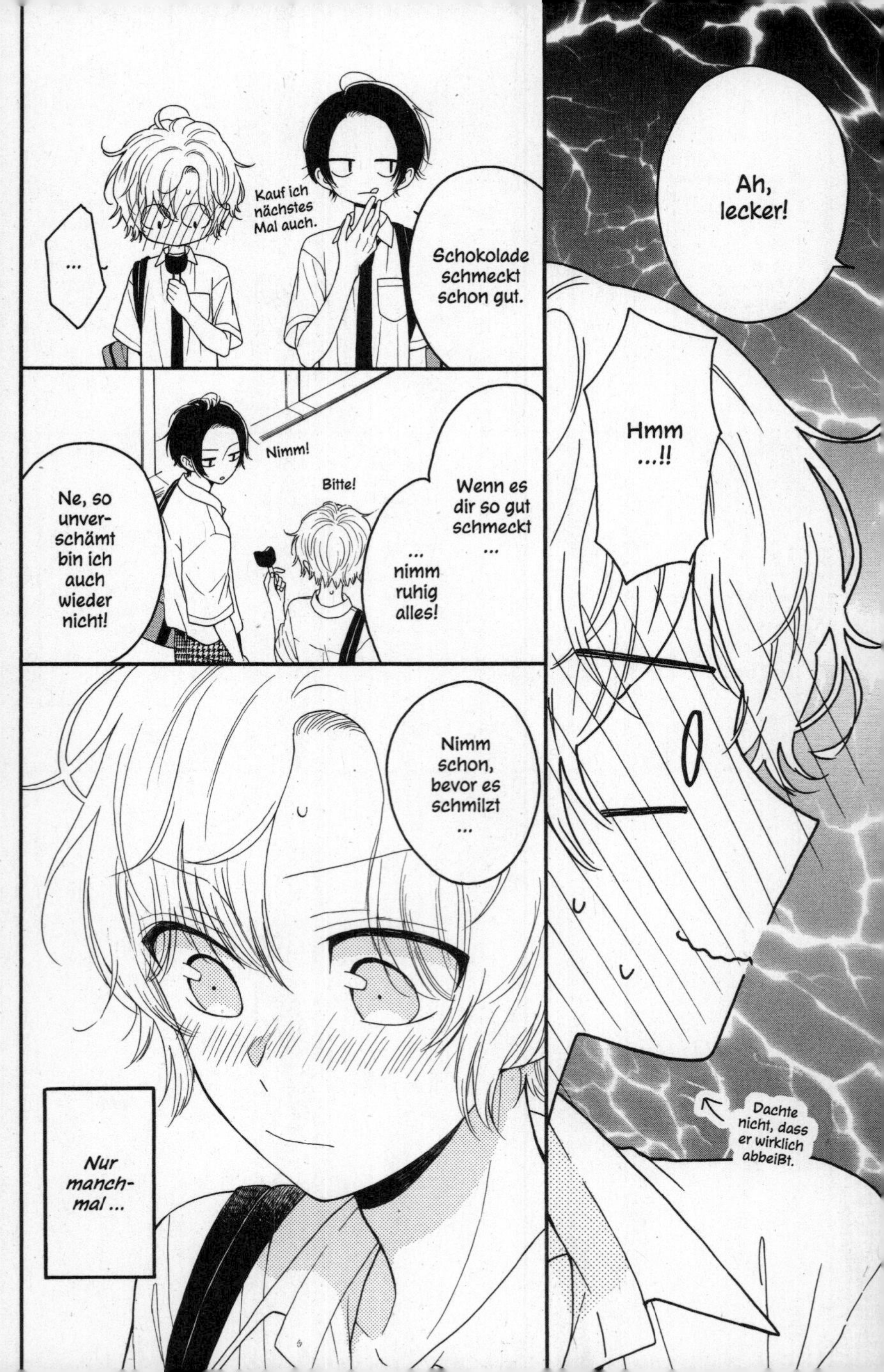
Ah, lecker!
Hmm ...!!
Dachte nicht, dass er wirklich abbeißt.
Schokolade schmeckt schon gut.
Kauf ich nächstes Mal auch.
...
Wenn es dir so gut schmeckt ...
... nimm ruhig alles!
Bitte!
Nimm!
Ne, so unverschämt bin ich auch wieder nicht!
Nimm schon, bevor es schmilzt ...
Nur manchmal ...

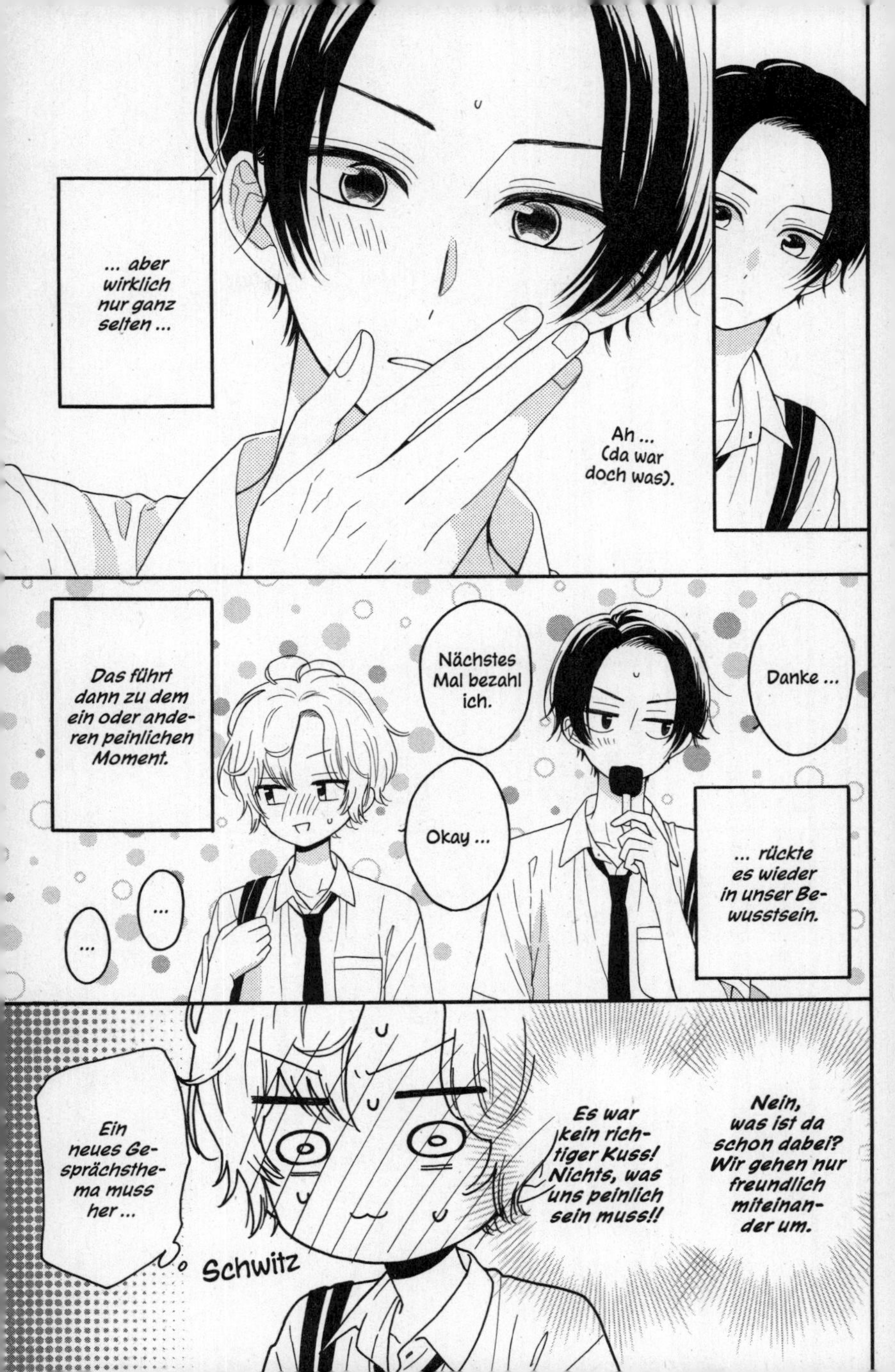
... aber wirklich nur ganz selten ...
Ah ... (da war doch was).
Danke ...
Nächstes Mal bezahl ich.
Das führt dann zu dem ein oder anderen peinlichen Moment.
Okay ...
... rückte es wieder in unser Bewusstsein.
...
...
Nein, was ist da schon dabei? Wir gehen nur freundlich miteinander um.
Es war kein richtiger Kuss! Nichts, was uns peinlich sein muss!!
Ein neues Gesprächsthema muss her ...
Schwitz

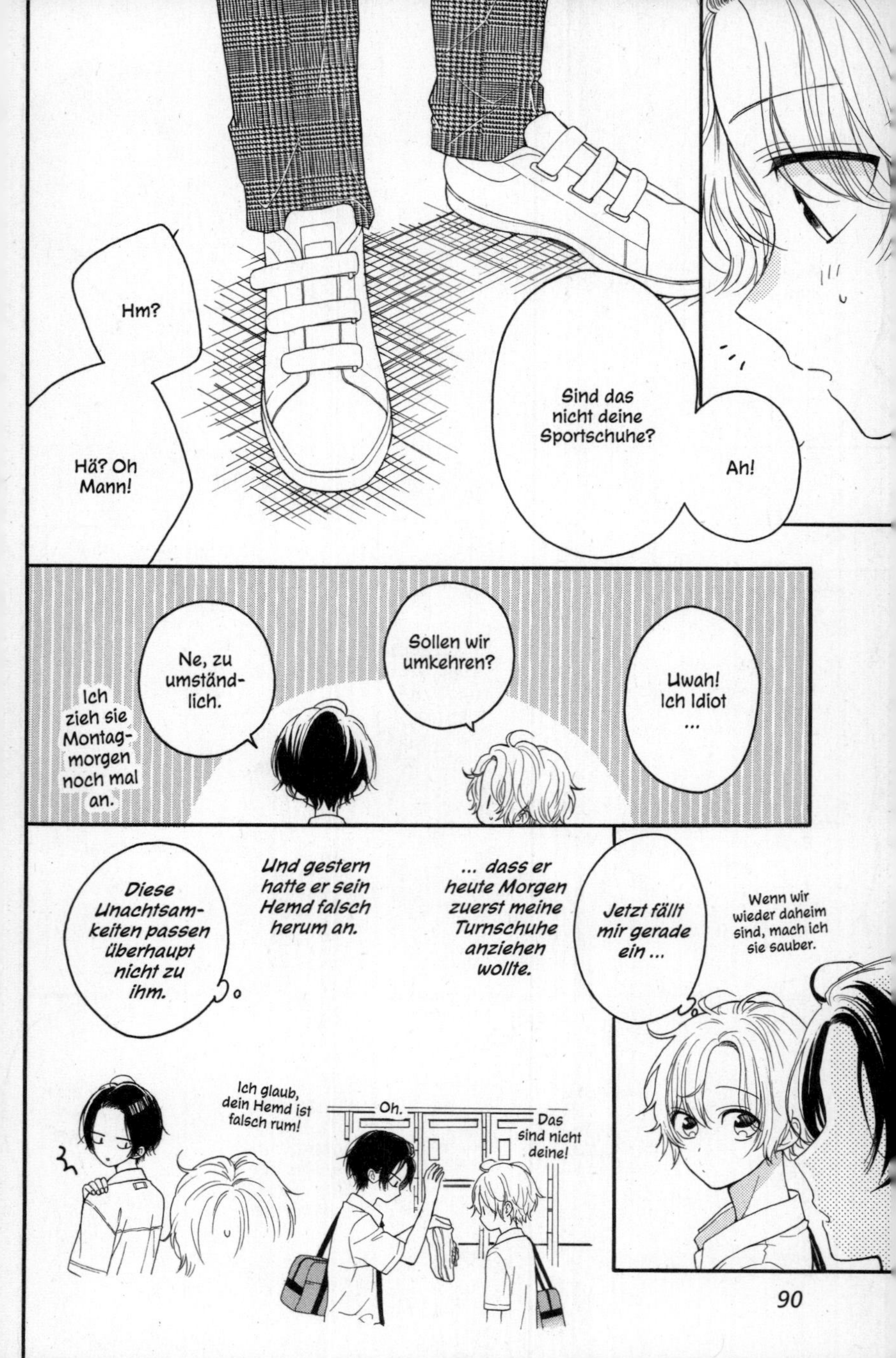
Sind das nicht deine Sportschuhe?
Ah!
Hm?
Hä? Oh Mann!
Uwah! Ich Idiot ...
Sollen wir umkehren?
Ne, zu umständlich.
Ich zieh sie Montagmorgen noch mal an.
Wenn wir wieder daheim sind, mach ich sie sauber.
Jetzt fällt mir gerade ein ...
... dass er heute Morgen zuerst meine Turnschuhe anziehen wollte.
Das sind nicht deine!
Oh.
Und gestern hatte er sein Hemd falsch herum an.
Ich glaub, dein Hemd ist falsch rum!
Diese Unachtsamkeiten passen überhaupt nicht zu ihm.

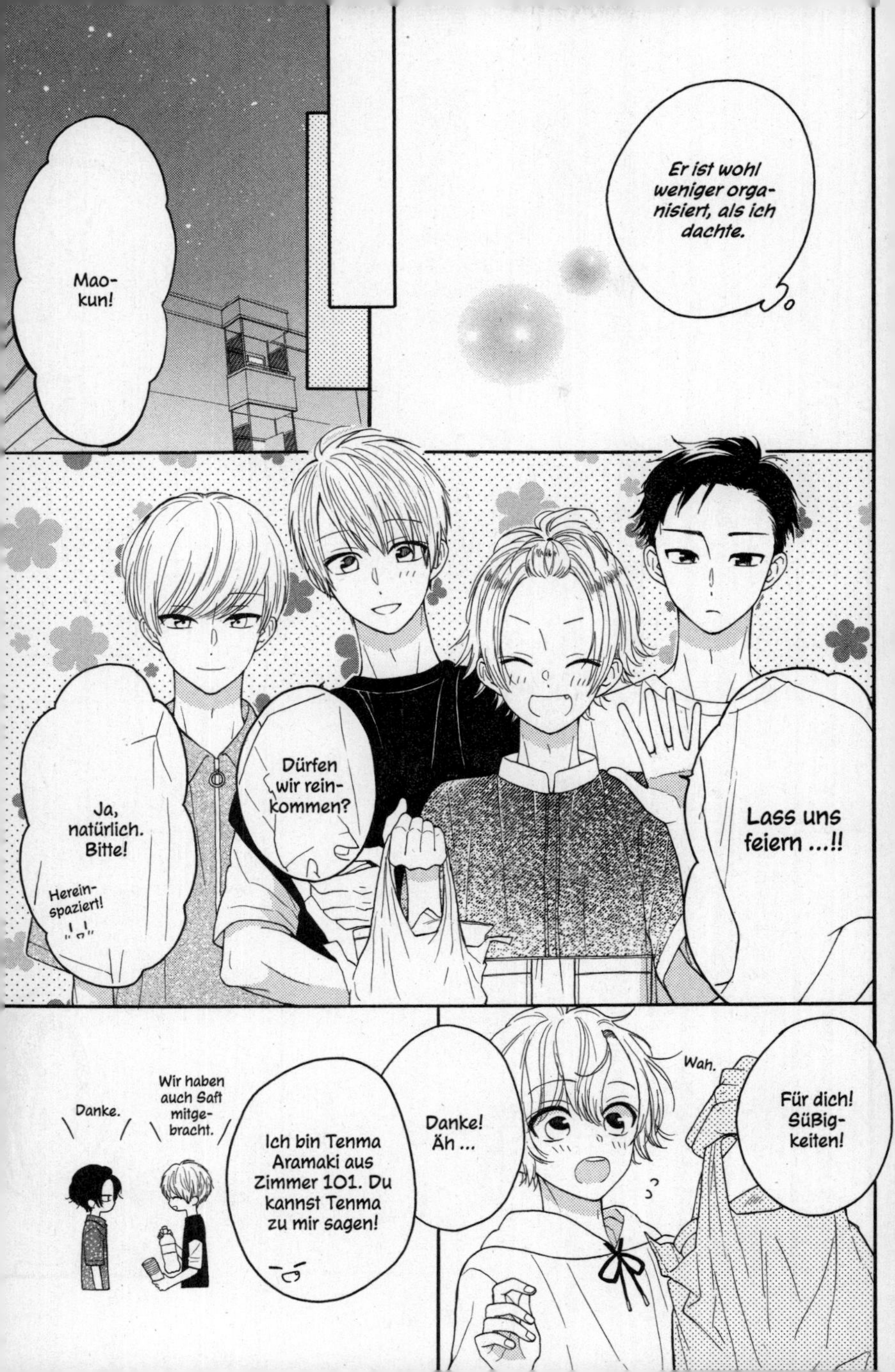

Er ist wohl weniger organisiert, als ich dachte.
Mao-kun!
Lass uns feiern ...!!
Dürfen wir reinkommen?
Ja, natürlich. Bitte!
Hereinspaziert!
Wah.
Für dich! Süßigkeiten!
Danke! Äh ...
Ich bin Tenma Aramaki aus Zimmer 101. Du kannst Tenma zu mir sagen!
Wir haben auch Saft mitgebracht.
Danke.

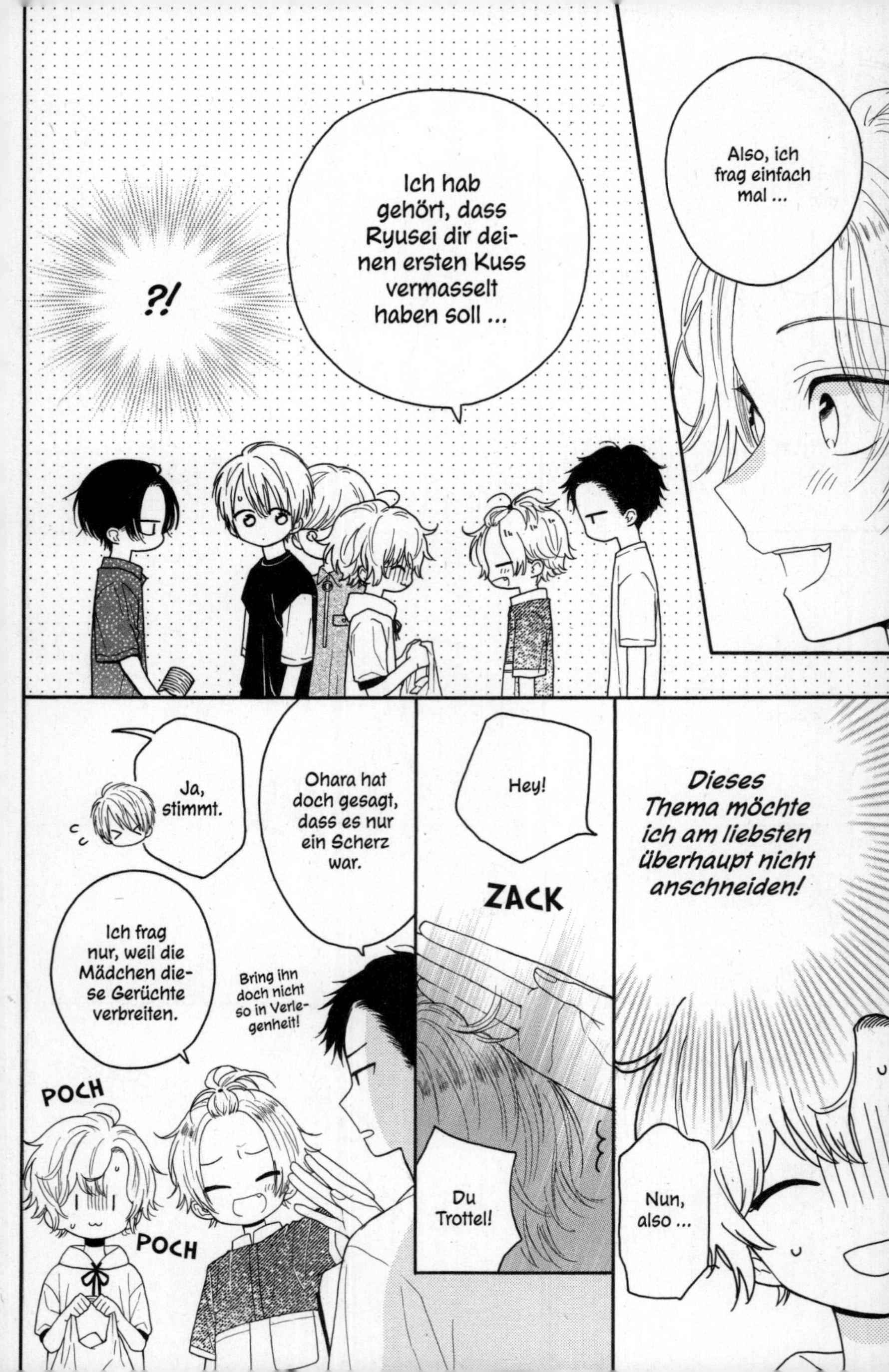
Also, ich frag einfach mal ...
Ich hab gehört, dass Ryusei dir deinen ersten Kuss vermasselt haben soll ...
?!
Dieses Thema möchte ich am liebsten überhaupt nicht anschneiden!
Nun, also ...
Hey!
ZACK
Du Trottel!
Ohara hat doch gesagt, dass es nur ein Scherz war.
Ja, stimmt.
Ich frag nur, weil die Mädchen diese Gerüchte verbreiten.
Bring ihn doch nicht so in Verlegenheit!
POCH
POCH

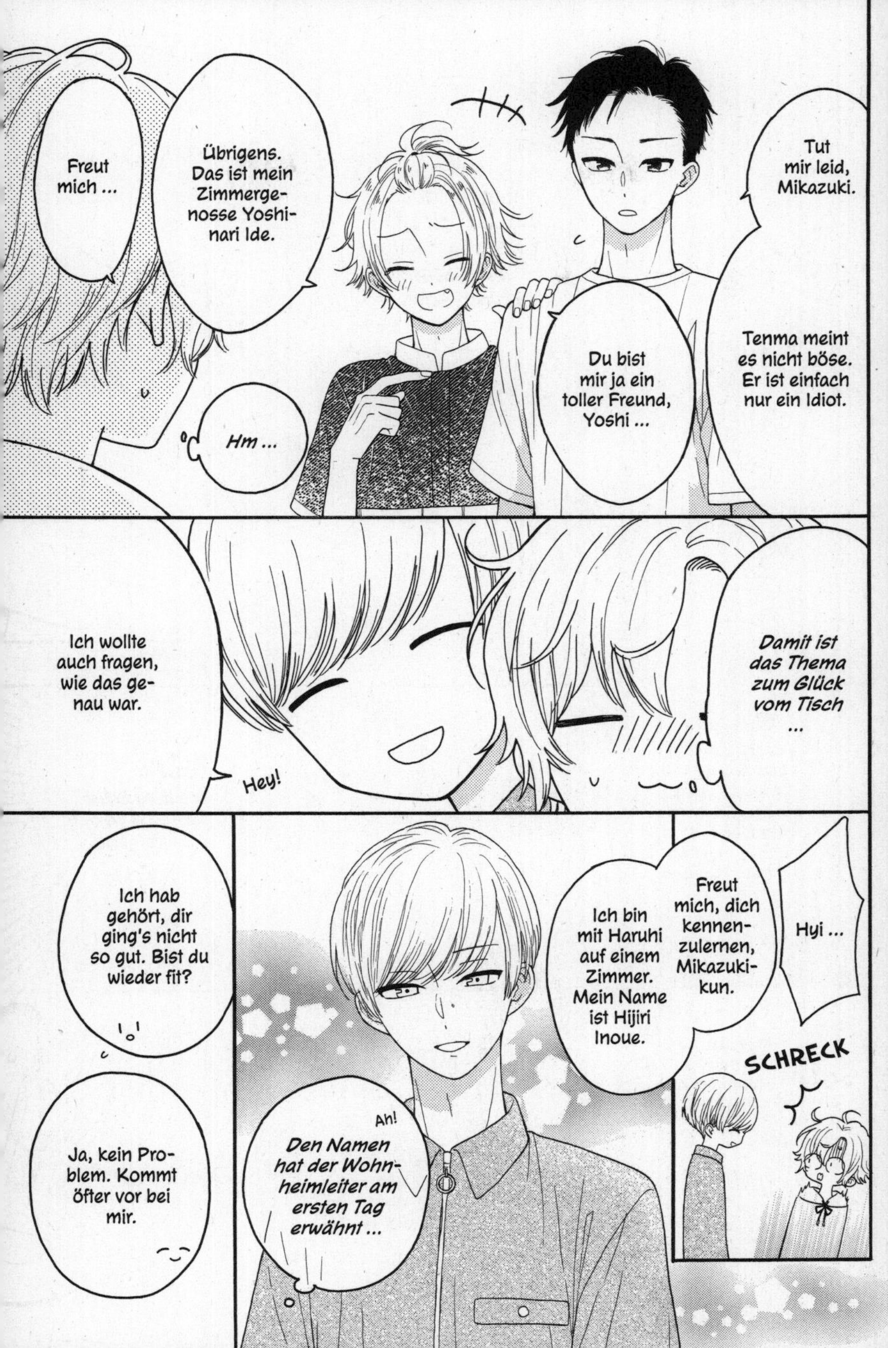
Tut mir leid, Mikazuki.
Tenma meint es nicht böse. Er ist einfach nur ein Idiot.
Du bist mir ja ein toller Freund, Yoshi ...
Übrigens. Das ist mein Zimmergenosse Yoshinari Ide.
Freut mich ...
Hm ...
Damit ist das Thema zum Glück vom Tisch ...
Hey!
Ich wollte auch fragen, wie das genau war.
Hyi ...
SCHRECK
Freut mich, dich kennenzulernen, Mikazuki-kun.
Ich bin mit Haruhi auf einem Zimmer. Mein Name ist Hijiri Inoue.
Ah!
Den Namen hat der Wohnheimleiter am ersten Tag erwähnt ...
Ich hab gehört, dir ging's nicht so gut. Bist du wieder fit?
Ja, kein Problem. Kommt öfter vor bei mir.

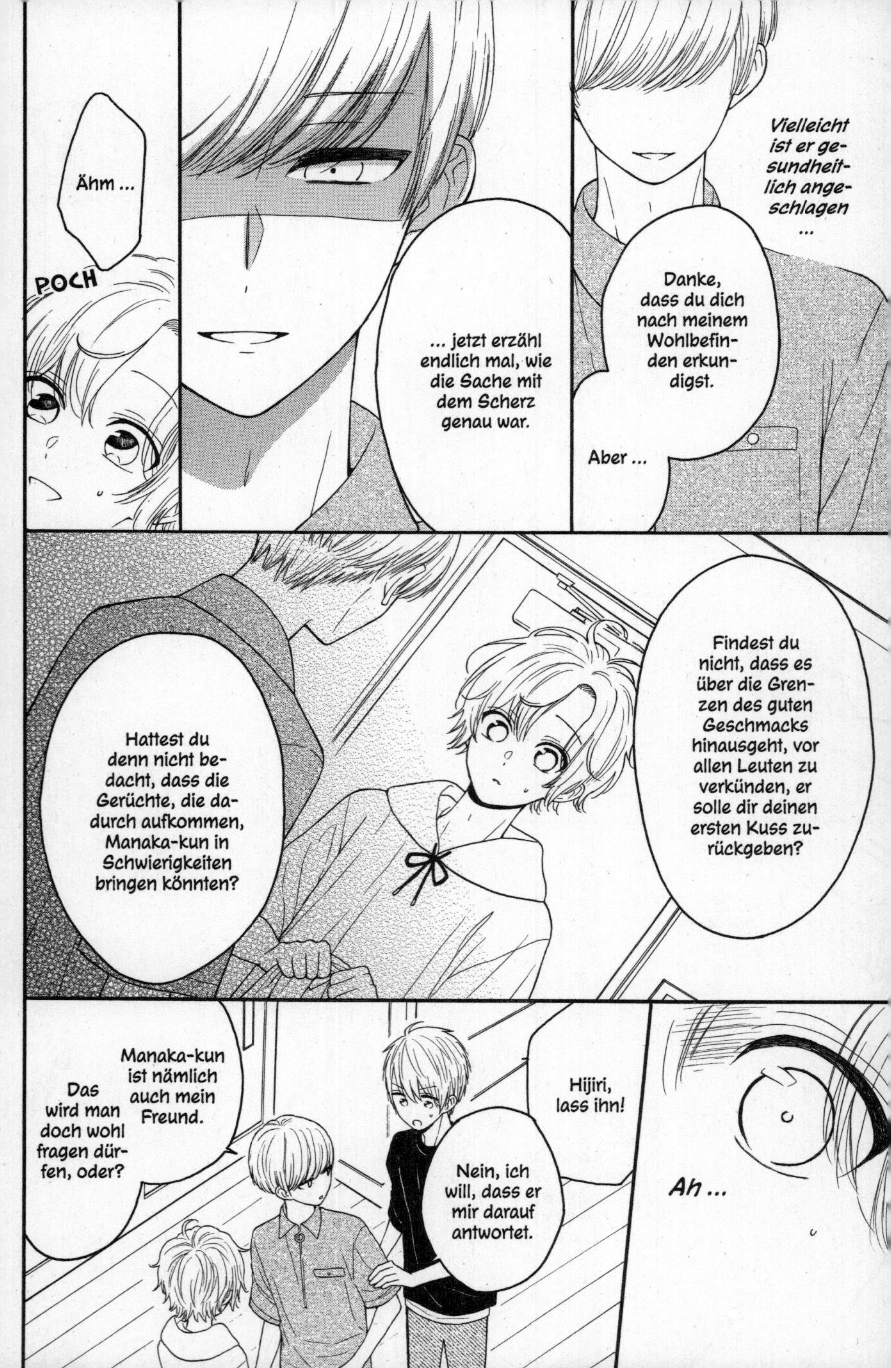
Vielleicht ist er gesundheitlich angeschlagen ...
Danke, dass du dich nach meinem Wohlbefinden erkundigst.
Aber ...
... jetzt erzähl endlich mal, wie die Sache mit dem Scherz genau war.
Ähm ...
POCH
Findest du nicht, dass es über die Grenzen des guten Geschmacks hinausgeht, vor allen Leuten zu verkünden, er solle dir deinen ersten Kuss zurückgeben?
Hattest du denn nicht bedacht, dass die Gerüchte, die dadurch aufkommen, Manaka-kun in Schwierigkeiten bringen könnten?
Ah ...
Hijiri, lass ihn!
Nein, ich will, dass er mir darauf antwortet.
Manaka-kun ist nämlich auch mein Freund.
Das wird man doch wohl fragen dürfen, oder?

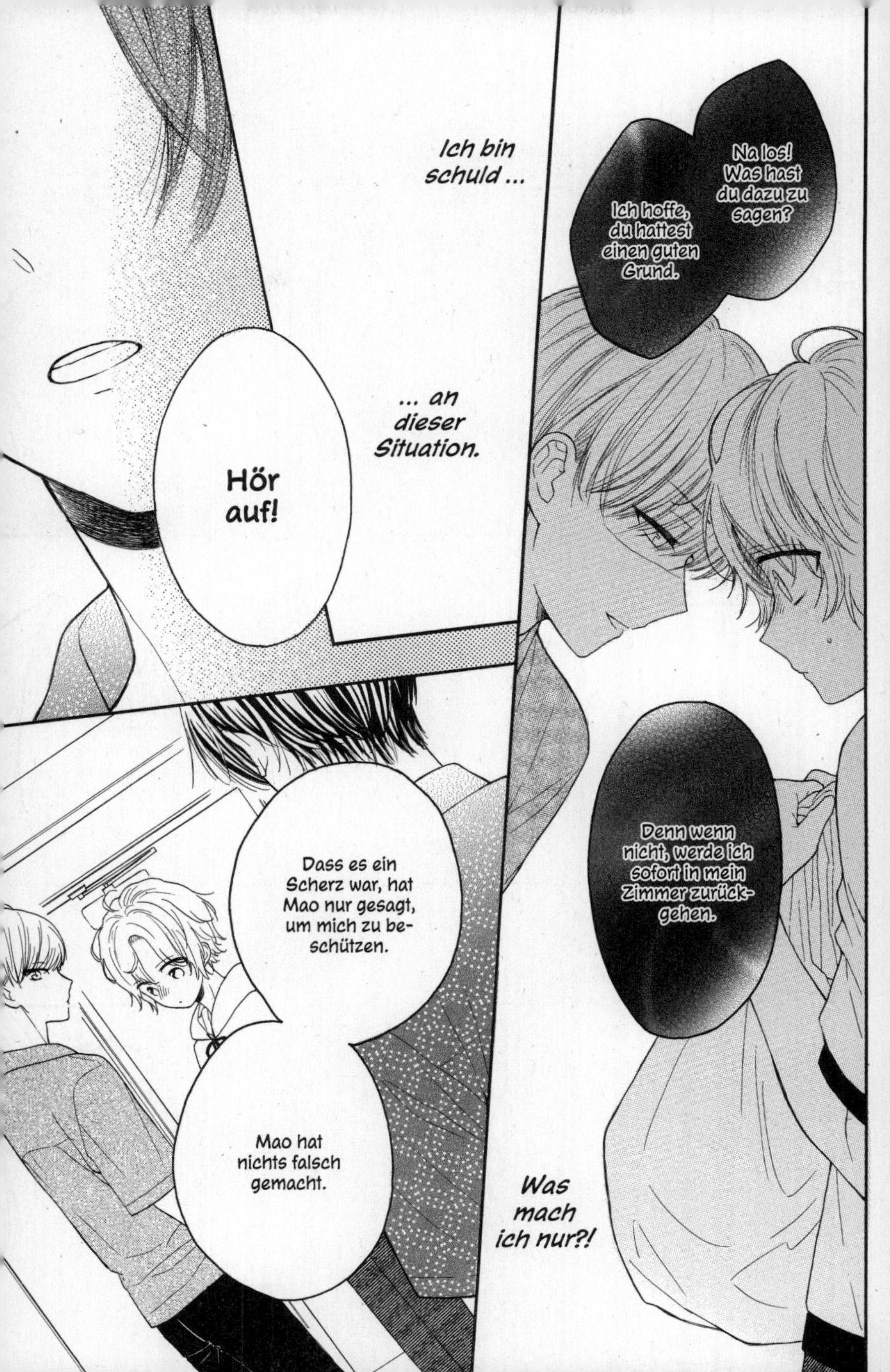
Na los! Was hast du dazu zu sagen?
Ich hoffe, du hattest einen guten Grund.
Denn wenn nicht, werde ich sofort in mein Zimmer zurückgehen.
Was mach ich nur?!
Ich bin schuld ...
... an dieser Situation.
Hör auf!
Dass es ein Scherz war, hat Mao nur gesagt, um mich zu beschützen.
Mao hat nichts falsch gemacht.

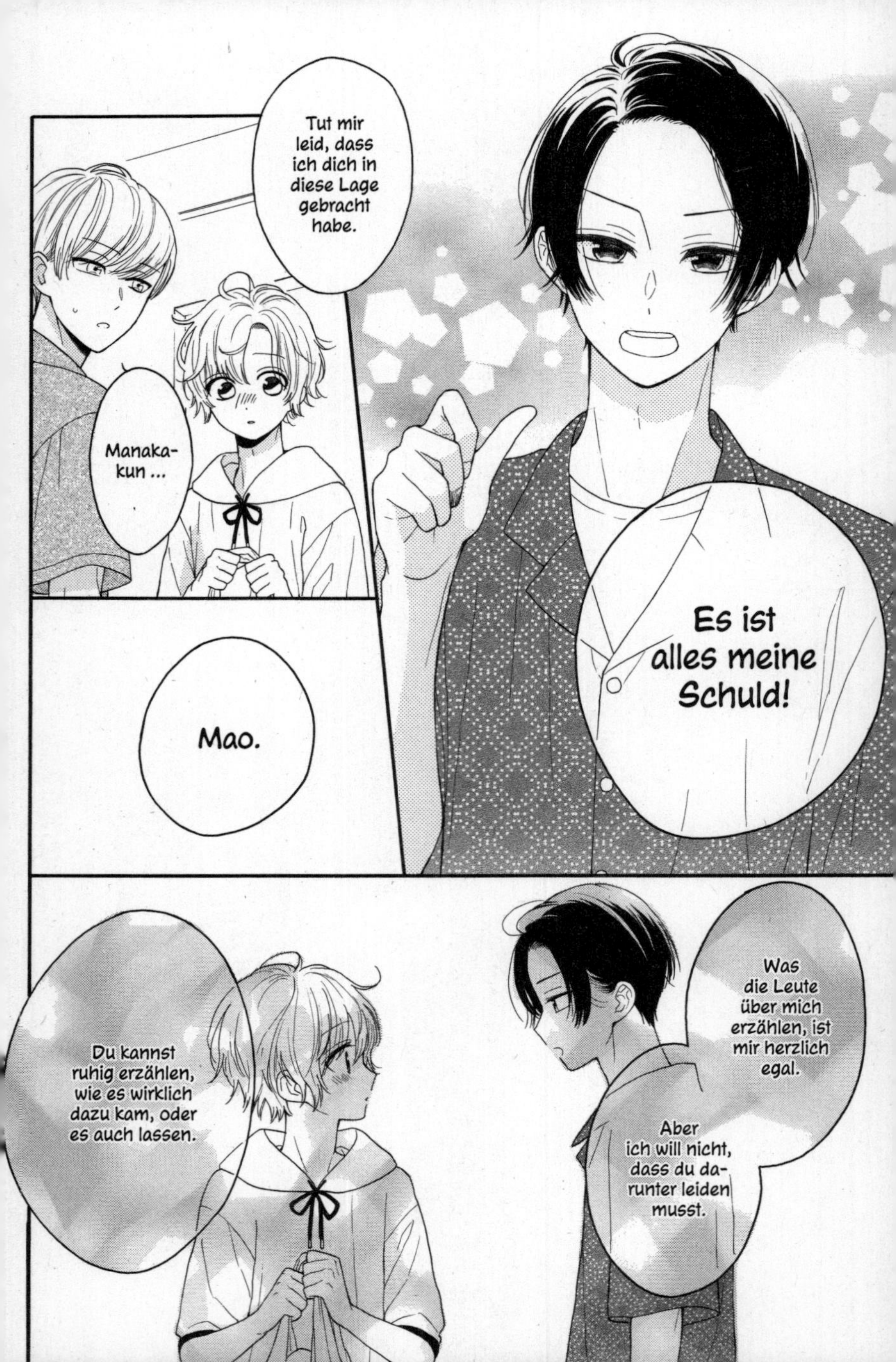
Tut mir leid, dass ich dich in diese Lage gebracht habe.
Es ist alles meine Schuld!
Manaka-kun ...
Mao.
Was die Leute über mich erzählen, ist mir herzlich egal.
Aber ich will nicht, dass du darunter leiden musst.
Du kannst ruhig erzählen, wie es wirklich dazu kam, oder es auch lassen.

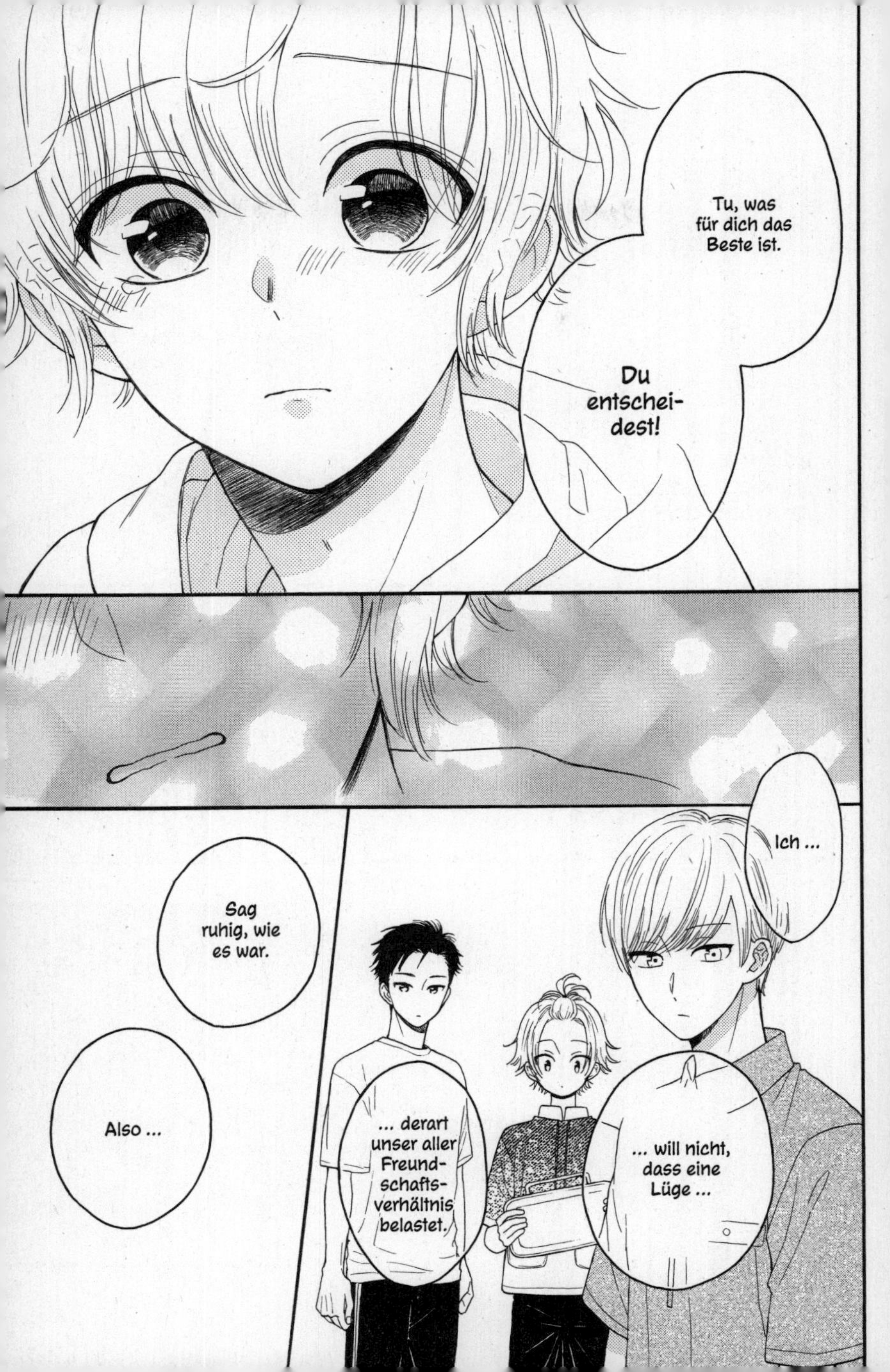
Tu, was für dich das Beste ist.
Du entschei-dest!
Ich ...
... will nicht, dass eine Lüge ...
... derart unser aller Freund-schafts-verhältnis belastet.
Sag ruhig, wie es war.
Also ...

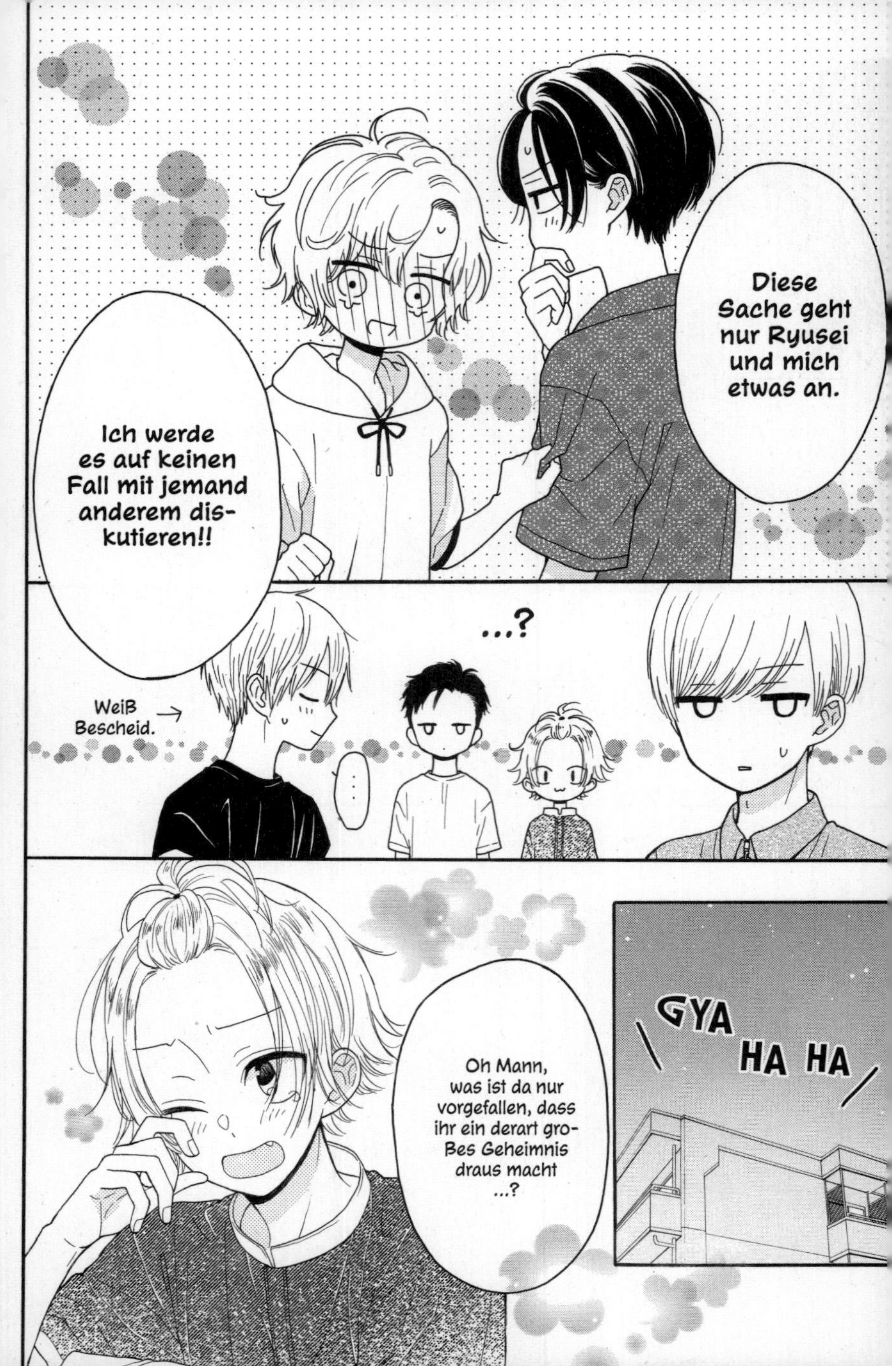
Diese Sache geht nur Ryusei und mich etwas an.
Ich werde es auf keinen Fall mit jemand anderem dis-kutieren!!
...?
Weiß Bescheid. →
...
GYA HA HA
Oh Mann, was ist da nur vorgefallen, dass ihr ein derart gro-ßes Geheimnis draus macht ...?

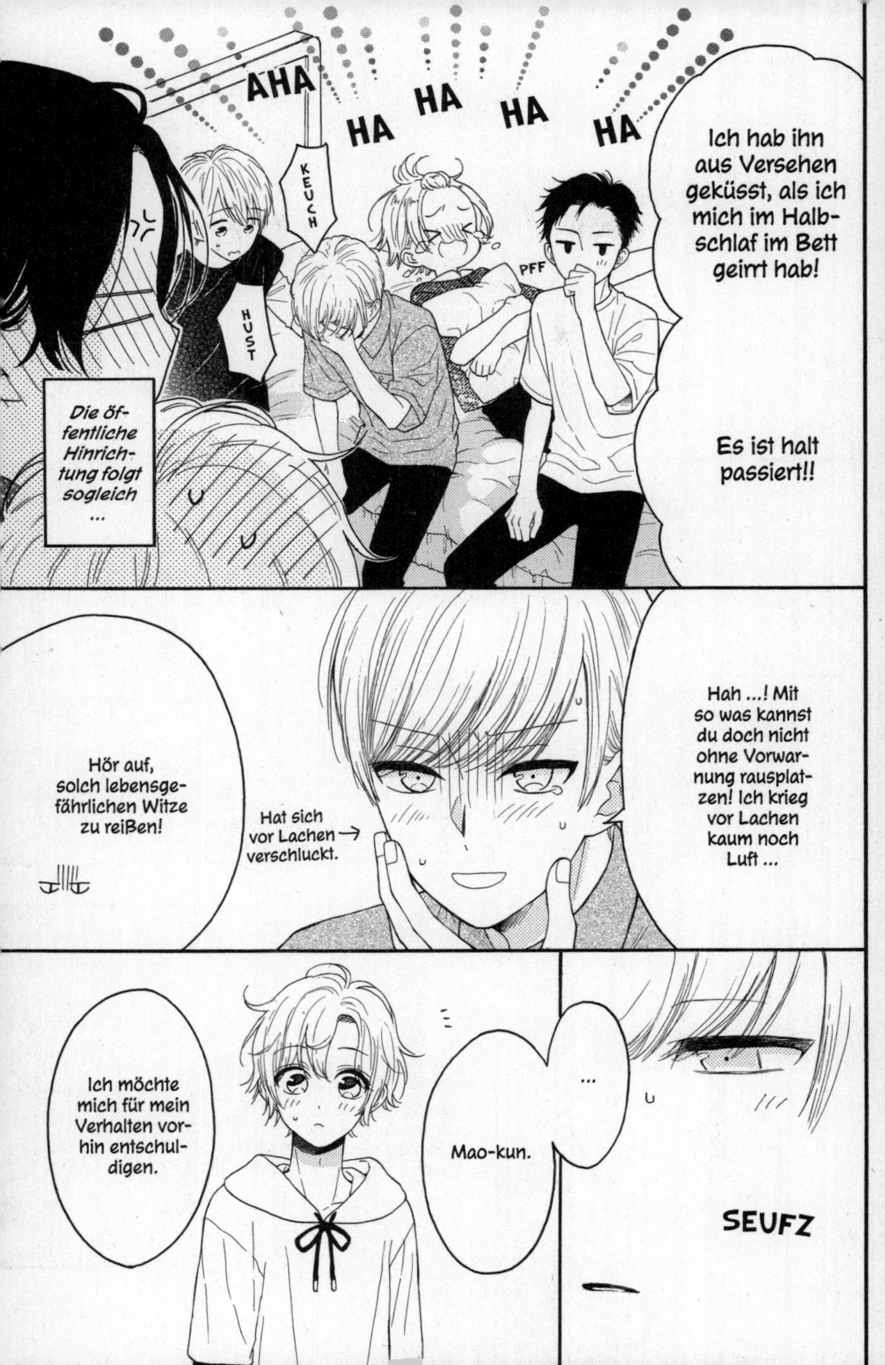
Ich hab ihn aus Versehen geküsst, als ich mich im Halbschlaf im Bett geirrt hab!
Es ist halt passiert!!
AHA HA HA HA HA
PFF
KEUCH
HUST
Die öffentliche Hinrichtung folgt sogleich ...
Hah ...! Mit so was kannst du doch nicht ohne Vorwarnung rausplatzen! Ich krieg vor Lachen kaum noch Luft ...
Hat sich vor Lachen verschluckt.
Hör auf, solch lebensgefährlichen Witze zu reißen!
SEUFZ
...
Mao-kun.
Ich möchte mich für mein Verhalten vorhin entschuldigen.

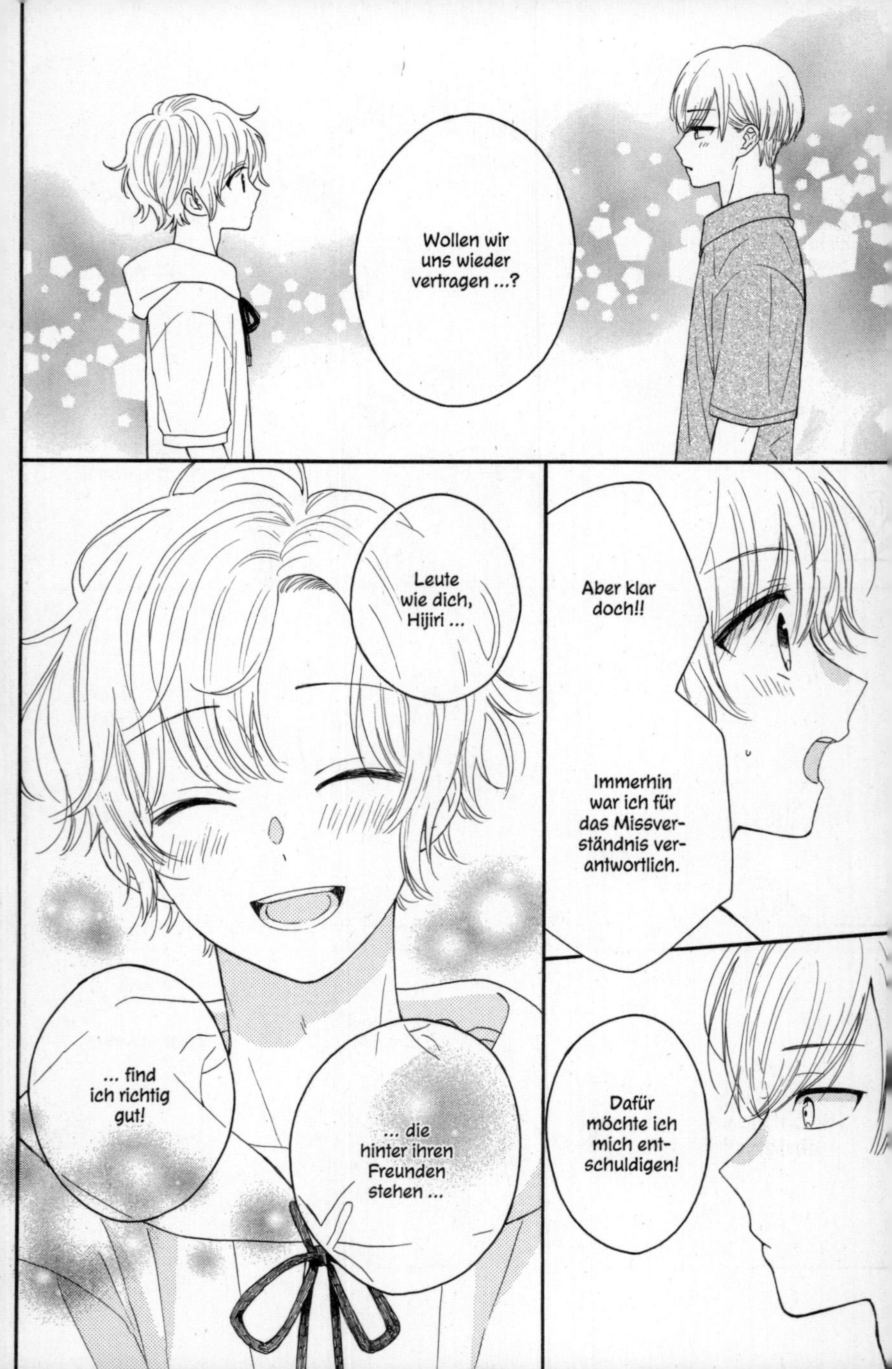

Wollen wir uns wieder vertragen ...?
Aber klar doch!!
Immerhin war ich für das Missverständnis verantwortlich.
Dafür möchte ich mich entschuldigen!
Leute wie dich, Hijiri ...
... die hinter ihren Freunden stehen ...
... find ich richtig gut!

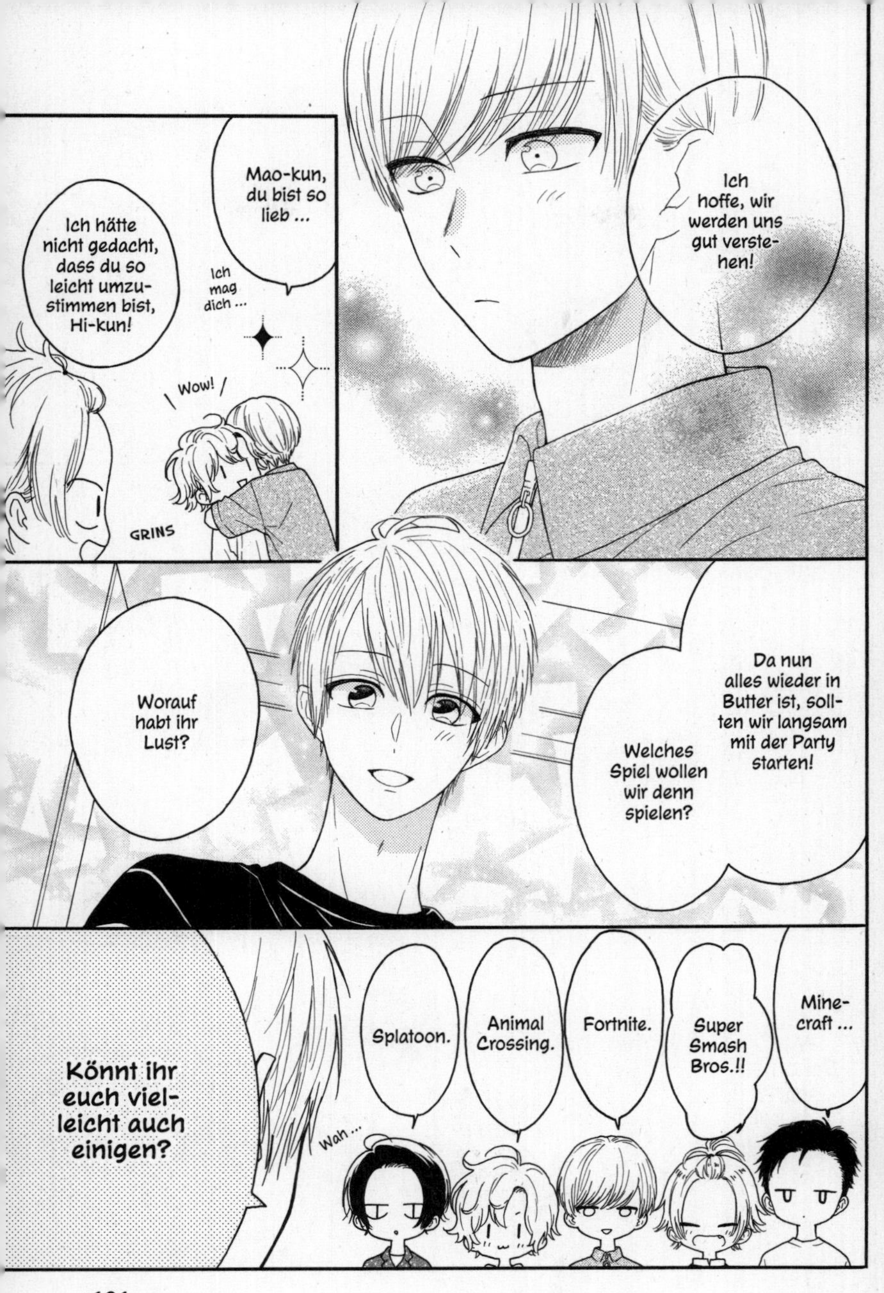
Ich hoffe, wir werden uns gut verstehen!
Mao-kun, du bist so lieb ...
Ich mag dich ...
Wow!
Ich hätte nicht gedacht, dass du so leicht umzustimmen bist, Hi-kun!
GRINS
Da nun alles wieder in Butter ist, sollten wir langsam mit der Party starten!
Welches Spiel wollen wir denn spielen?
Worauf habt ihr Lust?
Minecraft ...
Super Smash Bros.!!
Fortnite.
Animal Crossing.
Splatoon.
Wah ...
Könnt ihr euch vielleicht auch einigen?

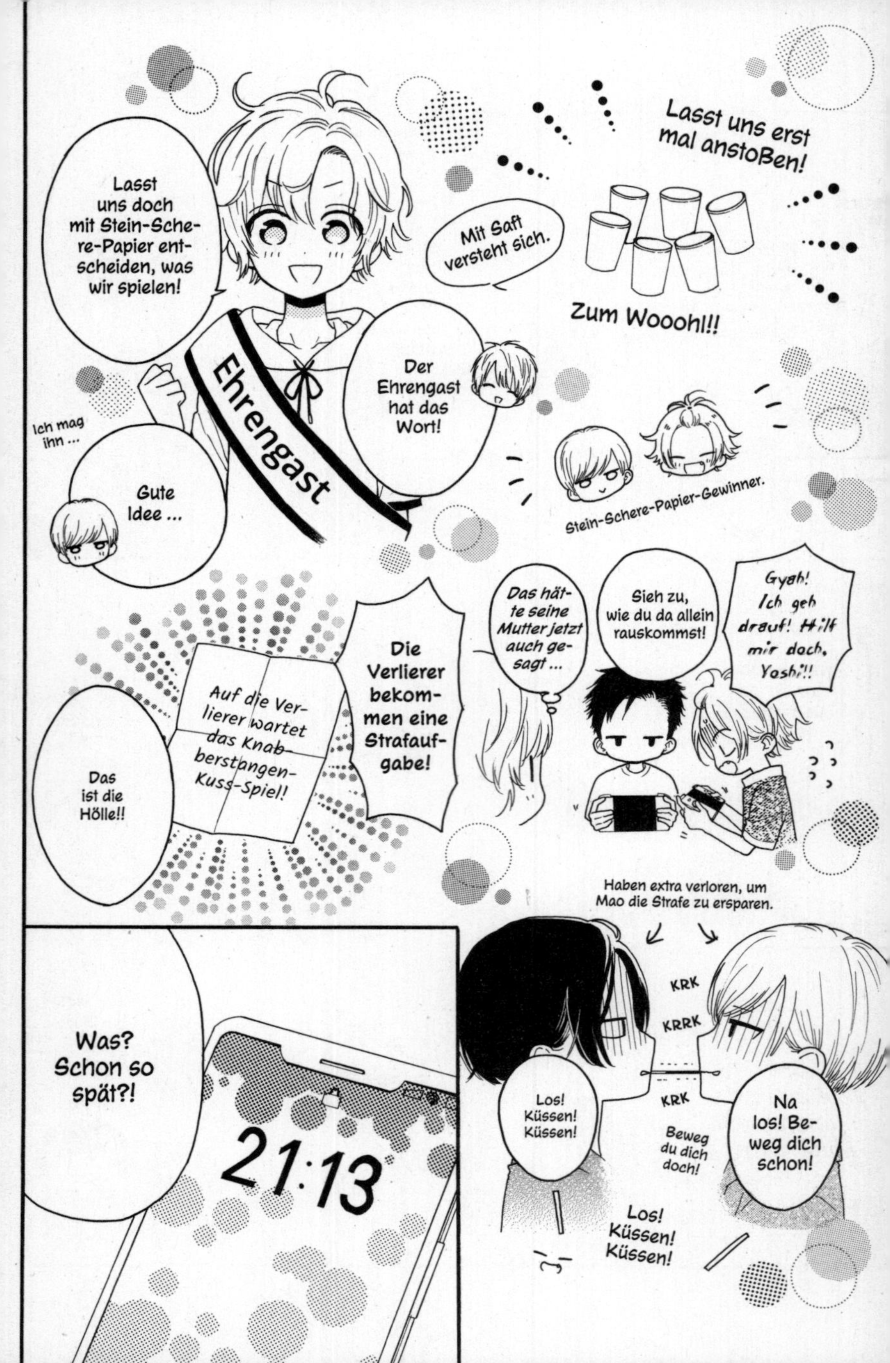

Lasst uns erst mal anstoßen!
Mit Saft versteht sich.
Zum Wooohl!!
Lasst uns doch mit Stein-Schere-Papier entscheiden, was wir spielen!
Der Ehrengast hat das Wort!
Ehrengast
Ich mag ihn ...
Gute Idee ...
Stein-Schere-Papier-Gewinner.
Gyah! Ich geh drauf! Hilf mir doch, Yoshi!!
Sieh zu, wie du da allein rauskommst!
Das hätte seine Mutter jetzt auch gesagt ...
Die Verlierer bekommen eine Strafaufgabe!
Auf die Verlierer wartet das Knabberstangen-Kuss-Spiel!
Das ist die Hölle!!
Haben extra verloren, um Mao die Strafe zu ersparen.
KRK
KRRK
KRK
Na los! Beweg dich schon!
Beweg du dich doch!
Los! Küssen! Küssen!
Los! Küssen! Küssen!
Was? Schon so spät?!
21:13

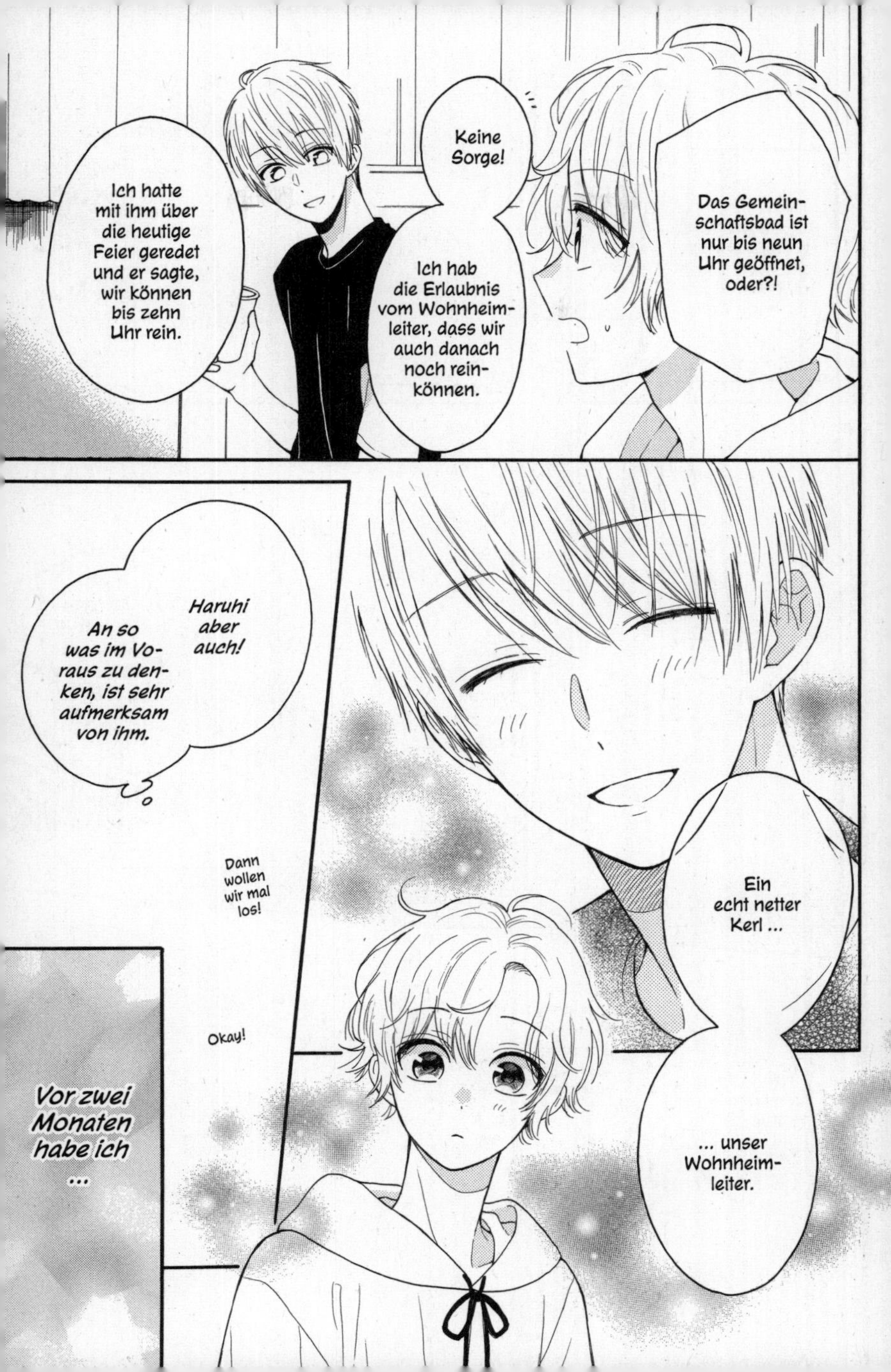

Das Gemeinschaftsbad ist nur bis neun Uhr geöffnet, oder?!
Keine Sorge!
Ich hab die Erlaubnis vom Wohnheimleiter, dass wir auch danach noch reinkönnen.
Ich hatte mit ihm über die heutige Feier geredet und er sagte, wir können bis zehn Uhr rein.
Ein echt netter Kerl ...
... unser Wohnheimleiter.
Haruhi aber auch!
An so was im Voraus zu denken, ist sehr aufmerksam von ihm.
Dann wollen wir mal los!
Okay!
Vor zwei Monaten habe ich ...

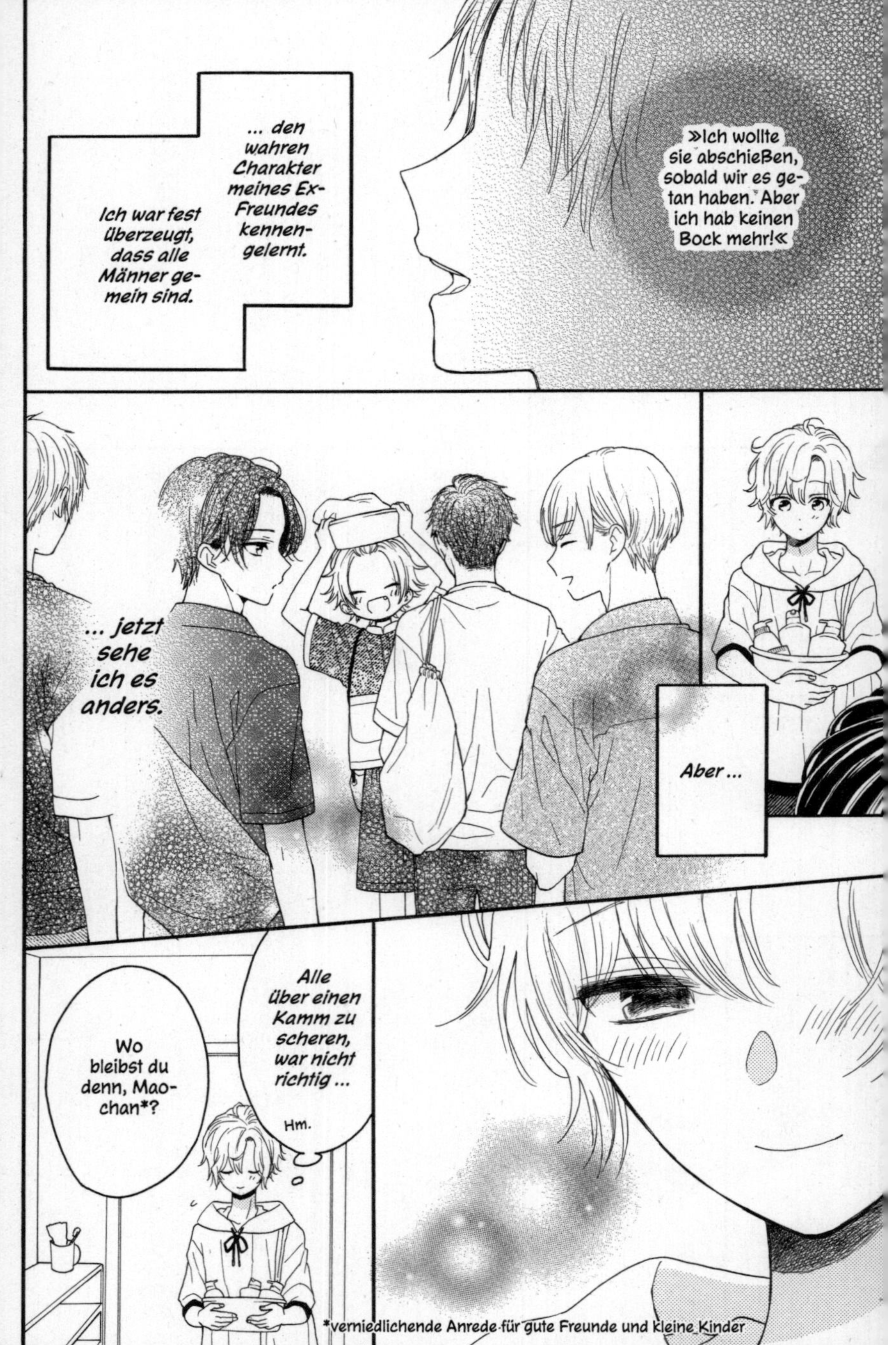

*verniedlichende Anrede für gute Freunde und kleine Kinder

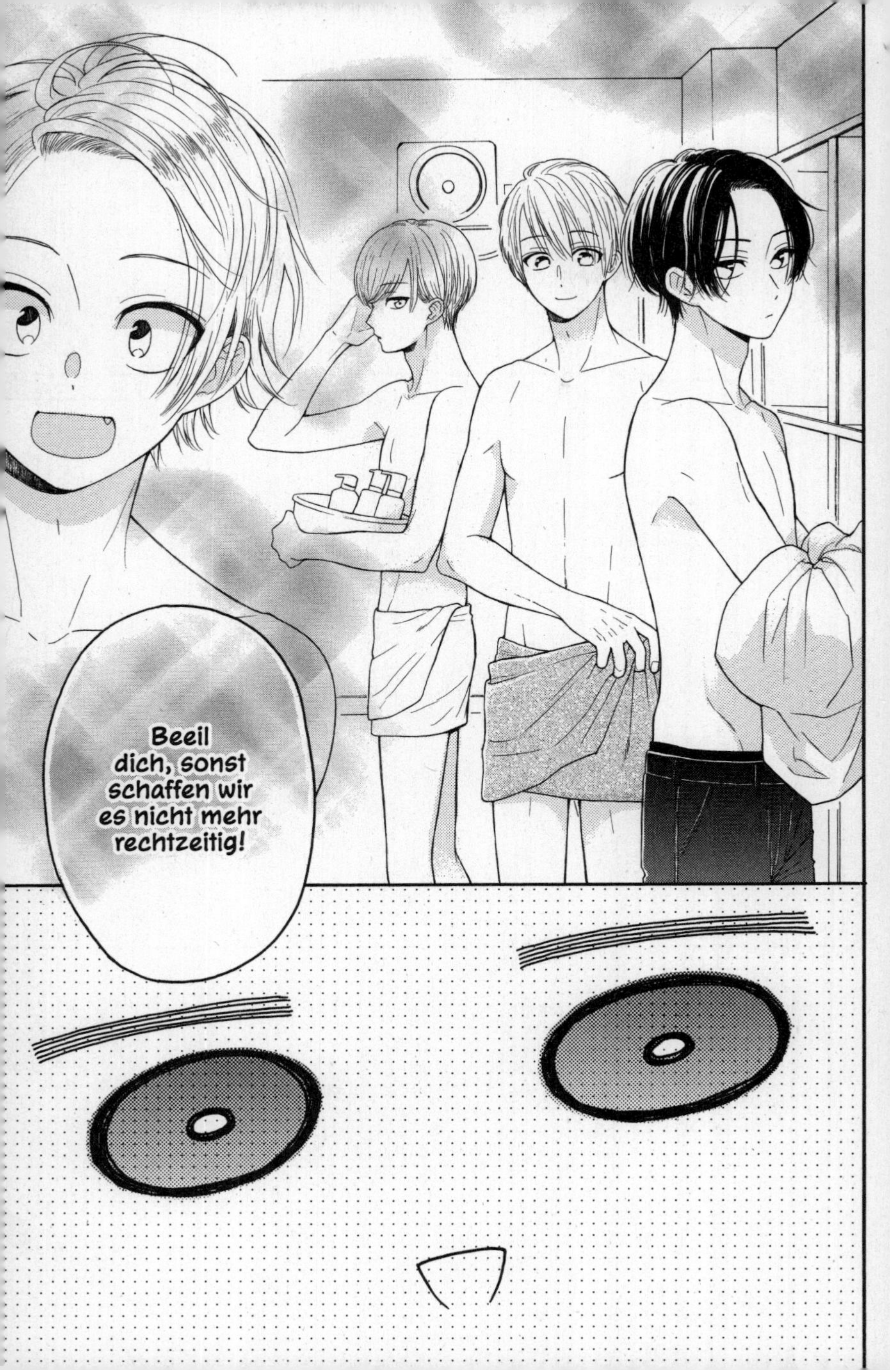
Beeil dich, sonst schaffen wir es nicht mehr rechtzeitig!

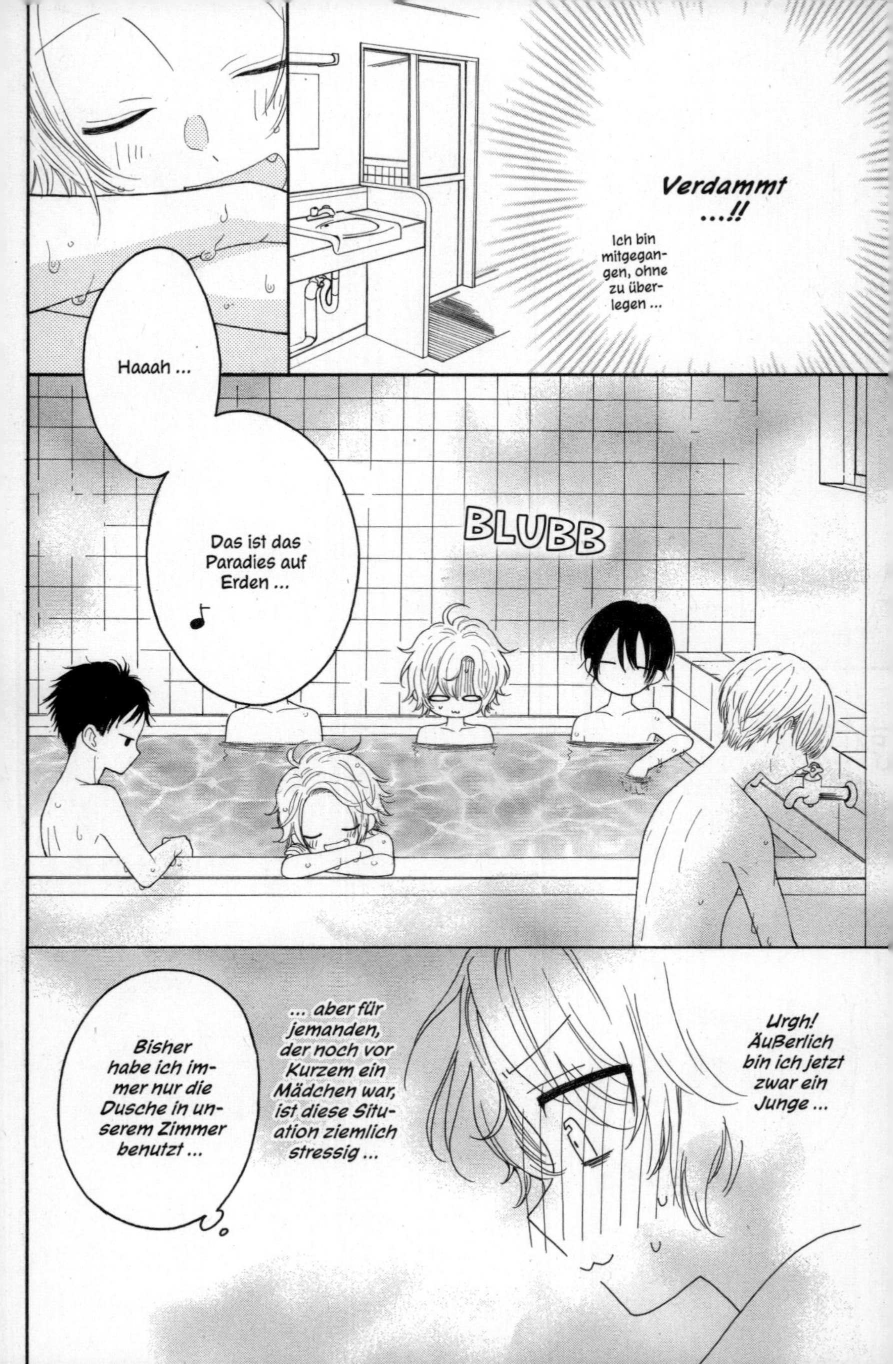
Verdammt ...!!
Ich bin mitgegangen, ohne zu überlegen ...
Haaah ...
BLUBB
Das ist das Paradies auf Erden ...
Urgh! Äußerlich bin ich jetzt zwar ein Junge ...
... aber für jemanden, der noch vor Kurzem ein Mädchen war, ist diese Situation ziemlich stressig ...
Bisher habe ich immer nur die Dusche in unserem Zimmer benutzt ...

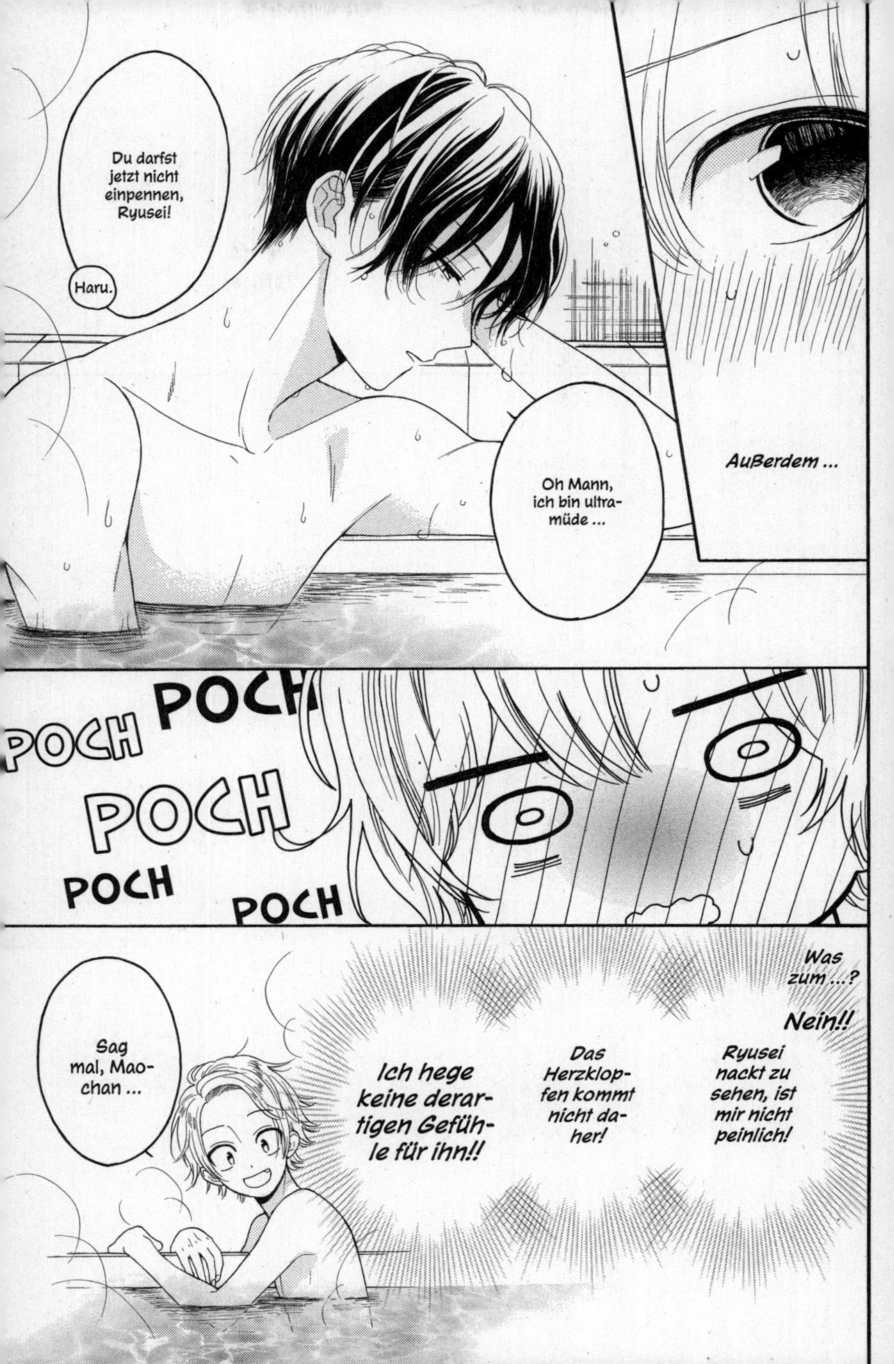
Außerdem ...
Oh Mann, ich bin ultramüde ...
Du darfst jetzt nicht einpennen, Ryusei!
Haru.
POCH
POCH
POCH
POCH
POCH
Was zum ...?
Nein!!
Ryusei nackt zu sehen, ist mir nicht peinlich!
Das Herzklopfen kommt nicht daher!
Ich hege keine derartigen Gefühle für ihn!!
Sag mal, Maochan ...

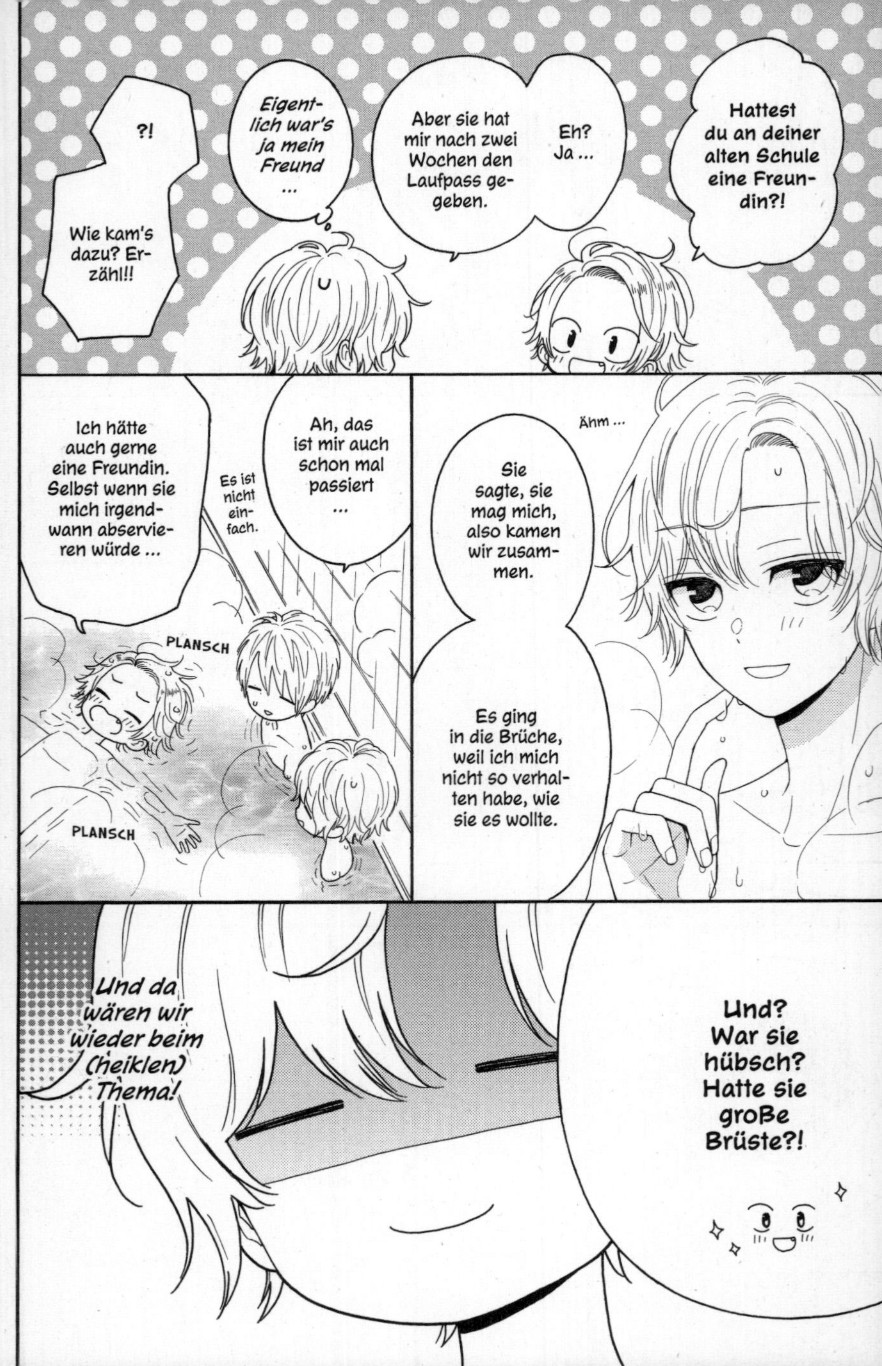
Hattest du an deiner alten Schule eine Freundin?!
Eh? Ja ...
Aber sie hat mir nach zwei Wochen den Laufpass gegeben.
Eigentlich war's ja mein Freund ...
?!
Wie kam's dazu? Erzähl!!
Ähm ...
Sie sagte, sie mag mich, also kamen wir zusammen.
Es ging in die Brüche, weil ich mich nicht so verhalten habe, wie sie es wollte.
Ah, das ist mir auch schon mal passiert ...
Es ist nicht einfach.
Ich hätte auch gerne eine Freundin. Selbst wenn sie mich irgendwann abservieren würde ...
PLANSCH
PLANSCH
Und? War sie hübsch? Hatte sie große Brüste?!
Und da wären wir wieder beim (heiklen) Thema!

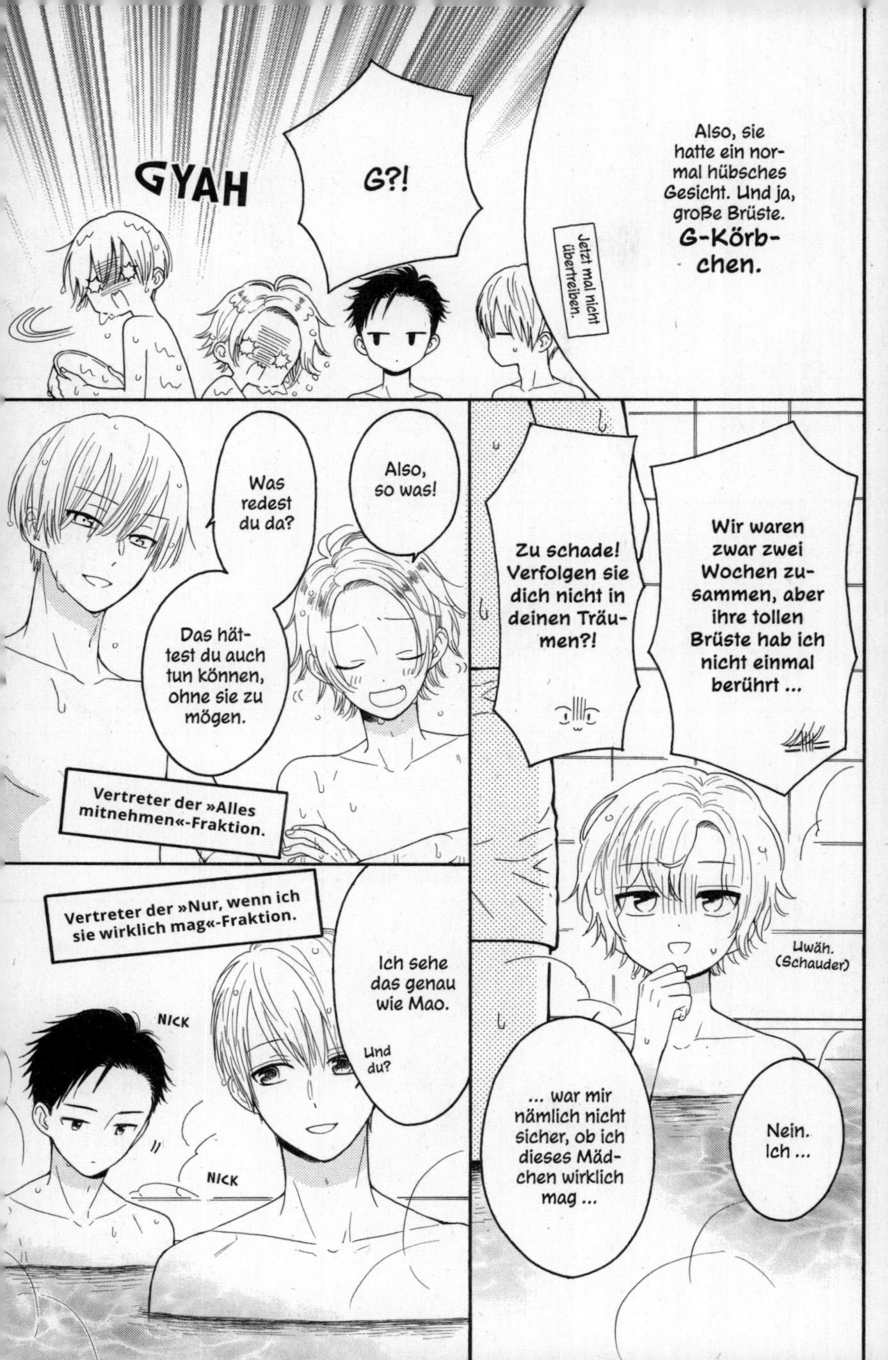

Also, sie hatte ein normal hübsches Gesicht. Und ja, große Brüste. G-Körbchen.
Jetzt mal nicht übertreiben.
G?!
GYAH
Wir waren zwar zwei Wochen zusammen, aber ihre tollen Brüste hab ich nicht einmal berührt ...
Zu schade! Verfolgen sie dich nicht in deinen Träumen?!
Also, so was!
Was redest du da?
Das hättest du auch tun können, ohne sie zu mögen.
Vertreter der »Alles mitnehmen«-Fraktion.
Uwäh. (Schauder)
Nein. Ich ...
... war mir nämlich nicht sicher, ob ich dieses Mädchen wirklich mag ...
Ich sehe das genau wie Mao.
Und du?
NICK
NICK
Vertreter der »Nur, wenn ich sie wirklich mag«-Fraktion.

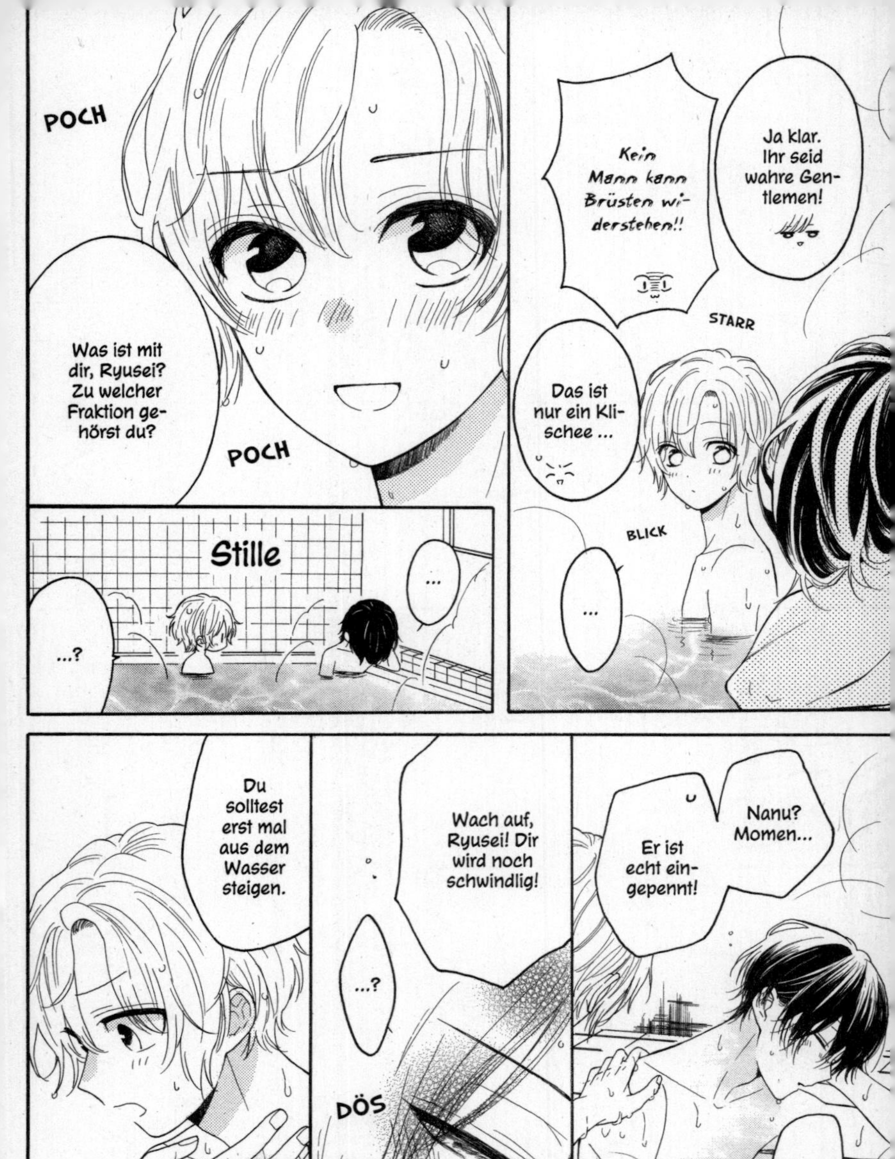
Ja klar. Ihr seid wahre Gentlemen!
Kein Mann kann Brüsten widerstehen!!
STARR
Das ist nur ein Klischee ...
BLICK
...
POCH
Was ist mit dir, Ryusei? Zu welcher Fraktion gehörst du?
POCH
Stille
...
...?
Nanu? Momen...
Er ist echt eingepennt!
Hm ...
Wach auf, Ryusei! Dir wird noch schwindlig!
...?
DÖS
Du solltest erst mal aus dem Wasser steigen.

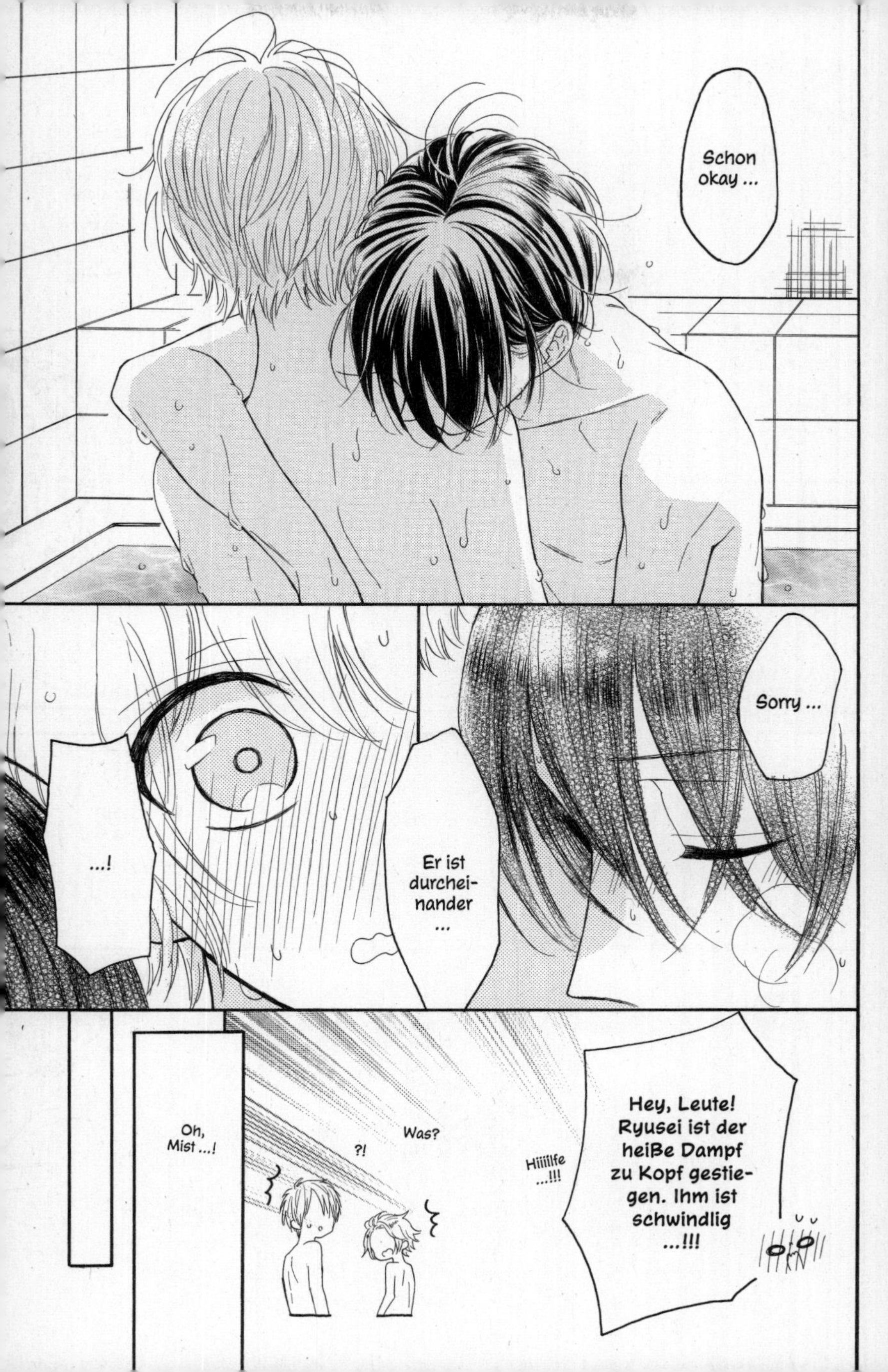
Schon okay ...
Sorry ...
Er ist durchei-nander ...
...!
Hey, Leute! Ryusei ist der heiße Dampf zu Kopf gestie-gen. Ihm ist schwindlig ...!!!
Hiiiilfe ...!!!
Was?
?!
Oh, Mist ...!

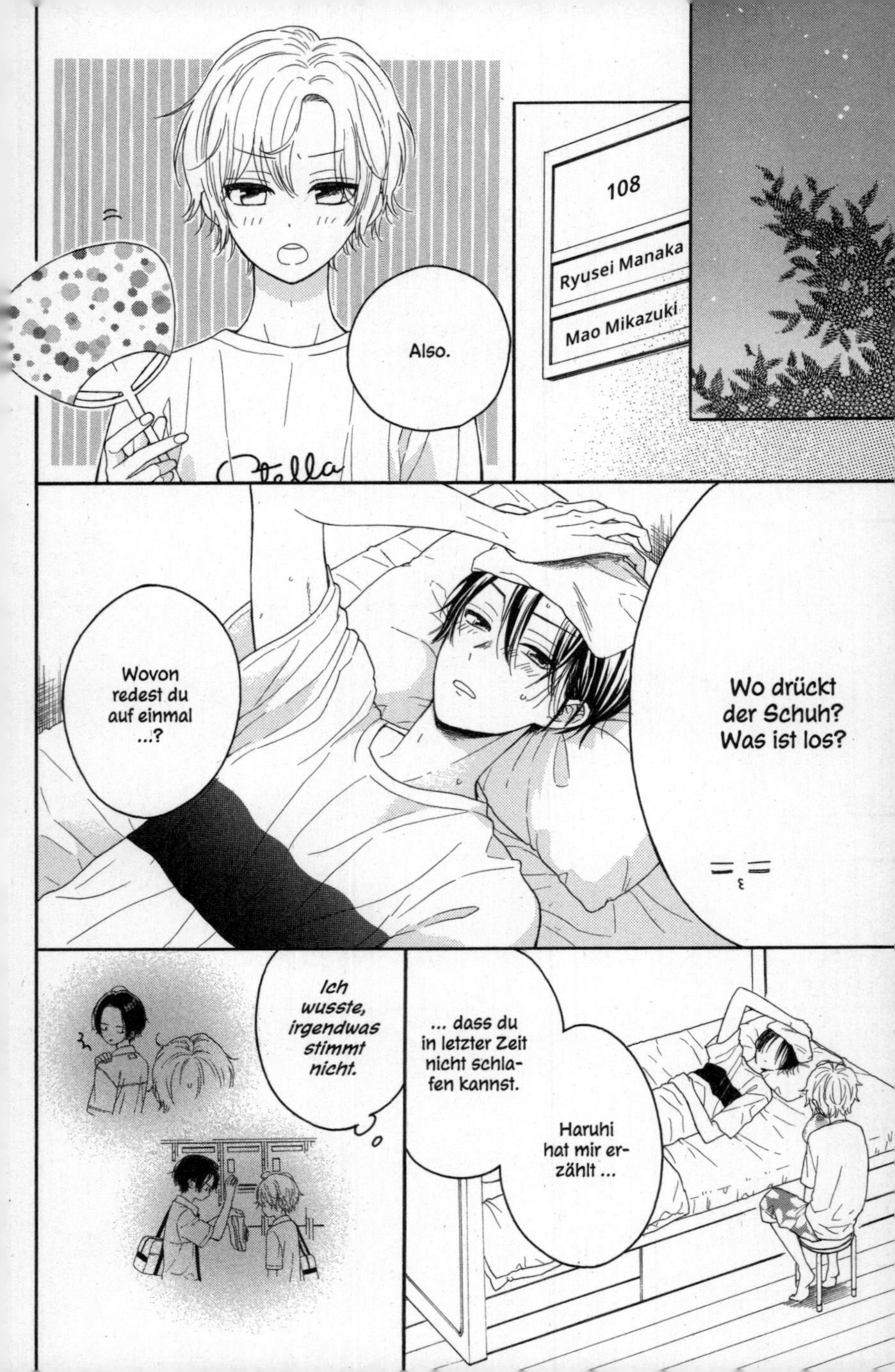
108
Ryusei Manaka
Mao Mikazuki
Also.
Wo drückt der Schuh? Was ist los?
Wovon redest du auf einmal ...?
Haruhi hat mir erzählt ...
... dass du in letzter Zeit nicht schlafen kannst.
Ich wusste, irgendwas stimmt nicht.

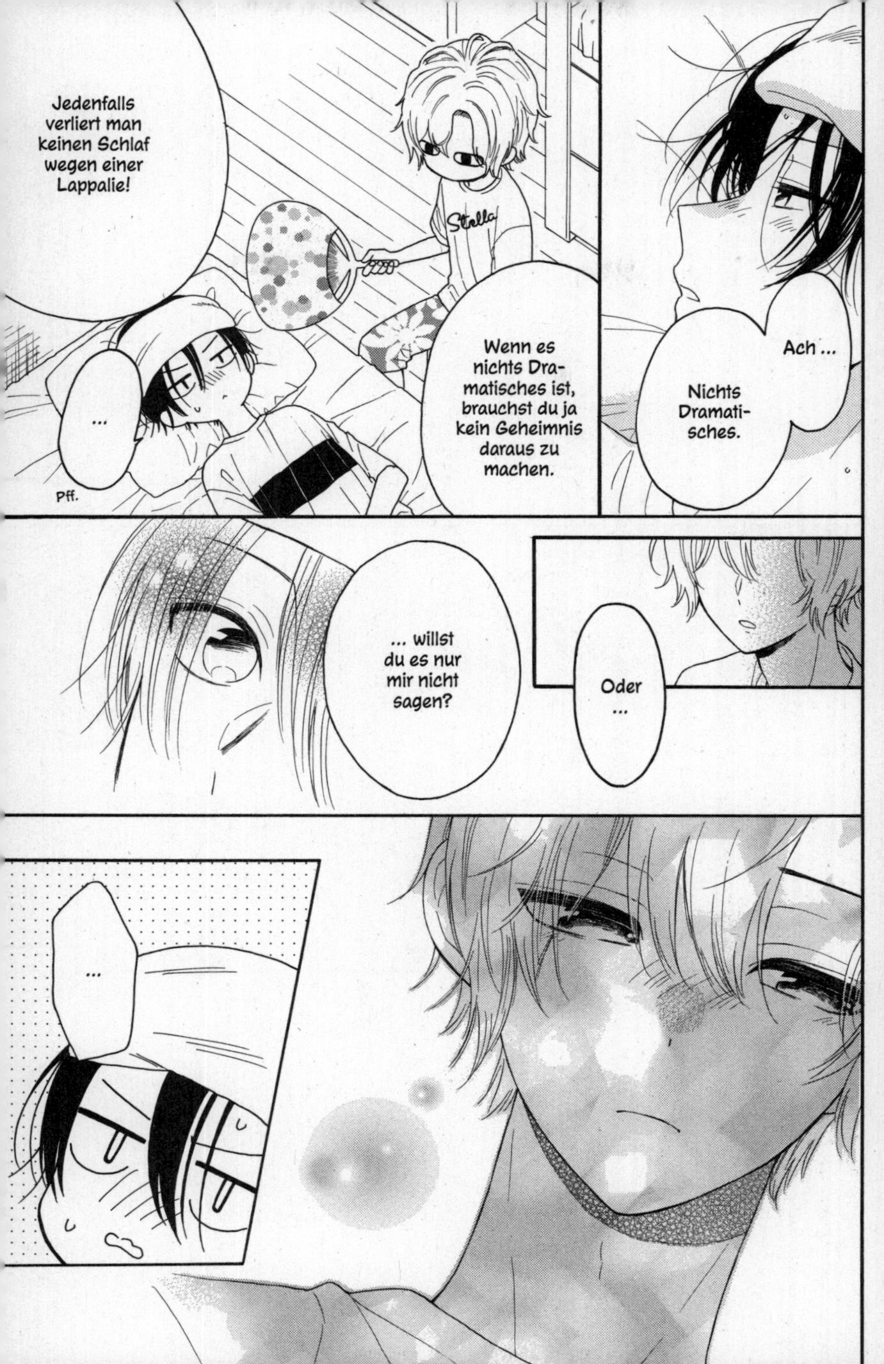
Ach ...
Nichts Dramatisches.
Wenn es nichts Dramatisches ist, brauchst du ja kein Geheimnis daraus zu machen.
Stella
Jedenfalls verliert man keinen Schlaf wegen einer Lappalie!
...
Pff.
Oder ...
... willst du es nur mir nicht sagen?
...

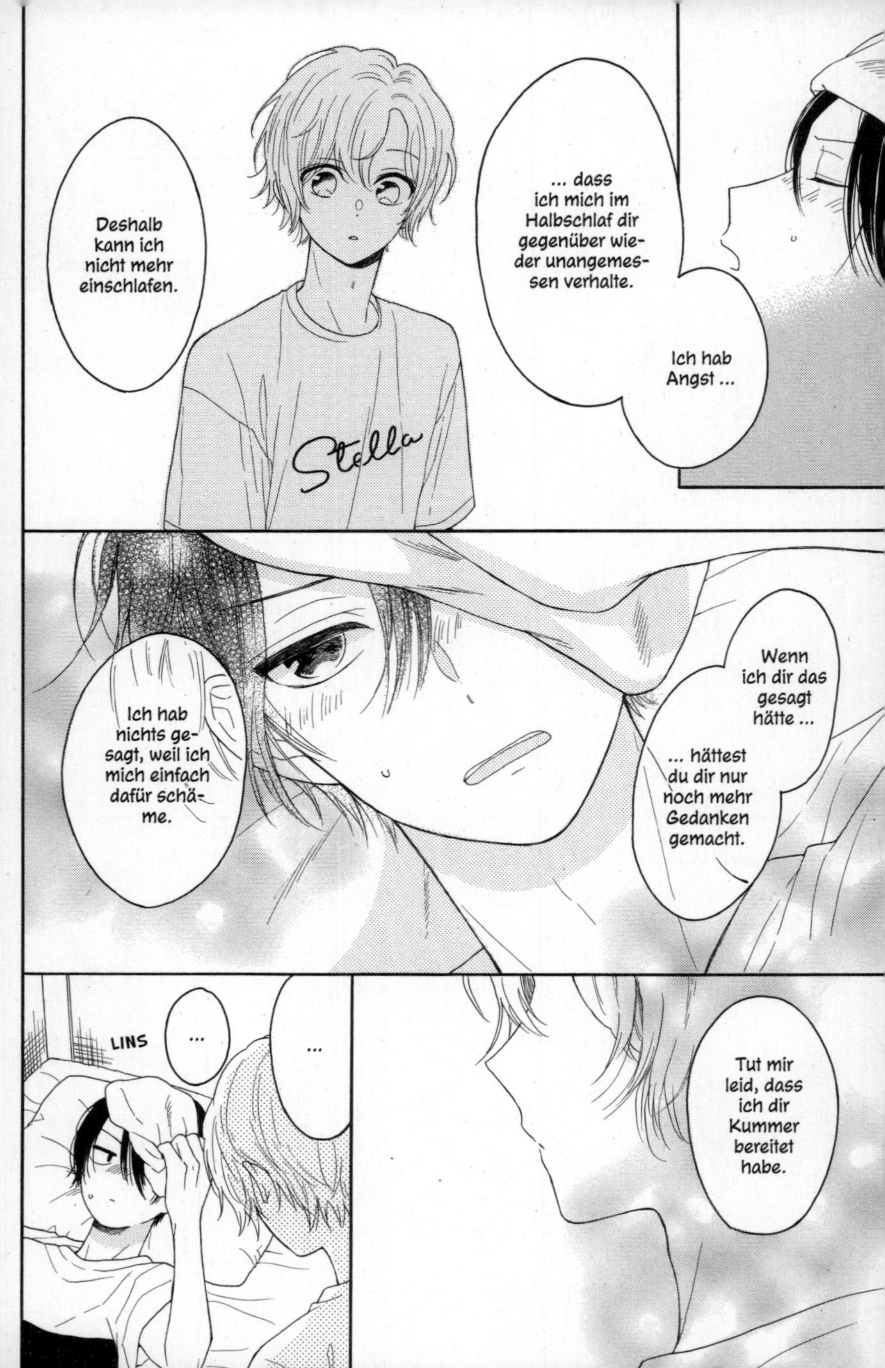
Ich hab Angst ...
... dass ich mich im Halbschlaf dir gegenüber wieder unangemessen verhalte.
Deshalb kann ich nicht mehr einschlafen.
Stella
Wenn ich dir das gesagt hätte ...
... hättest du dir nur noch mehr Gedanken gemacht.
Ich hab nichts gesagt, weil ich mich einfach dafür schäme.
Tut mir leid, dass ich dir Kummer bereitet habe.
...
...
LINS

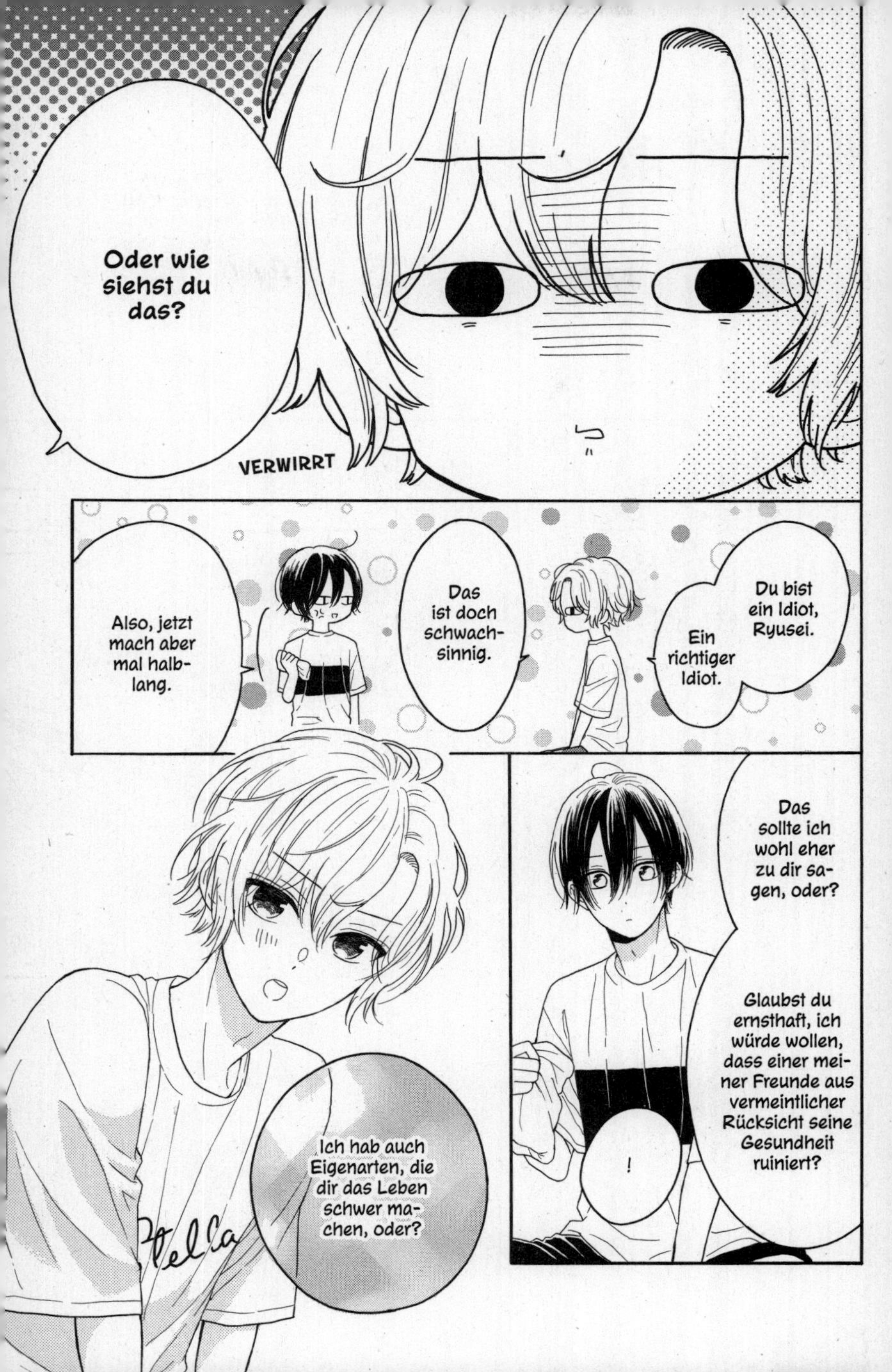
Oder wie siehst du das?
VERWIRRT
Du bist ein Idiot, Ryusei.
Ein richtiger Idiot.
Das ist doch schwachsinnig.
Also, jetzt mach aber mal halblang.
Das sollte ich wohl eher zu dir sagen, oder?
Glaubst du ernsthaft, ich würde wollen, dass einer meiner Freunde aus vermeintlicher Rücksicht seine Gesundheit ruiniert?
!
Ich hab auch Eigenarten, die dir das Leben schwer machen, oder?

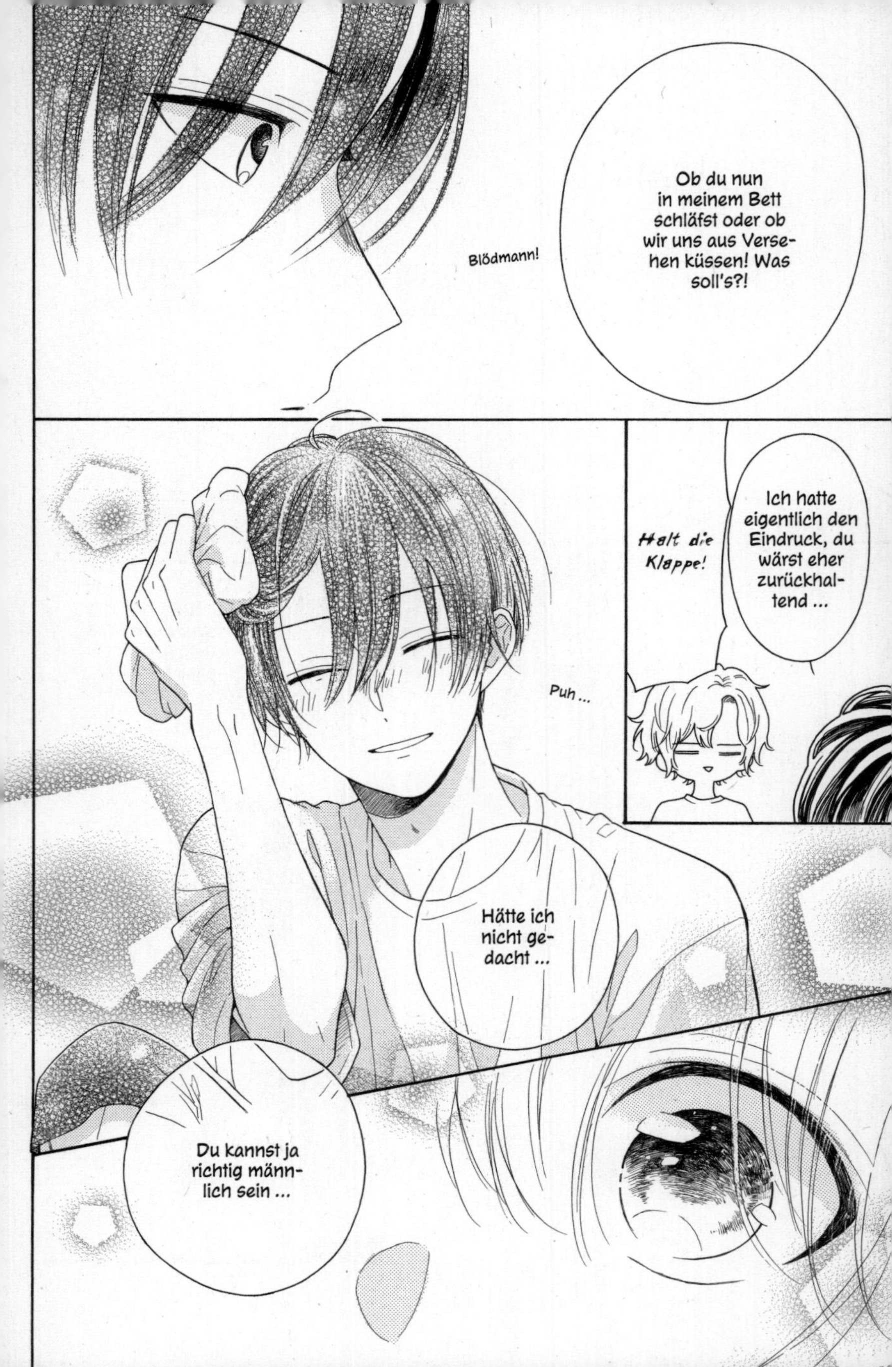
Ob du nun in meinem Bett schläfst oder ob wir uns aus Versehen küssen! Was soll's?!
Blödmann!
Ich hatte eigentlich den Eindruck, du wärst eher zurückhaltend ...
Halt die Klappe!
Puh ...
Hätte ich nicht gedacht ...
Du kannst ja richtig männlich sein ...

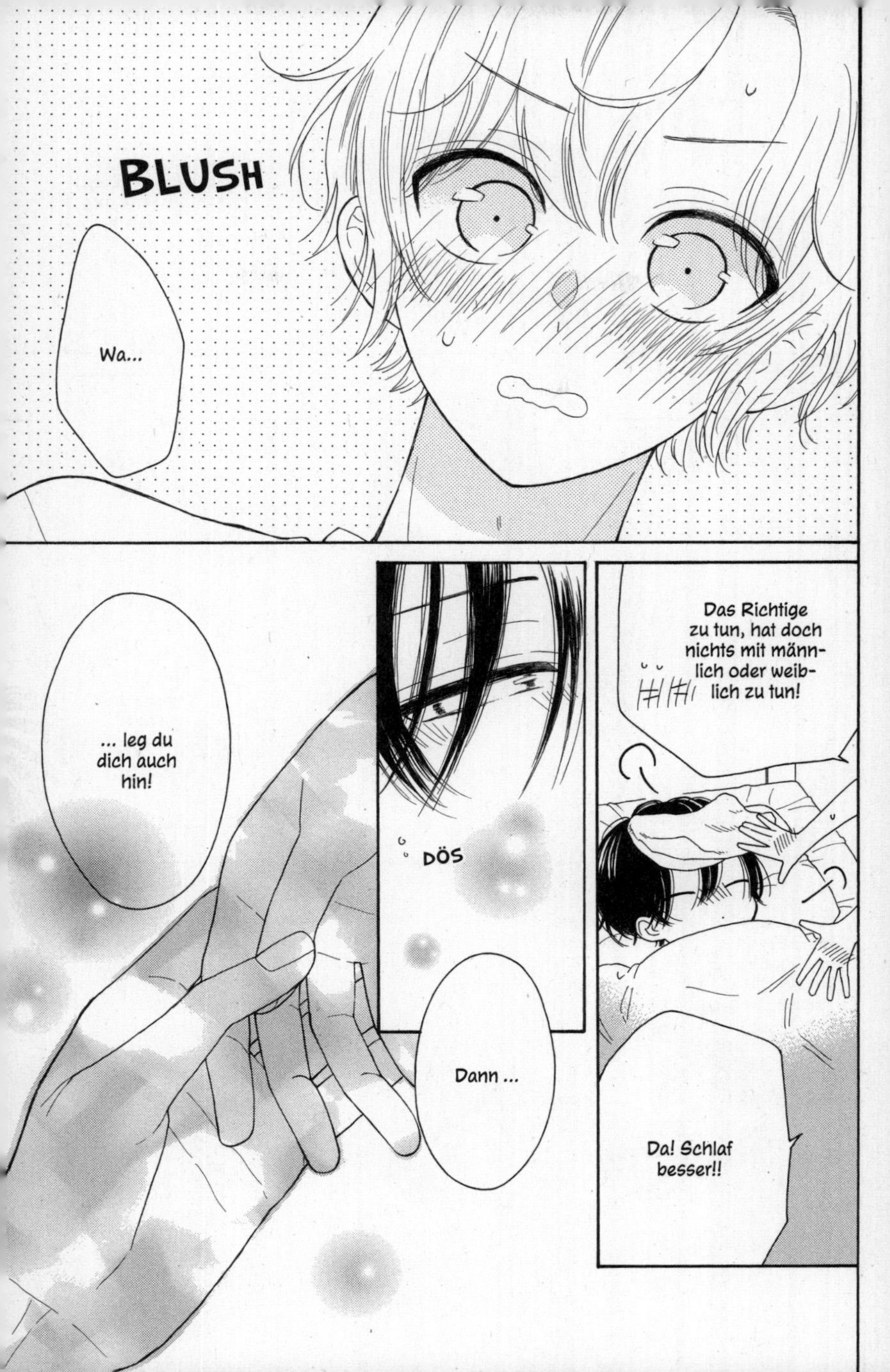
BLUSH
Wa...
Das Richtige zu tun, hat doch nichts mit männlich oder weiblich zu tun!
Da! Schlaf besser!!
DÖS
Dann ...
... leg du dich auch hin!

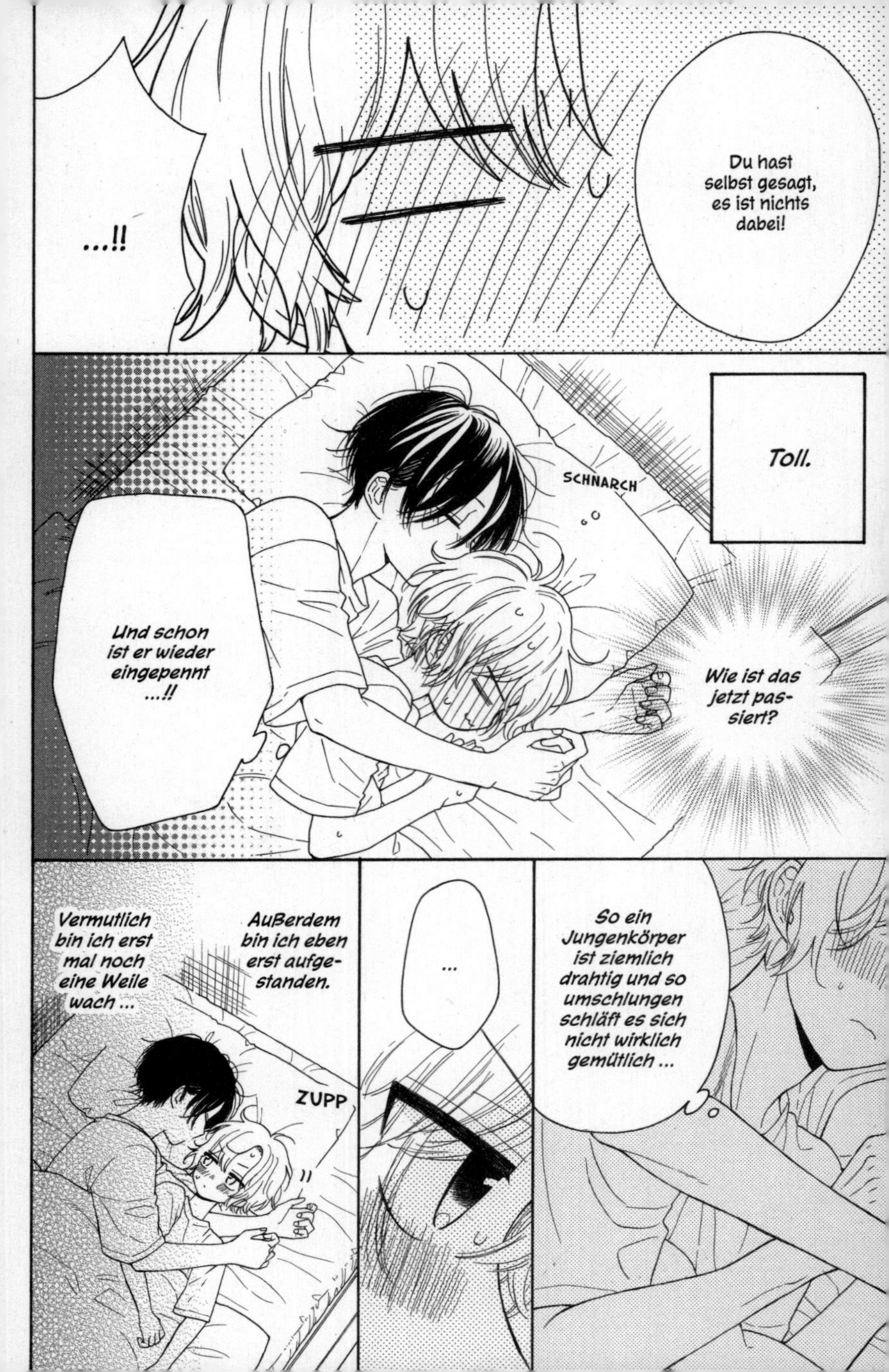
Du hast selbst gesagt, es ist nichts dabei!
...!!
Toll.
SCHNARCH
Wie ist das jetzt passiert?
Und schon ist er wieder eingepennt ...!!
So ein Jungenkörper ist ziemlich drahtig und so umschlungen schläft es sich nicht wirklich gemütlich ...
...
ZUPP
Außerdem bin ich eben erst aufgestanden.
Vermutlich bin ich erst mal noch eine Weile wach ...

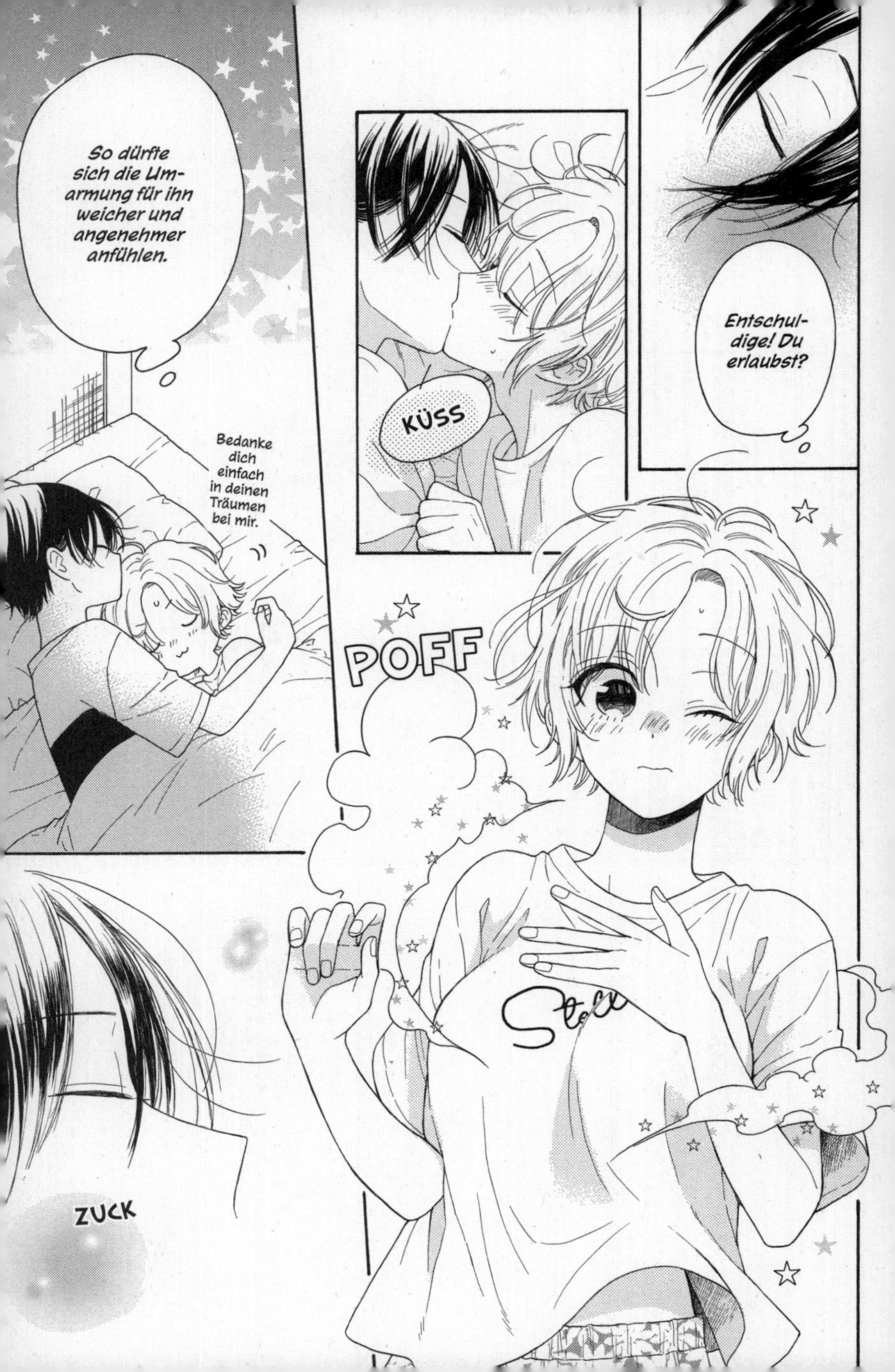
Entschuldige! Du erlaubst?
KÜSS
So dürfte sich die Umarmung für ihn weicher und angenehmer anfühlen.
Bedanke dich einfach in deinen Träumen bei mir.
ZUCK
POFF

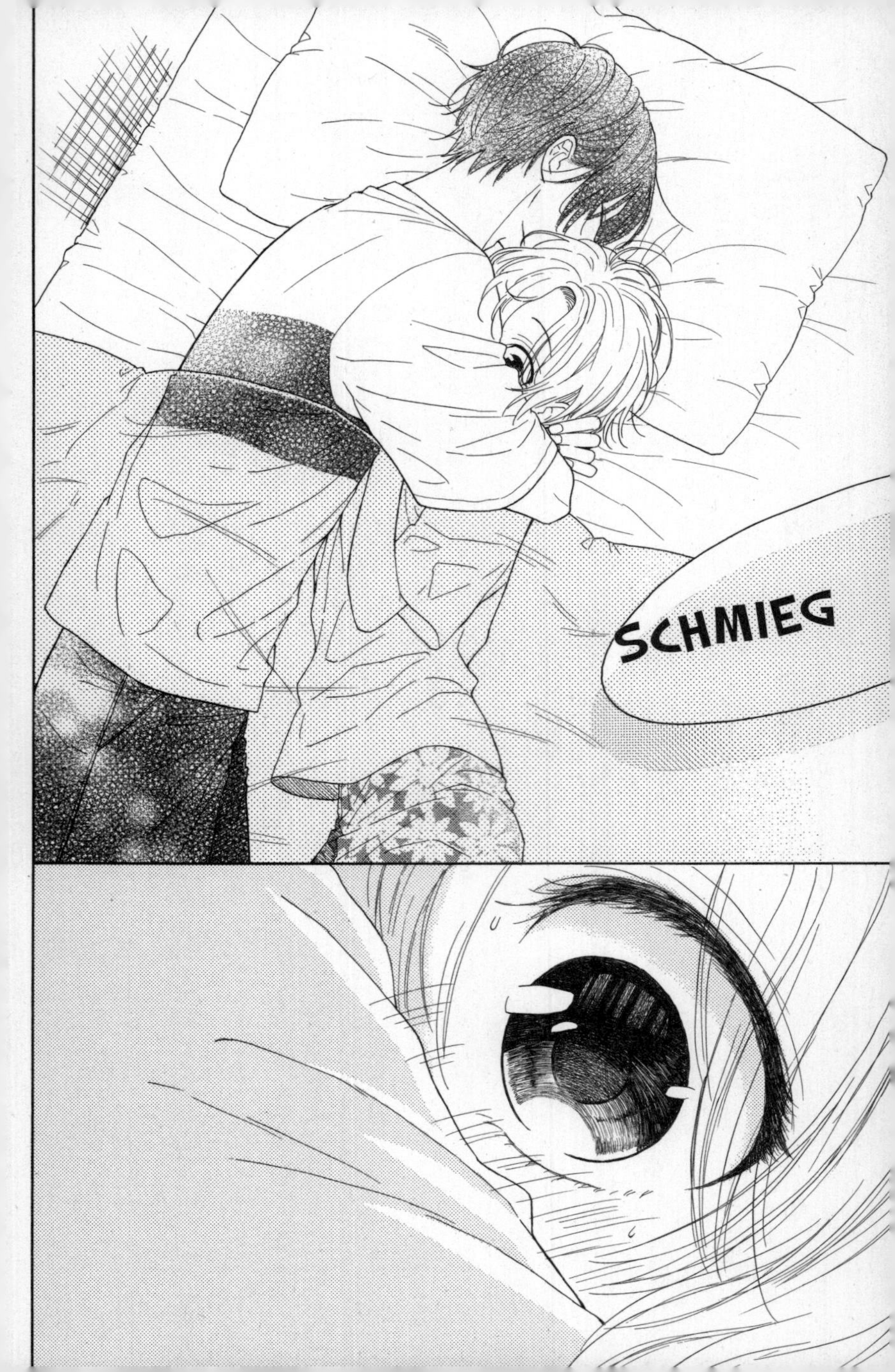
SCHMIEG

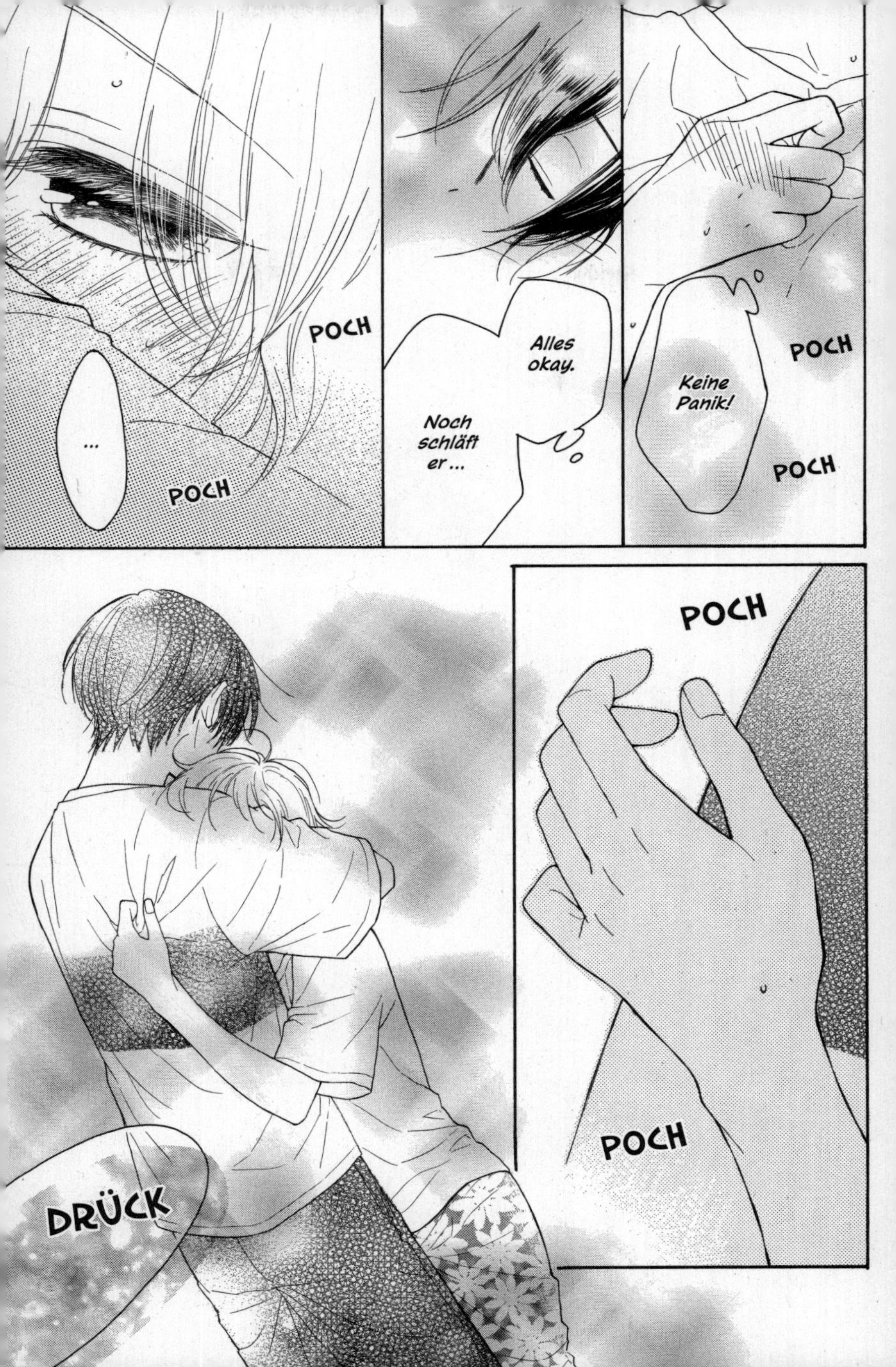
POCH
Keine Panik!
POCH
Alles okay.
Noch schläft er …
POCH
…
POCH
POCH
POCH
DRÜCK

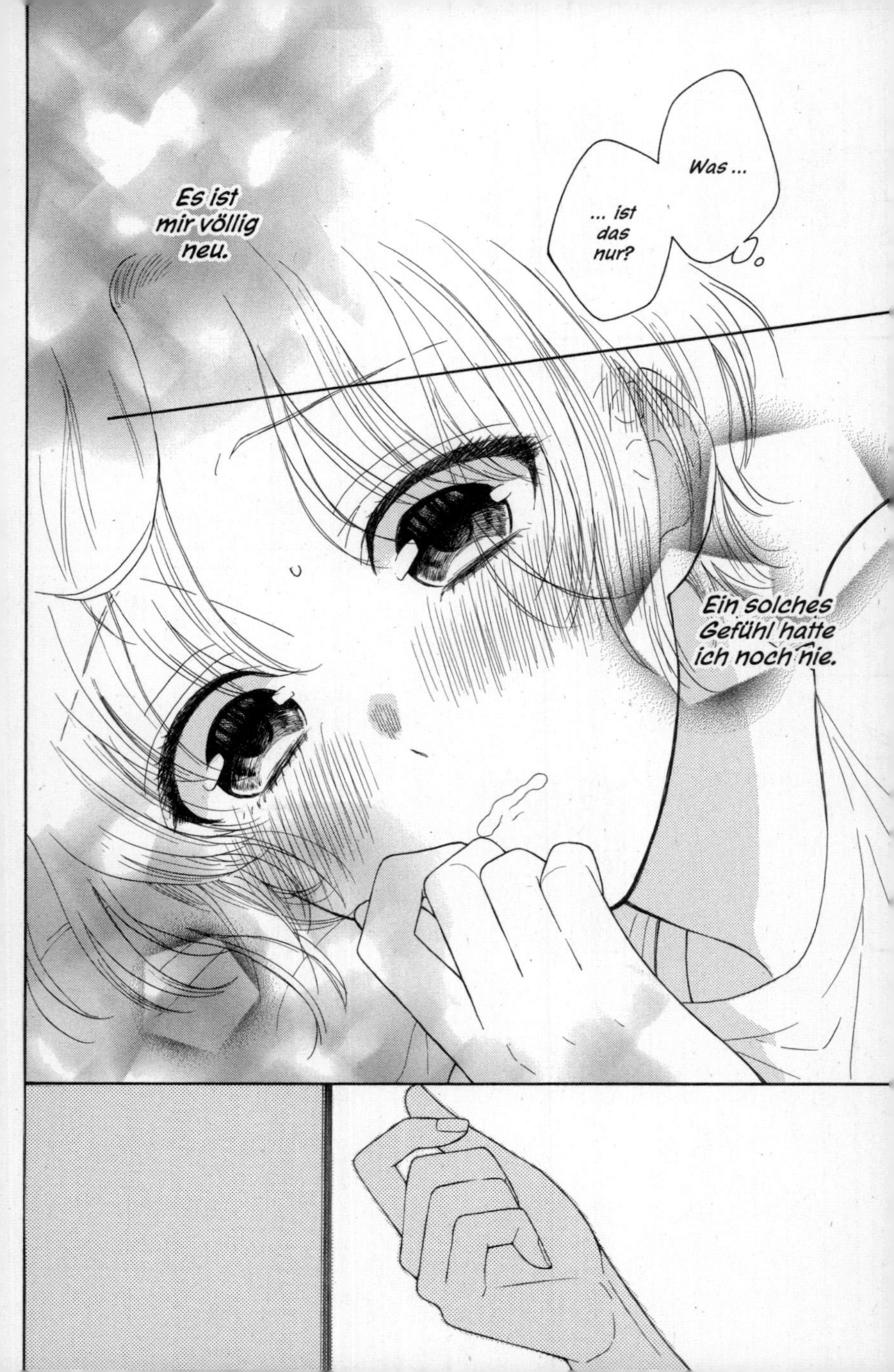
Was ...
... ist das nur?
Es ist mir völlig neu.
Ein solches Gefühl hatte ich noch nie.

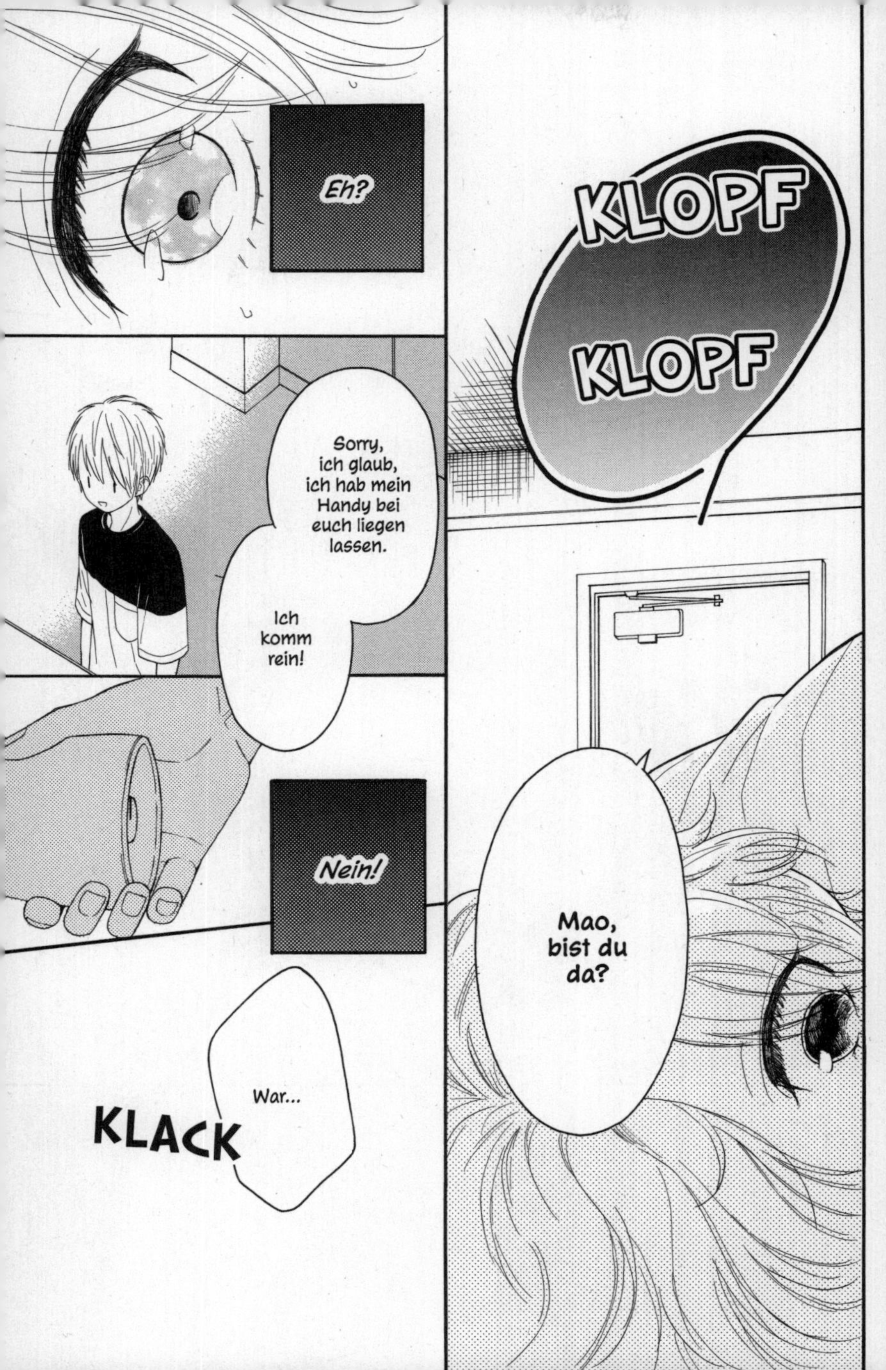
KLOPF
KLOPF
Mao, bist du da?
Eh?
Sorry, ich glaub, ich hab mein Handy bei euch liegen lassen.
Ich komm rein!
Nein!
War...
KLACK

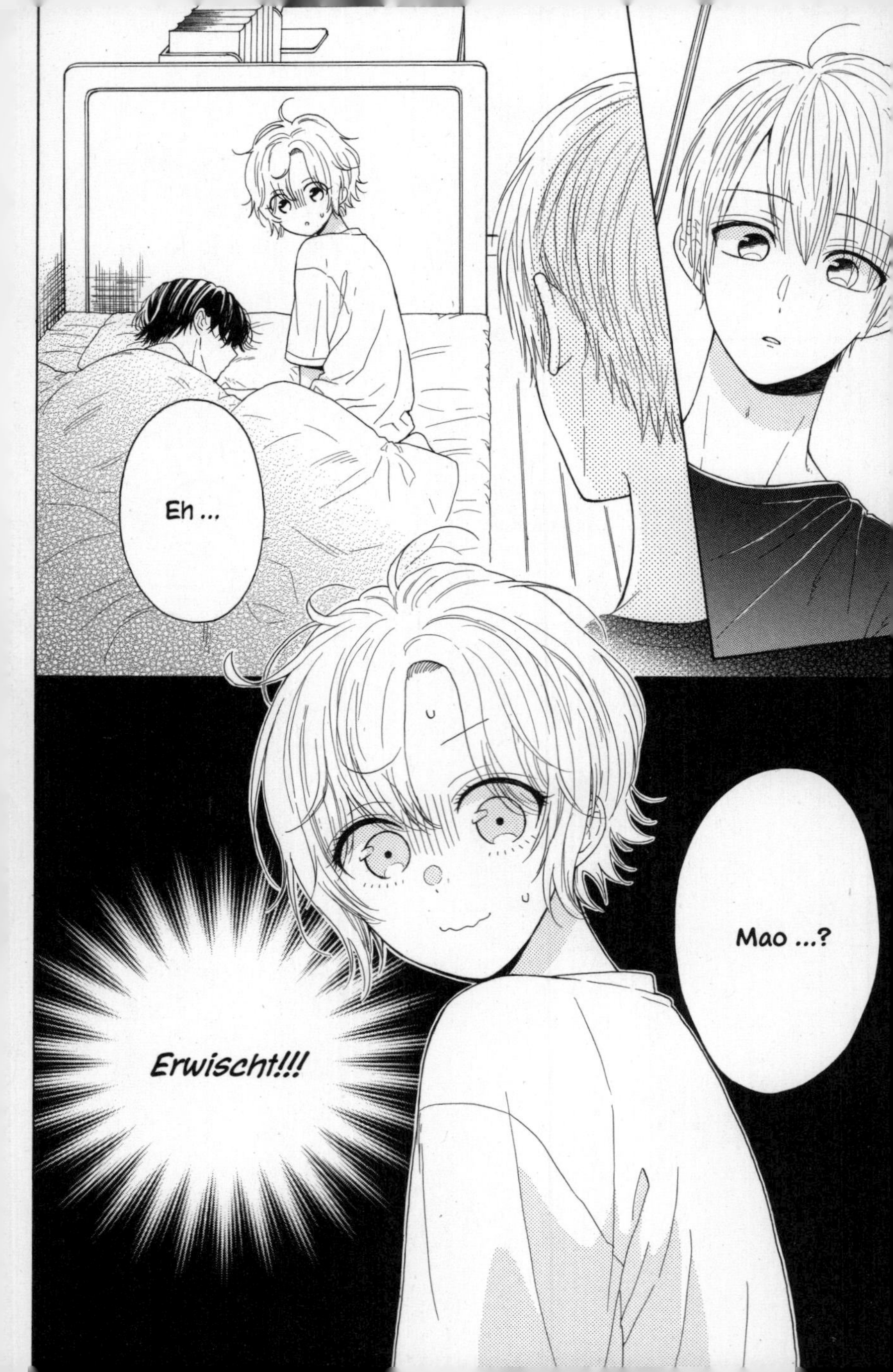
Eh ...
Mao ...?
Erwischt!!!

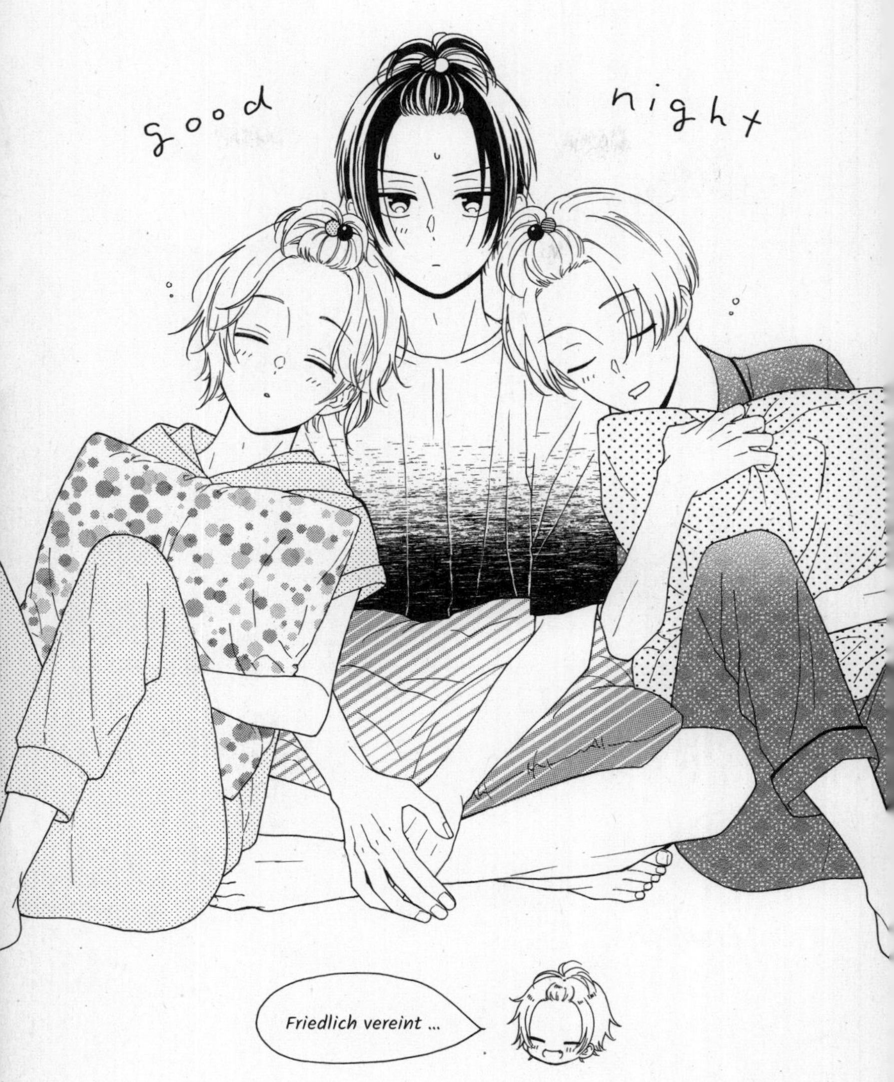
good night
Friedlich vereint ...

CHANGE 4

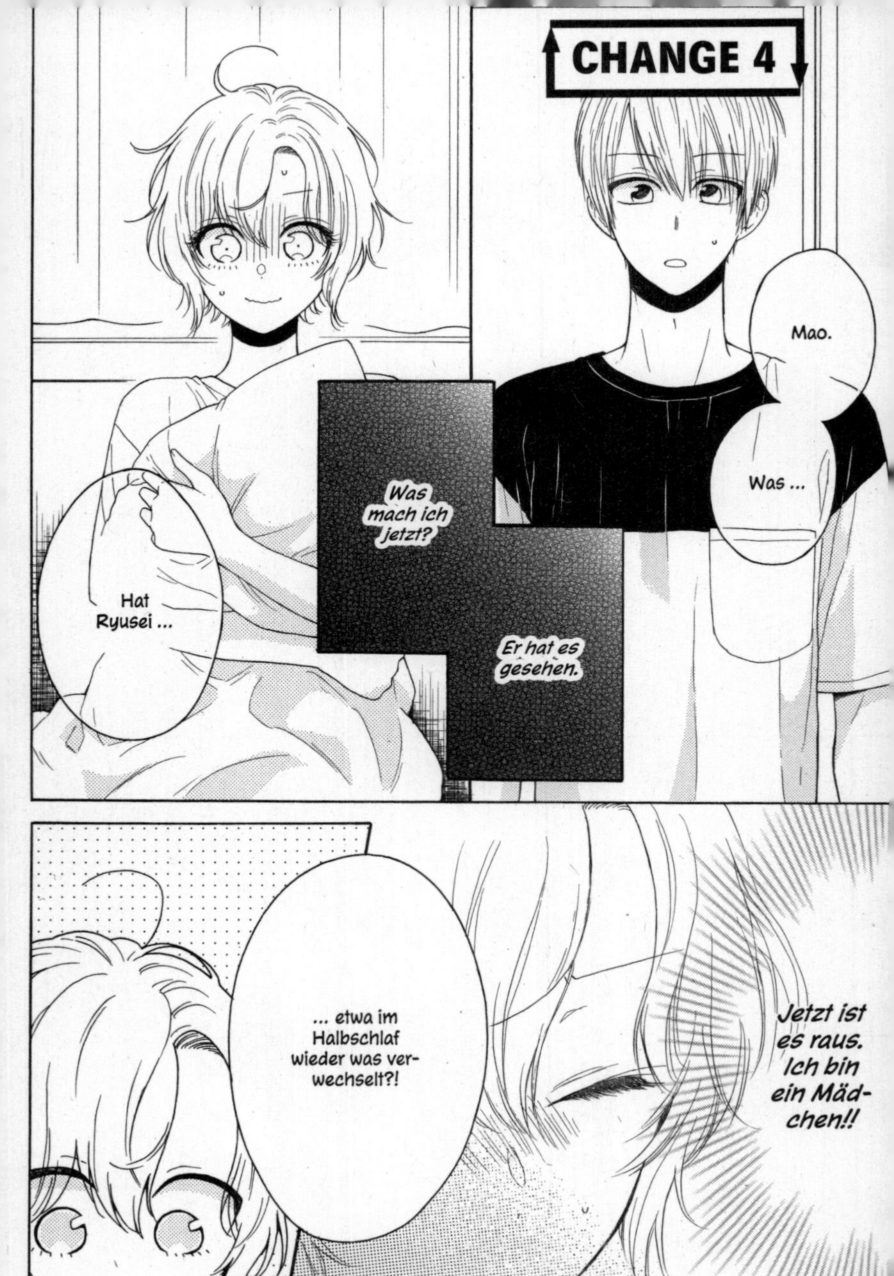

Mao.
Was ...
Hat Ryusei ...
Was mach ich jetzt?
Er hat es gesehen.
Jetzt ist es raus. Ich bin ein Mäd-chen!!
... etwa im Halbschlaf wieder was ver-wechselt?!

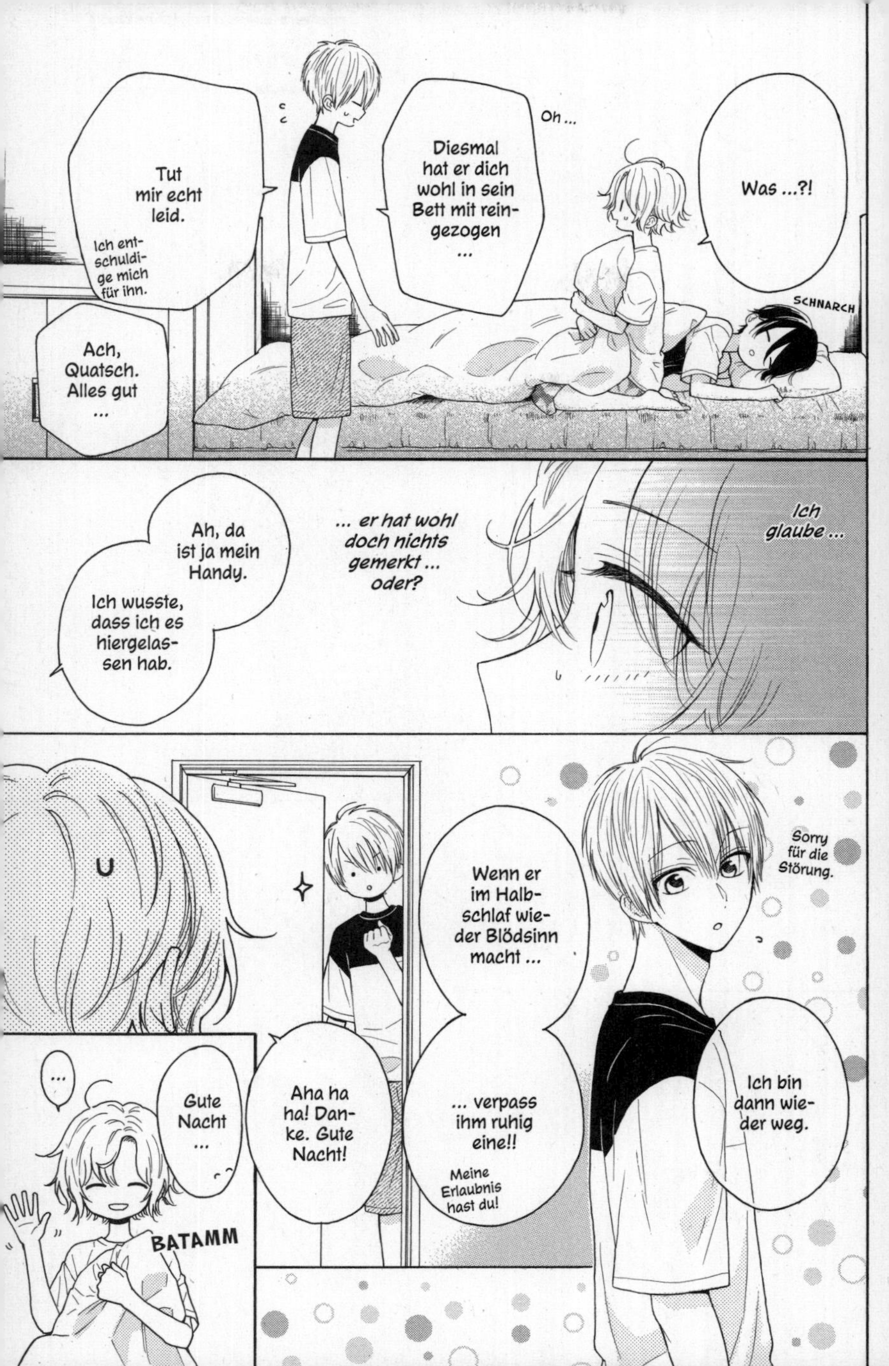
Was ...?!
SCHNARCH
Oh ...
Diesmal hat er dich wohl in sein Bett mit reingezogen ...
Tut mir echt leid.
Ich entschuldige mich für ihn.
Ach, Quatsch. Alles gut ...
Ich glaube ...
... er hat wohl doch nichts gemerkt ... oder?
Ah, da ist ja mein Handy.
Ich wusste, dass ich es hiergelassen hab.
Sorry für die Störung.
Wenn er im Halbschlaf wieder Blödsinn macht ...
... verpass ihm ruhig eine!!
Meine Erlaubnis hast du!
Ich bin dann wieder weg.
Aha ha ha! Danke. Gute Nacht!
Gute Nacht ...
...
BATAMM

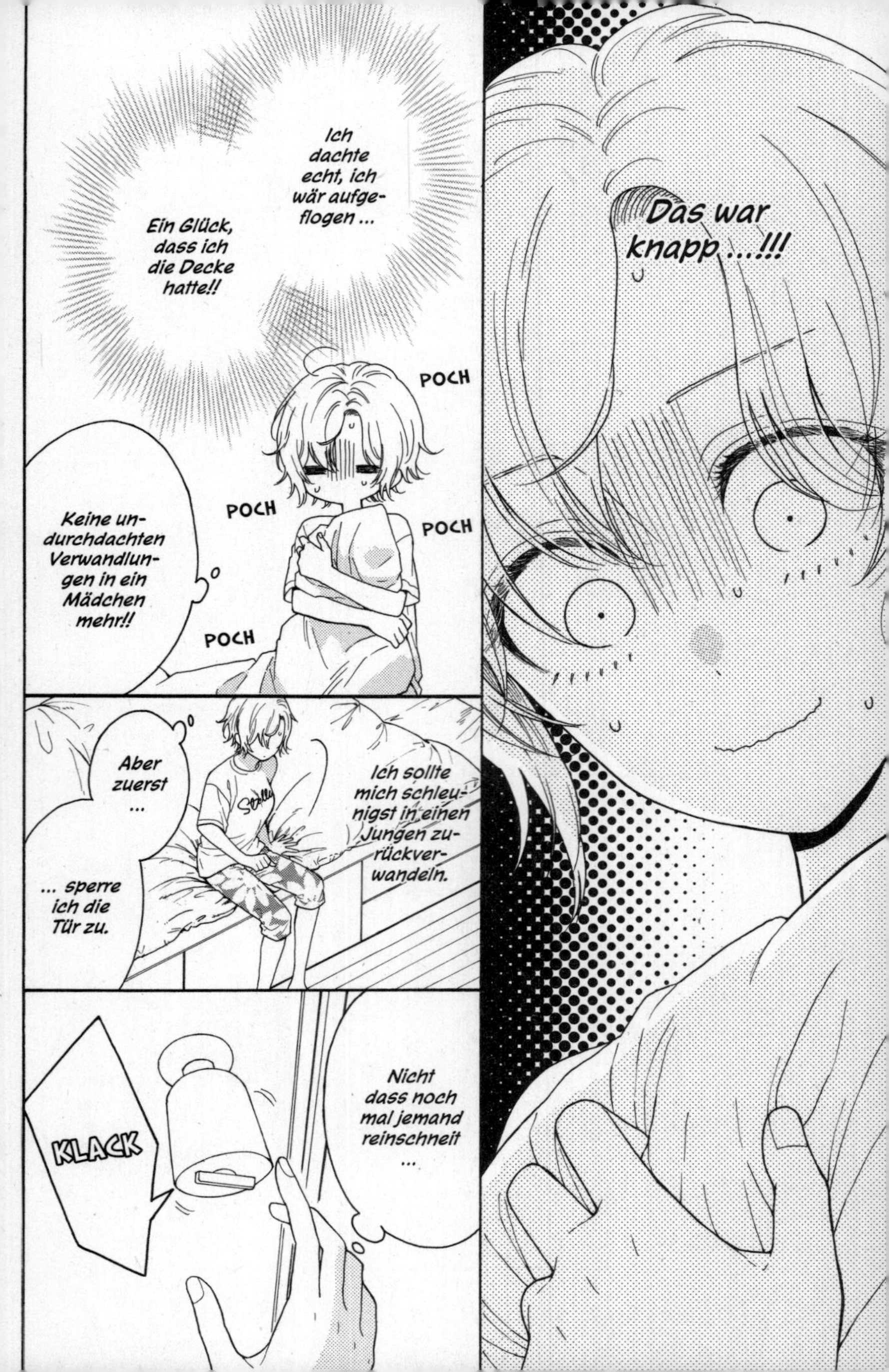
Das war knapp ...!!!
Ich dachte echt, ich wär aufgeflogen ...
Ein Glück, dass ich die Decke hatte!!
POCH
POCH
POCH
POCH
Keine undurchdachten Verwandlungen in ein Mädchen mehr!!
Ich sollte mich schleunigst in einen Jungen zurückverwandeln.
Aber zuerst ...
... sperre ich die Tür zu.
Nicht dass noch mal jemand reinschneit ...
KLACK

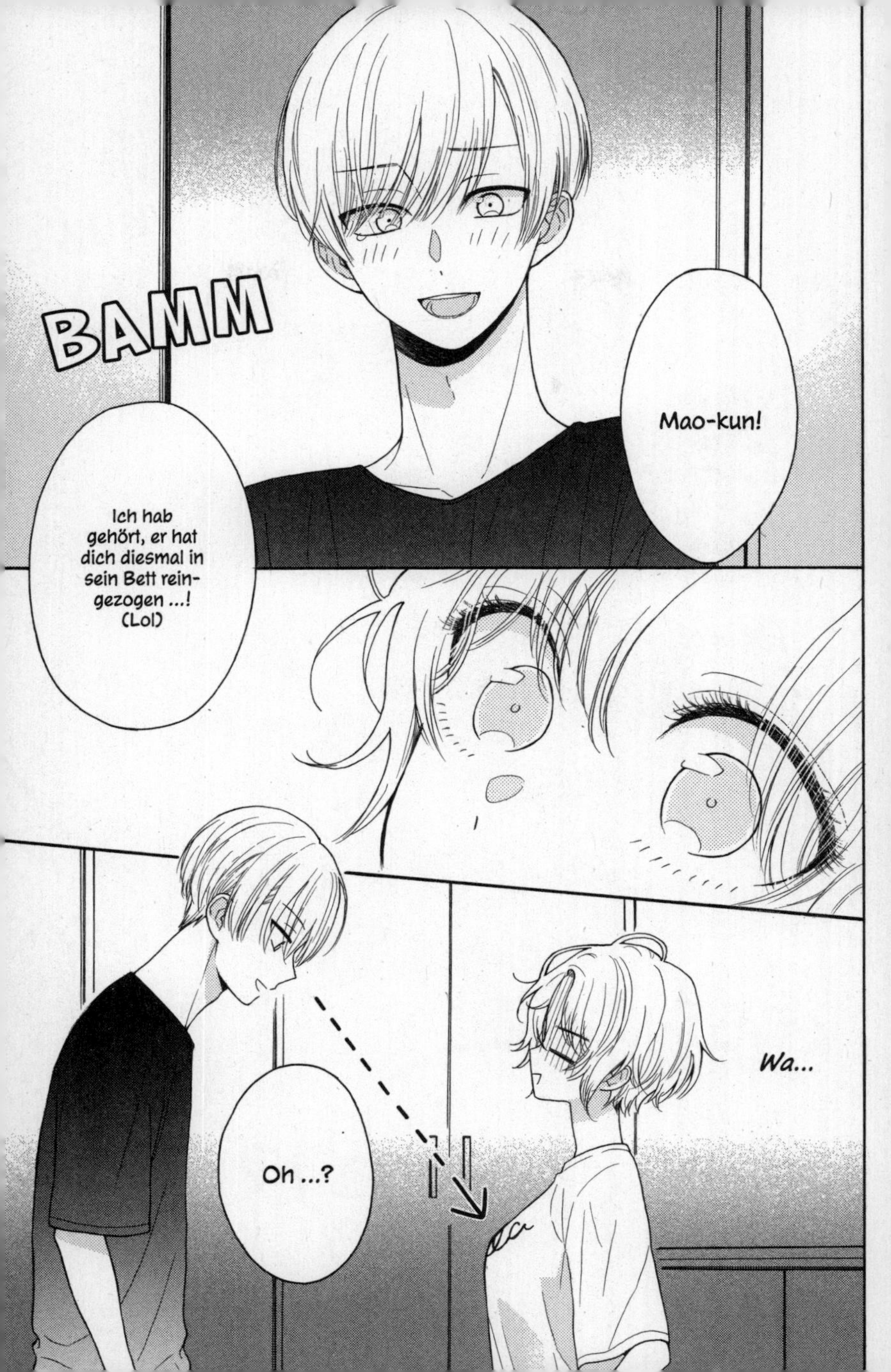
BAMM
Mao-kun!
Ich hab gehört, er hat dich diesmal in sein Bett reingezogen ...! (Lol)
Wa...
Oh ...?

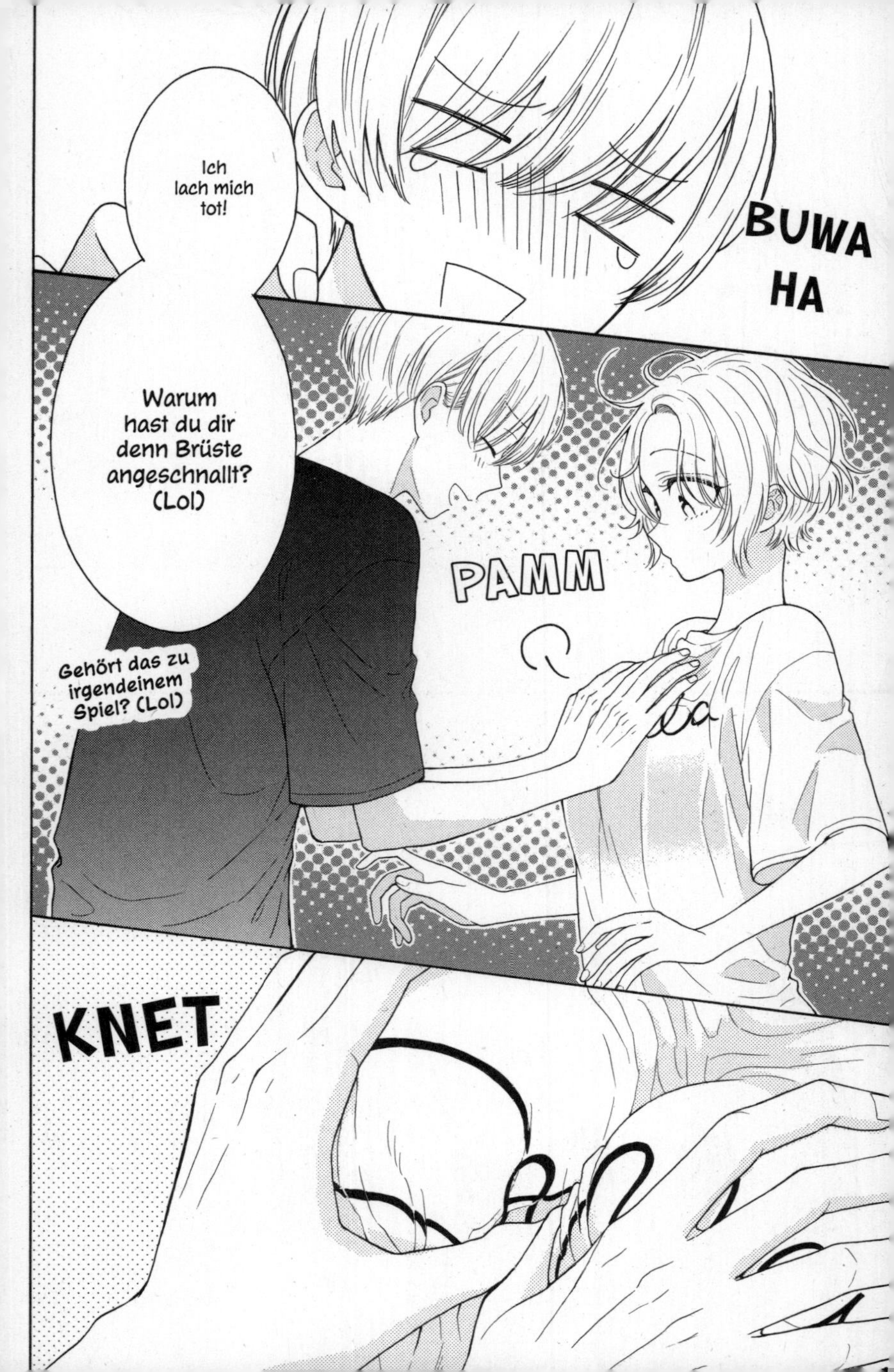
BUWA HA
Ich lach mich tot!
Warum hast du dir denn Brüste angeschnallt? (Lol)
Gehört das zu irgendeinem Spiel? (Lol)
PAMM
KNET

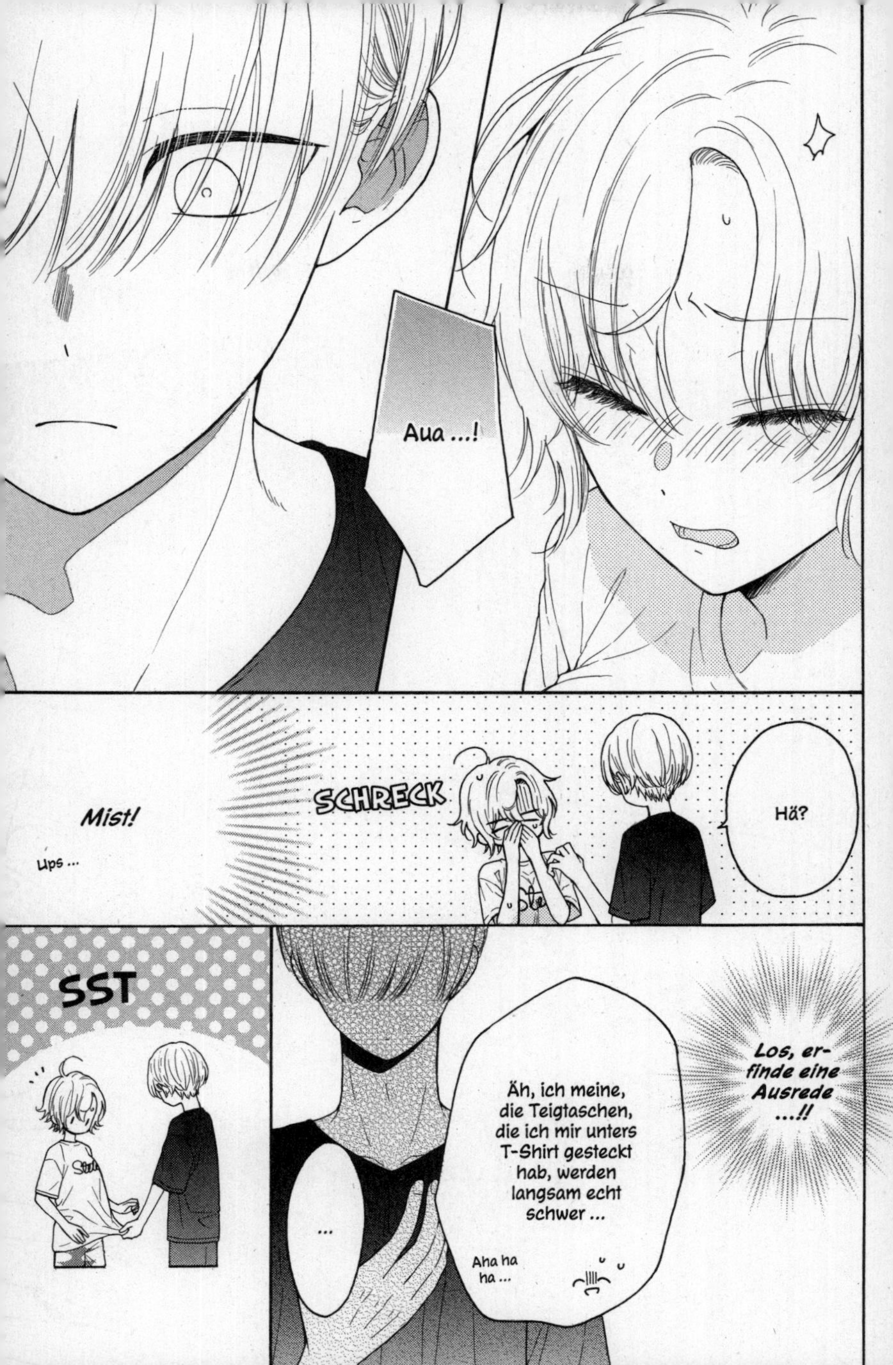
Aua ...!
Hä?
SCHRECK
Mist!
Ups ...
Los, erfinde eine Ausrede ...!!
Äh, ich meine, die Teigtaschen, die ich mir unters T-Shirt gesteckt hab, werden langsam echt schwer ...
Aha ha ha ...
...
SST

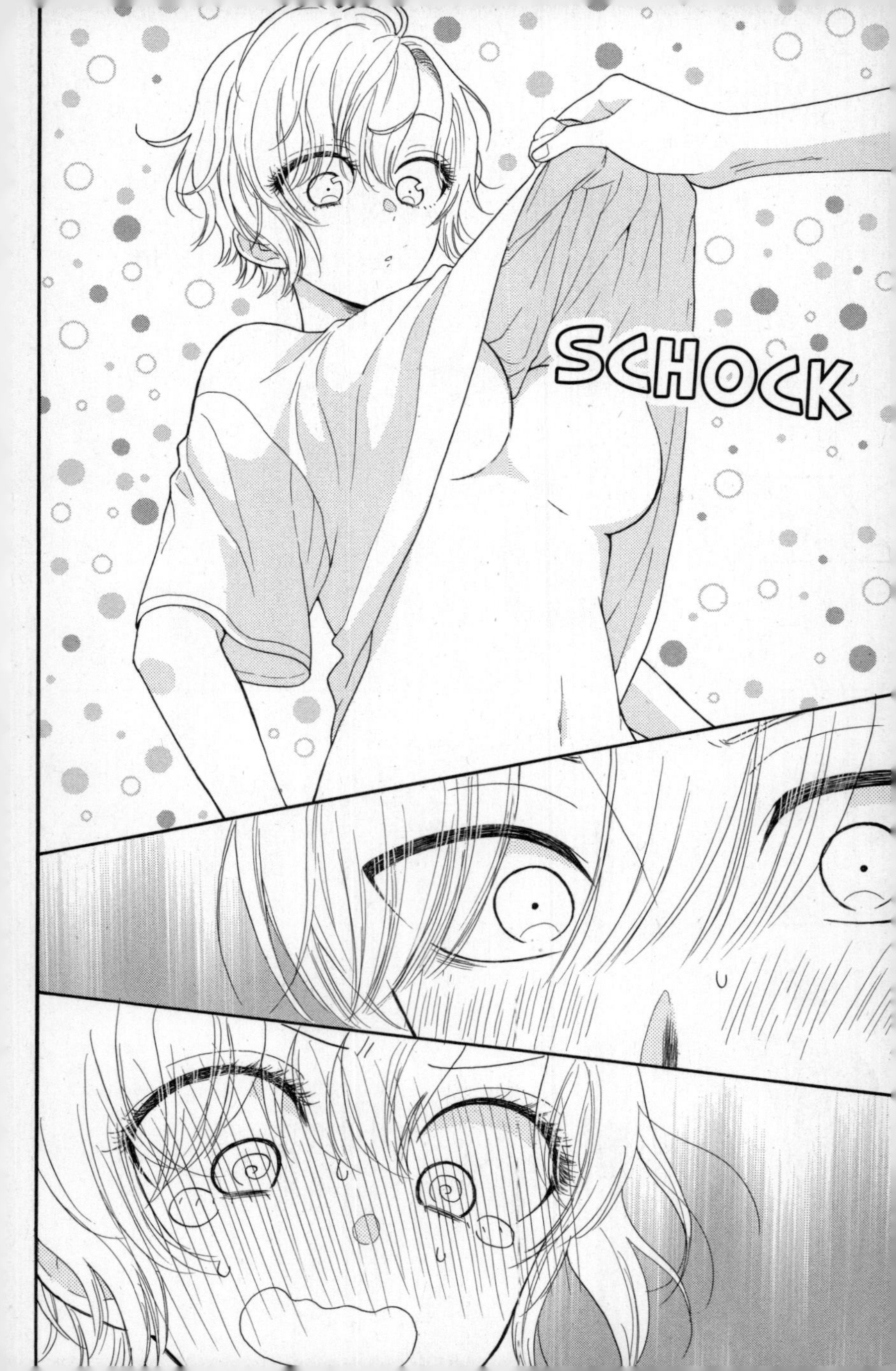
SCHOCK

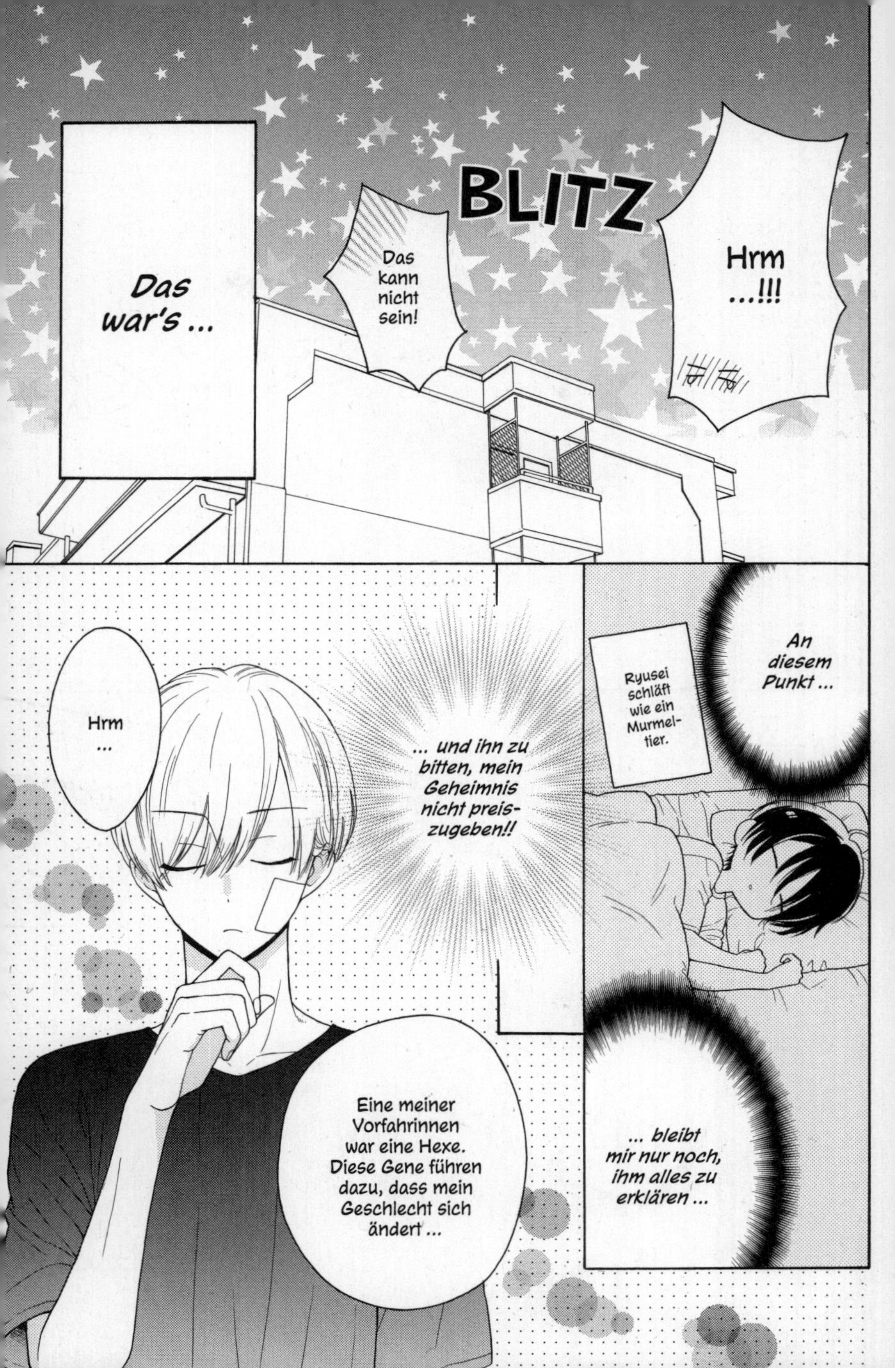

Hrm ...!!!
BLITZ
Das kann nicht sein!
Das war's ...
An diesem Punkt ...
Ryusei schläft wie ein Murmeltier.
... bleibt mir nur noch, ihm alles zu erklären ...
Eine meiner Vorfahrinnen war eine Hexe. Diese Gene führen dazu, dass mein Geschlecht sich ändert ...
... und ihn zu bitten, mein Geheimnis nicht preiszugeben!!
Hrm ...

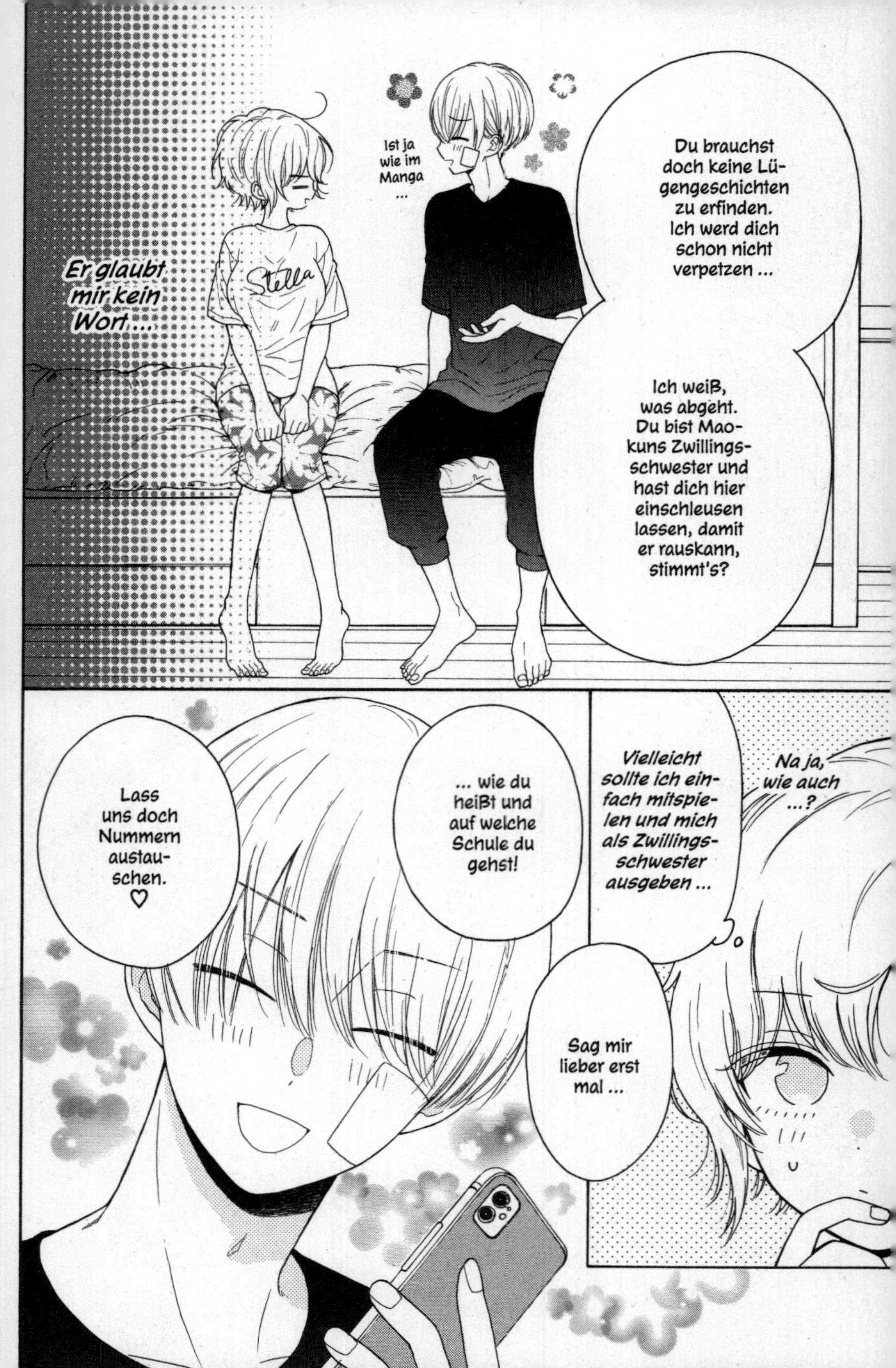

Du brauchst doch keine Lügengeschichten zu erfinden. Ich werd dich schon nicht verpetzen ...
Ich weiß, was abgeht. Du bist Mao-kuns Zwillingsschwester und hast dich hier einschleusen lassen, damit er rauskann, stimmt's?
Ist ja wie im Manga ...
Er glaubt mir kein Wort ...
Na ja, wie auch ...?
Vielleicht sollte ich einfach mitspielen und mich als Zwillingsschwester ausgeben ...
Sag mir lieber erst mal ...
... wie du heißt und auf welche Schule du gehst!
Lass uns doch Nummern austauschen. ♡
Stella

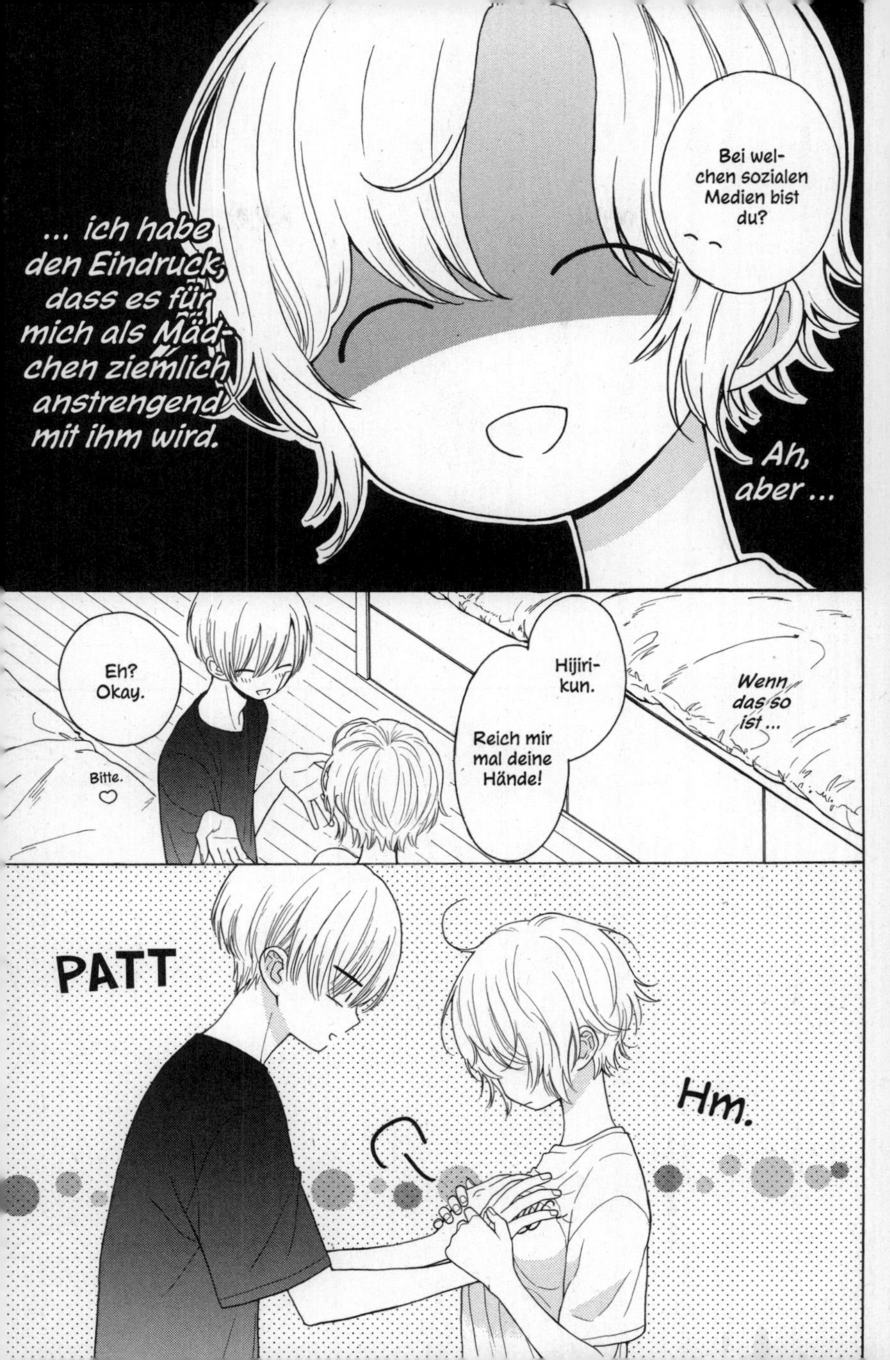

Bei welchen sozialen Medien bist du?
... ich habe den Eindruck, dass es für mich als Mädchen ziemlich anstrengend mit ihm wird.
Ah, aber ...
Wenn das so ist ...
Hijiri-kun.
Reich mir mal deine Hände!
Eh? Okay.
Bitte.
PATT
Hm.

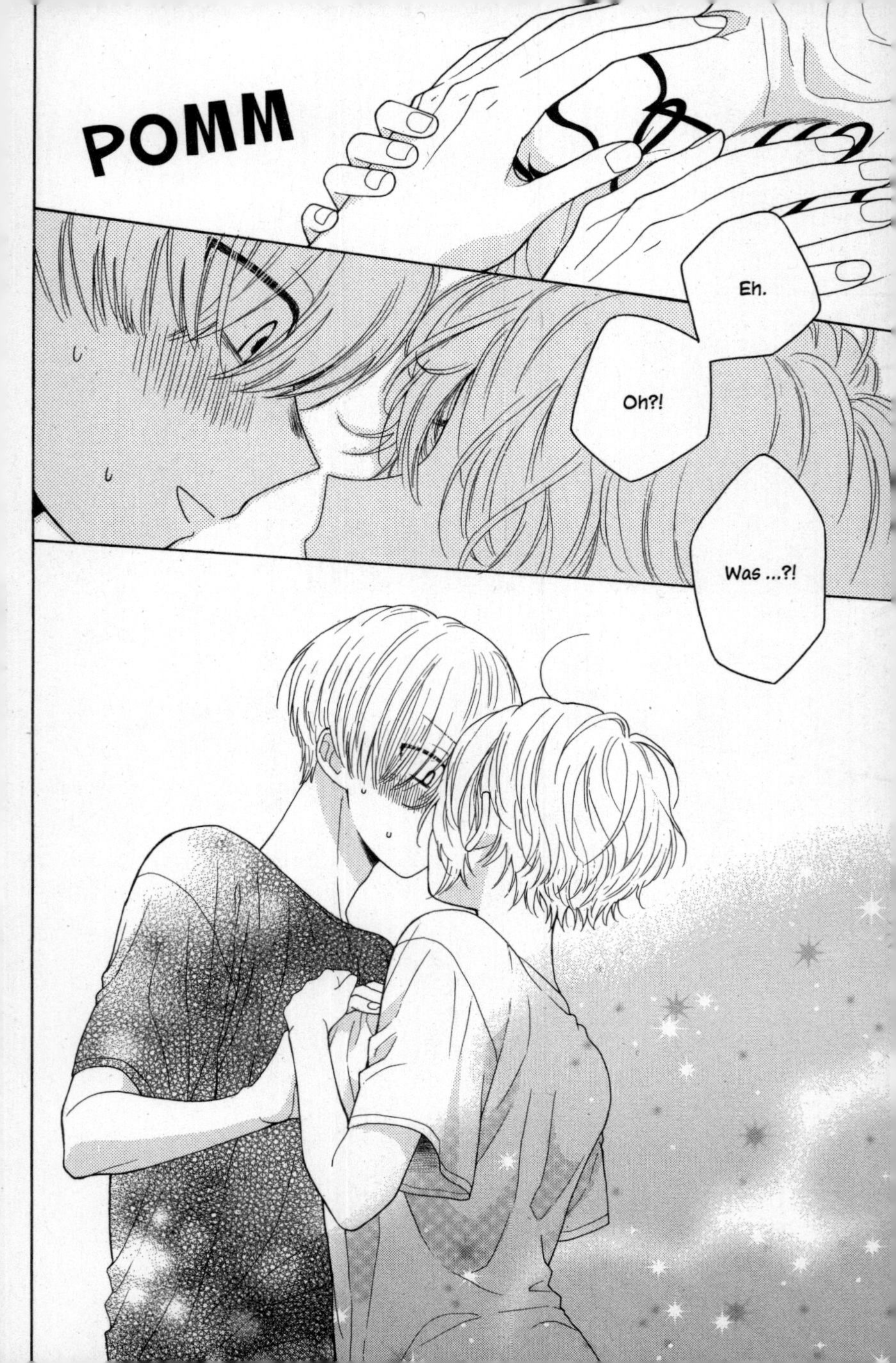
POMM
Eh.
Oh?!
Was ...?!

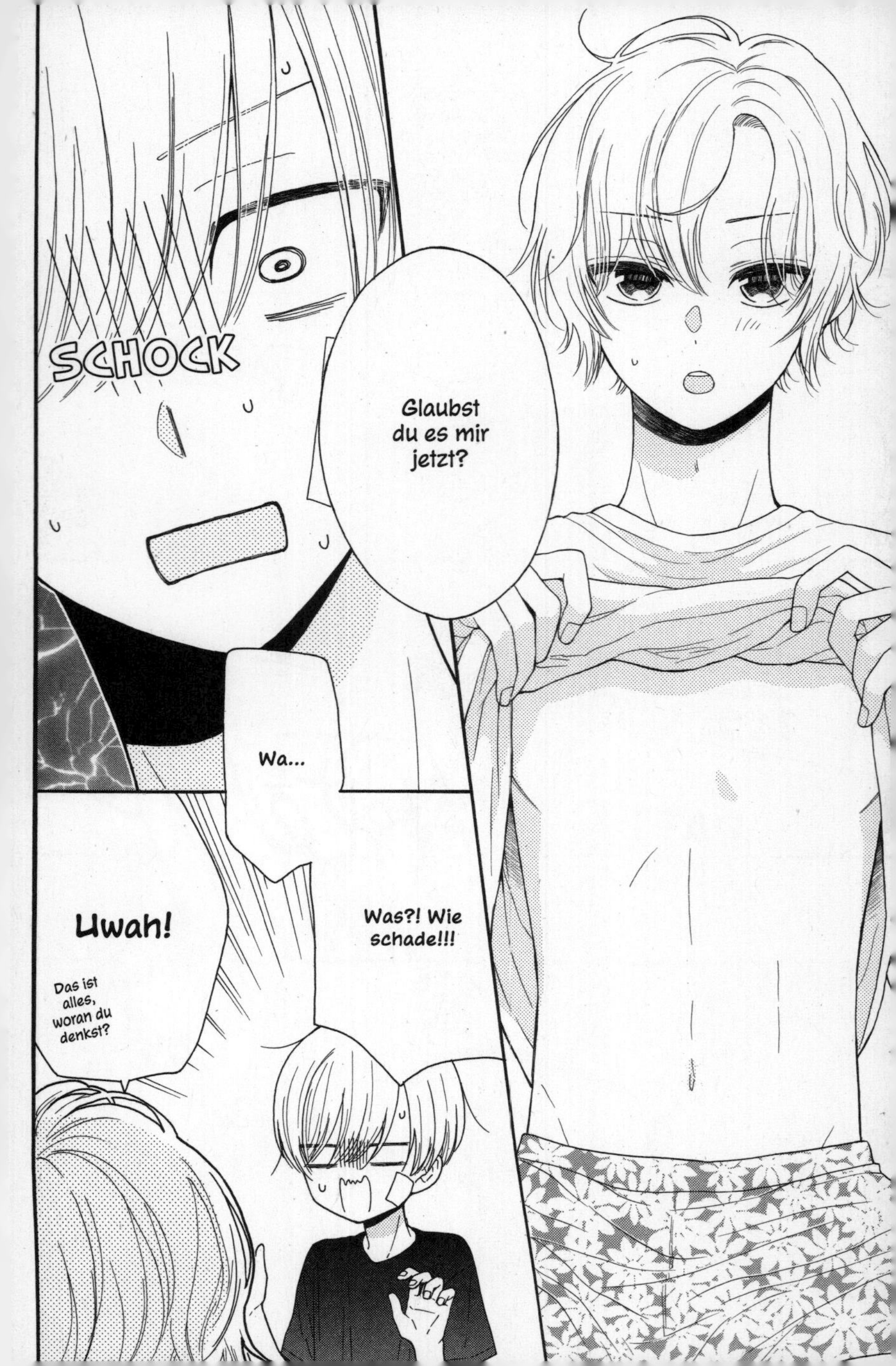
Glaubst du es mir jetzt?
SCHOCK
Wa...
Was?! Wie schade!!!
Uwah!
Das ist alles, woran du denkst?

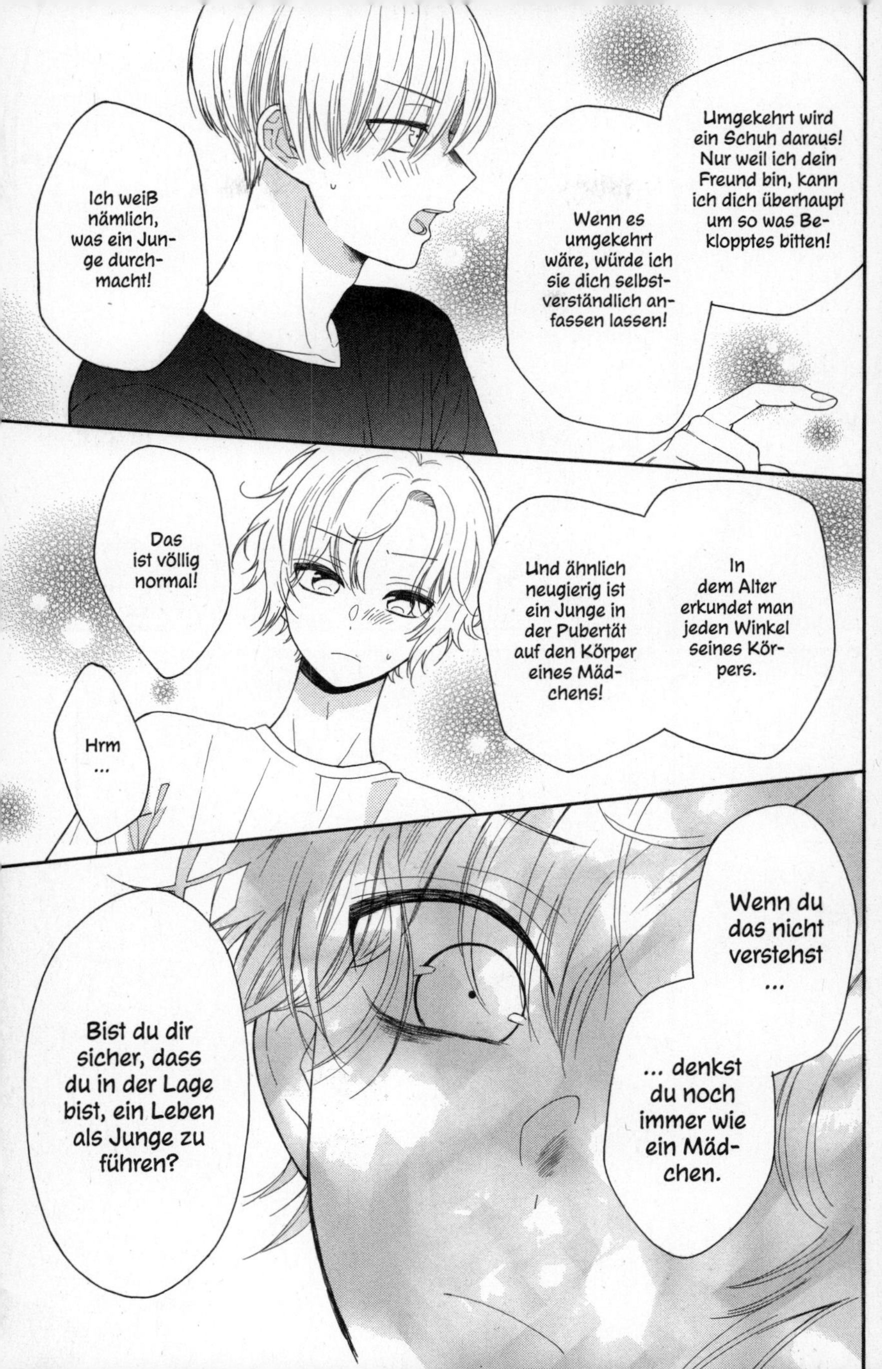

Umgekehrt wird ein Schuh daraus! Nur weil ich dein Freund bin, kann ich dich überhaupt um so was Bekloopptes bitten!
Wenn es umgekehrt wäre, würde ich sie dich selbstverständlich anfassen lassen!
Ich weiß nämlich, was ein Junge durchmacht!
In dem Alter erkundet man jeden Winkel seines Körpers.
Und ähnlich neugierig ist ein Junge in der Pubertät auf den Körper eines Mädchens!
Das ist völlig normal!
Hrm …
Wenn du das nicht verstehst …
… denkst du noch immer wie ein Mädchen.
Bist du dir sicher, dass du in der Lage bist, ein Leben als Junge zu führen?

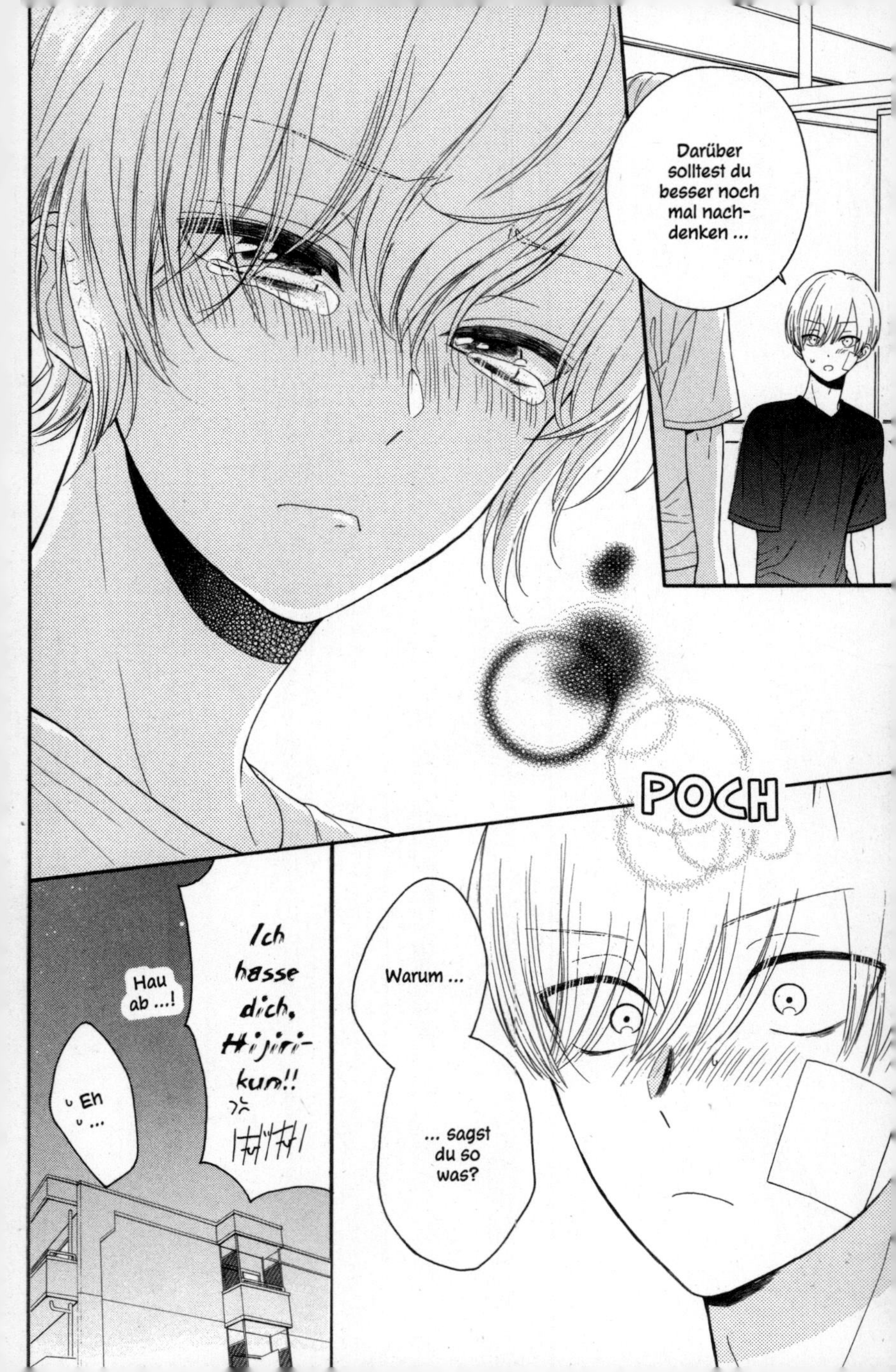
Darüber solltest du besser noch mal nach-denken ...
POCH
Warum ...
... sagst du so was?
Ich hasse dich, Hijiri-kun!!
Hau ab ...!
Eh ...

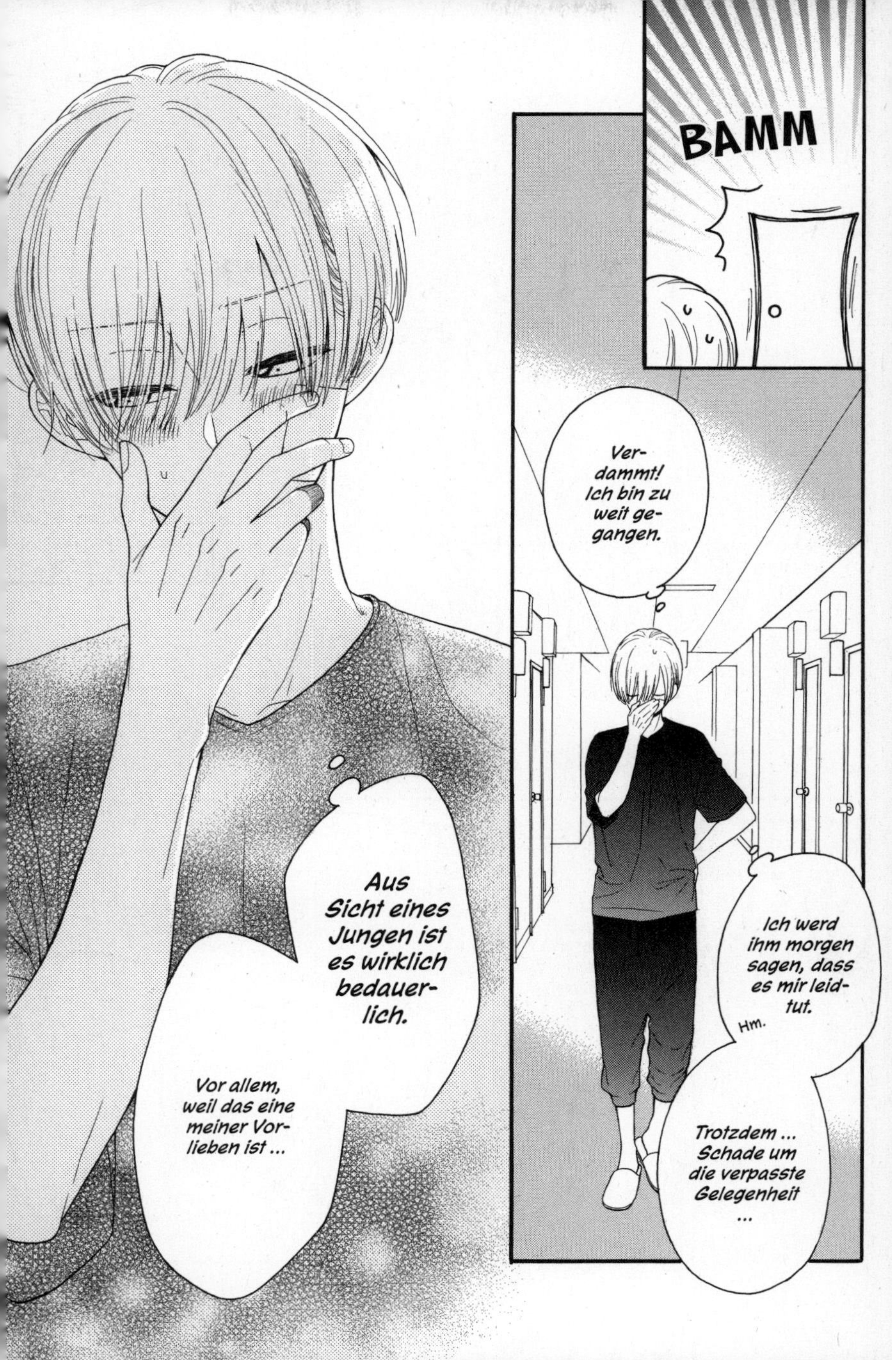

BAMM
Verdammt! Ich bin zu weit gegangen.
Ich werd ihm morgen sagen, dass es mir leidtut.
Hm.
Trotzdem ... Schade um die verpasste Gelegenheit ...
Aus Sicht eines Jungen ist es wirklich bedauerlich.
Vor allem, weil das eine meiner Vorlieben ist ...

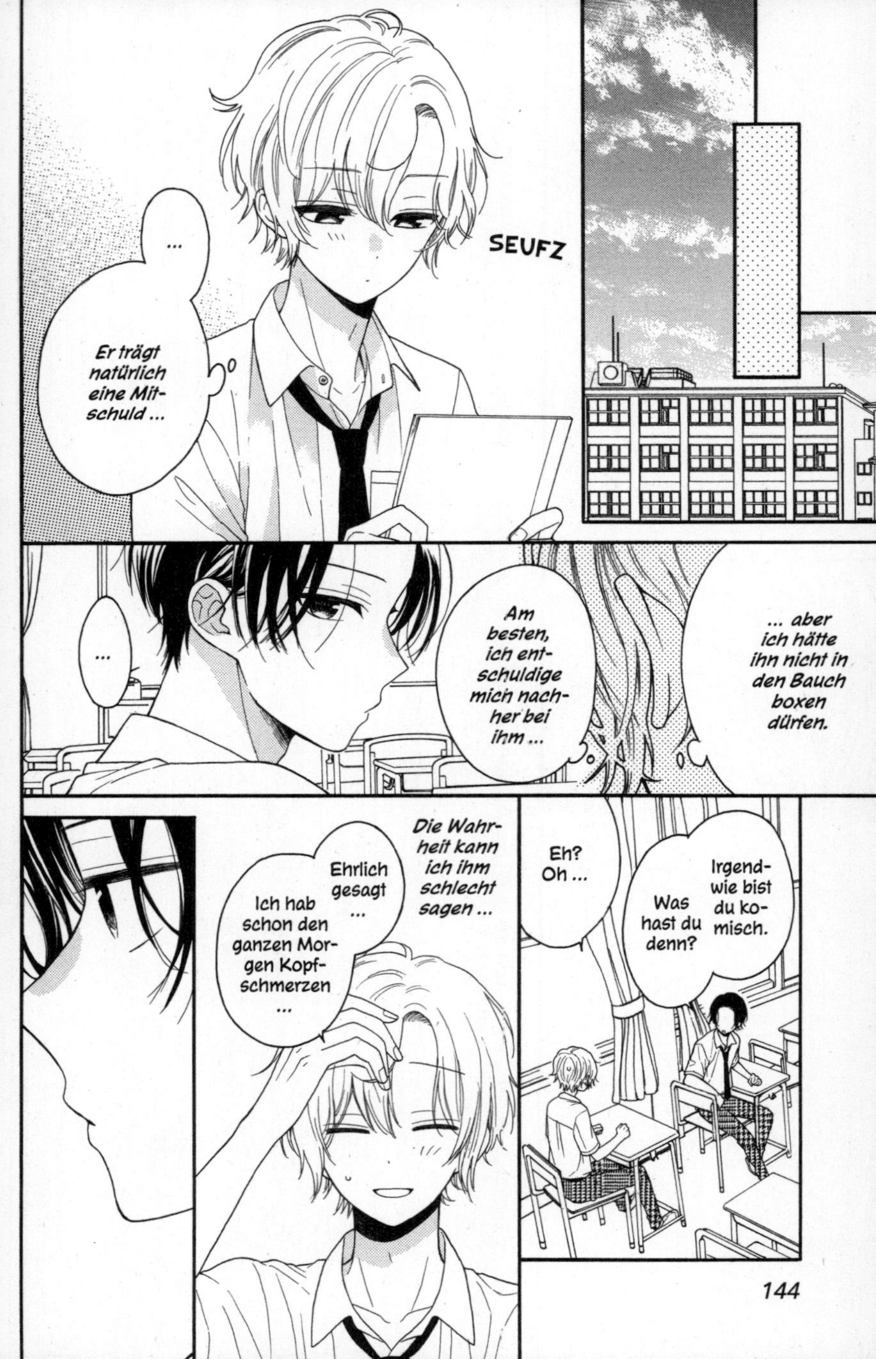

SEUFZ
...
Er trägt natürlich eine Mitschuld ...
... aber ich hätte ihn nicht in den Bauch boxen dürfen.
Am besten, ich entschuldige mich nachher bei ihm ...
...
Irgendwie bist du komisch.
Was hast du denn?
Eh? Oh ...
Die Wahrheit kann ich ihm schlecht sagen ...
Ehrlich gesagt ...
Ich hab schon den ganzen Morgen Kopfschmerzen ...

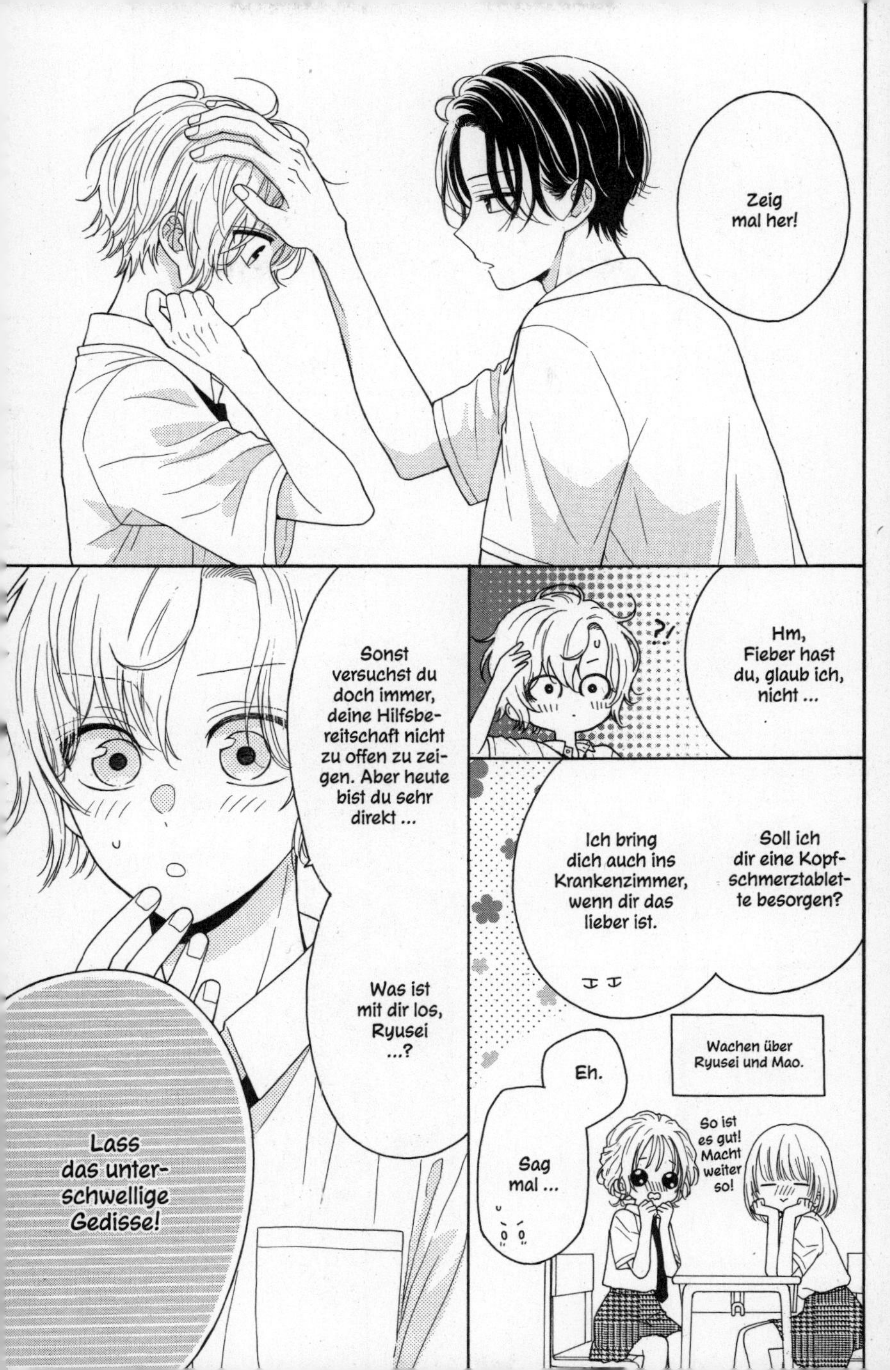
Zeig mal her!
Hm, Fieber hast du, glaub ich, nicht ...
?!
Sonst versuchst du doch immer, deine Hilfsbereitschaft nicht zu offen zu zeigen. Aber heute bist du sehr direkt ...
Soll ich dir eine Kopfschmerztablette besorgen?
Ich bring dich auch ins Krankenzimmer, wenn dir das lieber ist.
Was ist mit dir los, Ryusei ...?
Wachen über Ryusei und Mao.
Eh.
Sag mal ...
So ist es gut! Macht weiter so!
Lass das unterschwellige Gedisse!

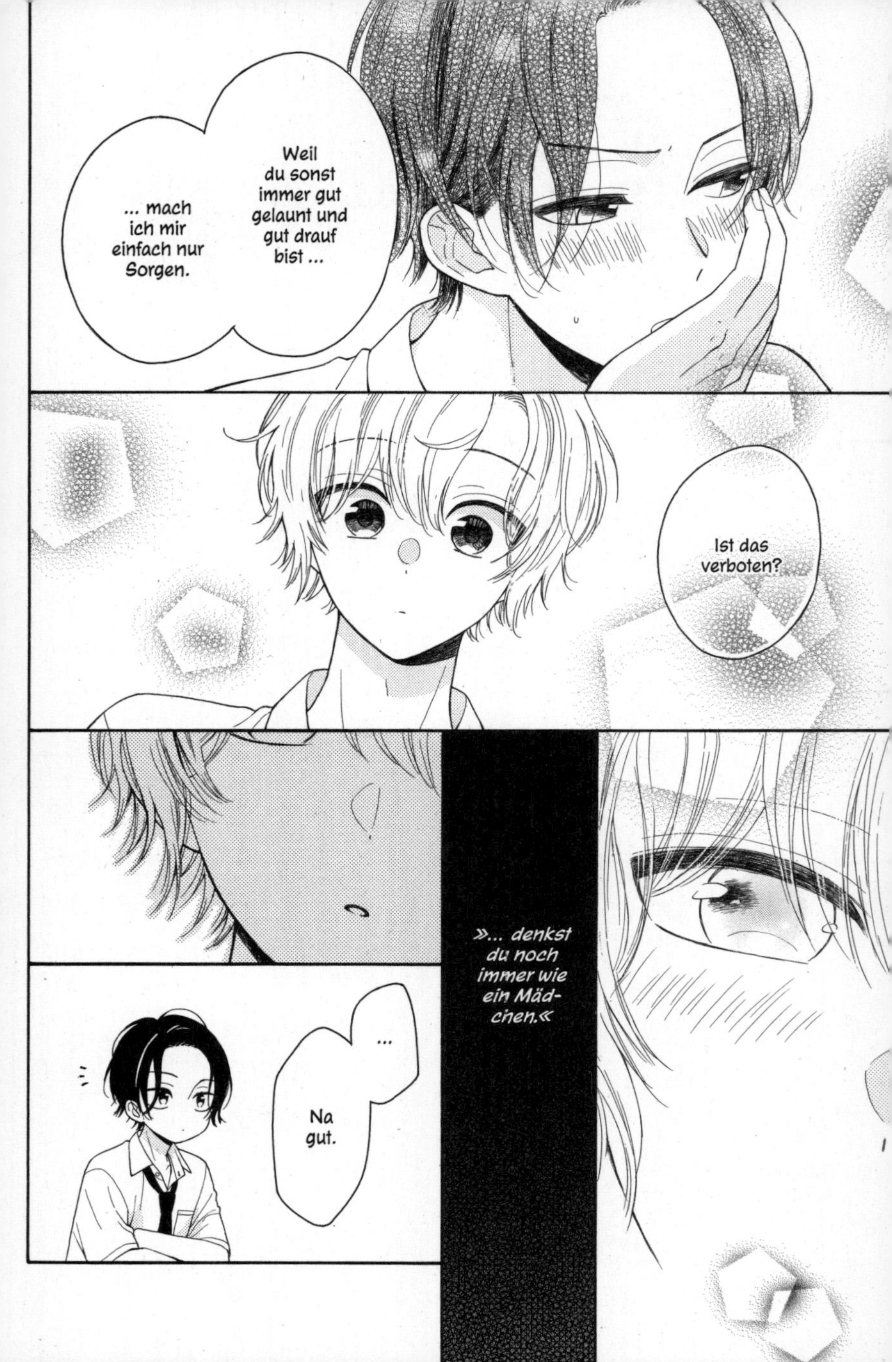
Weil du sonst immer gut gelaunt und gut drauf bist ...
... mach ich mir einfach nur Sorgen.
Ist das verboten?
»... denkst du noch immer wie ein Mädchen.«
...
Na gut.

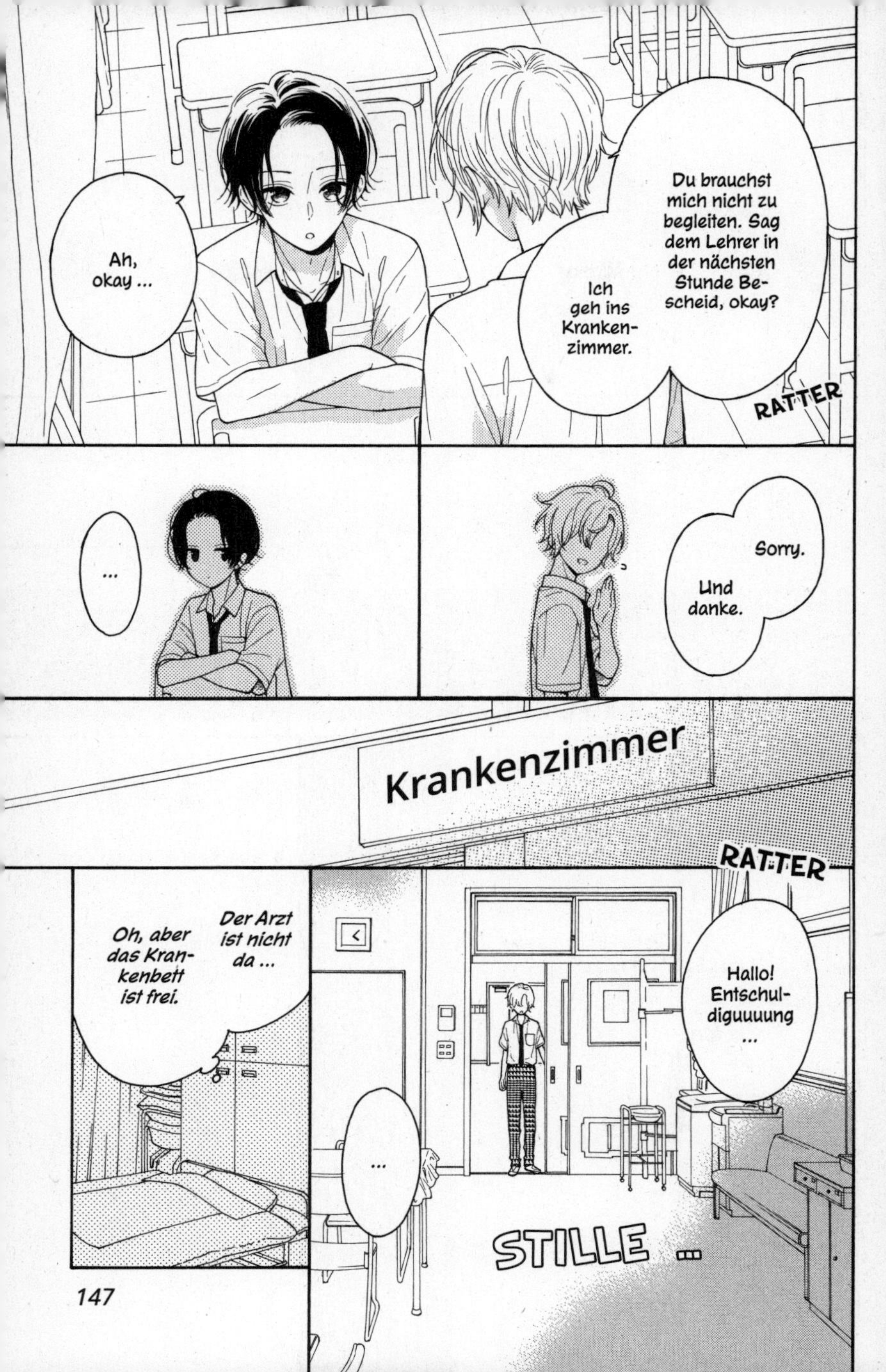
Du brauchst mich nicht zu begleiten. Sag dem Lehrer in der nächsten Stunde Bescheid, okay?
Ich geh ins Krankenzimmer.
RATTER
Ah, okay ...
Sorry.
Und danke.
...
Krankenzimmer
RATTER
Hallo! Entschuldiguuuung ...
...
STILLE ...
Der Arzt ist nicht da ...
Oh, aber das Krankenbett ist frei.

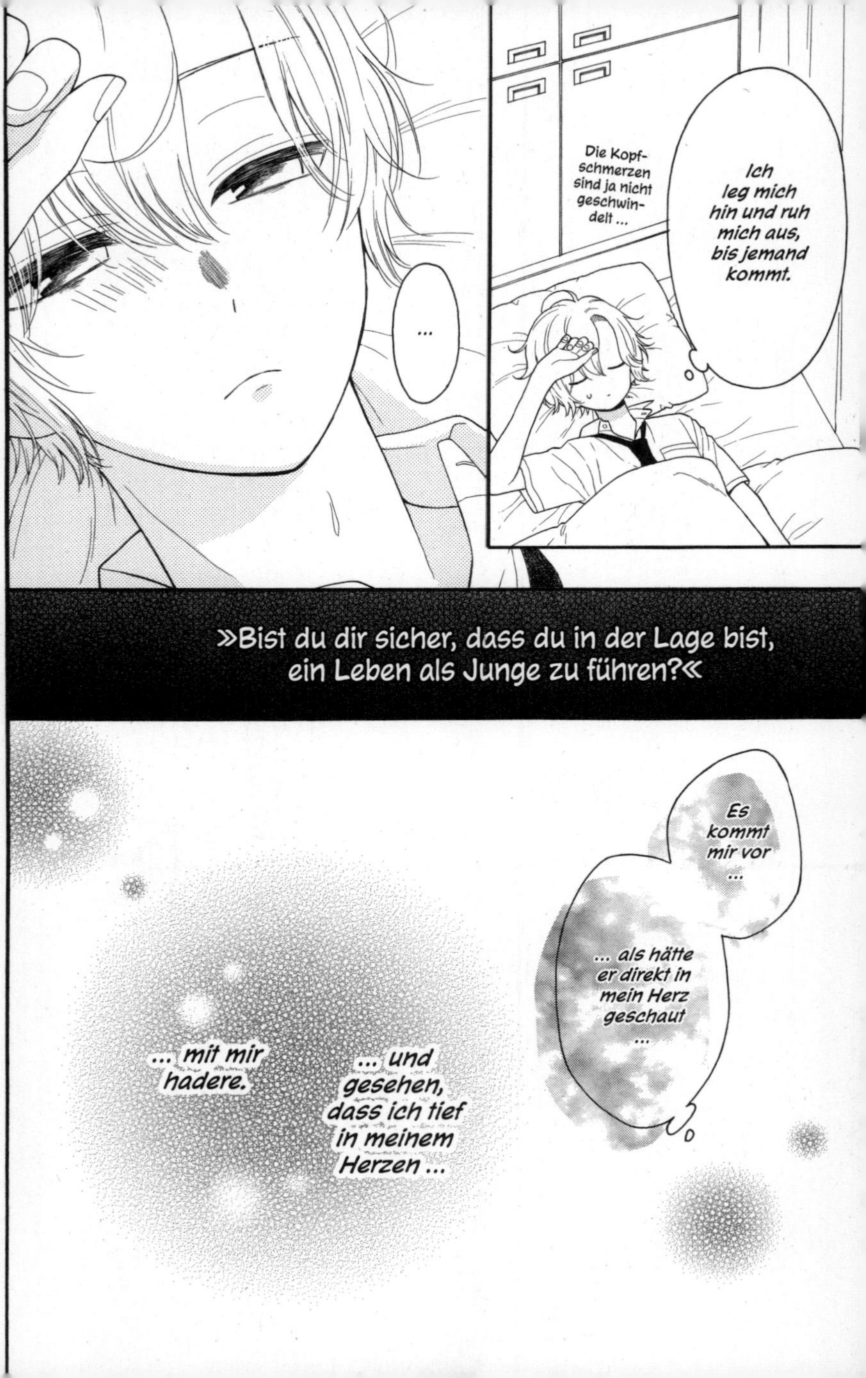

Ich leg mich hin und ruh mich aus, bis jemand kommt.

Die Kopfschmerzen sind ja nicht geschwindelt ...

...

»Bist du dir sicher, dass du in der Lage bist, ein Leben als Junge zu führen?«

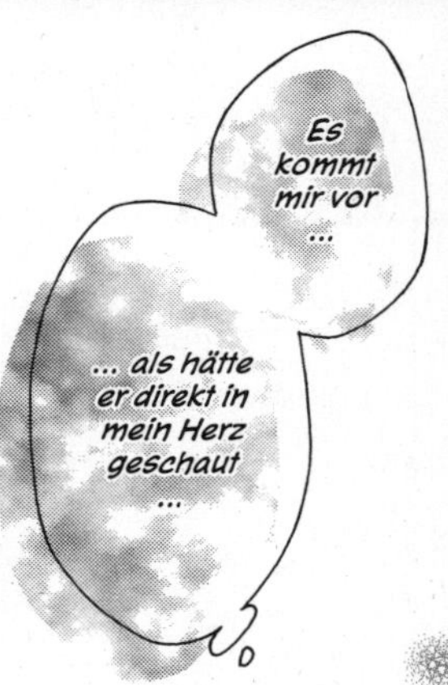

... und gesehen, dass ich tief in meinem Herzen ...

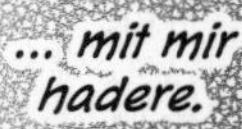

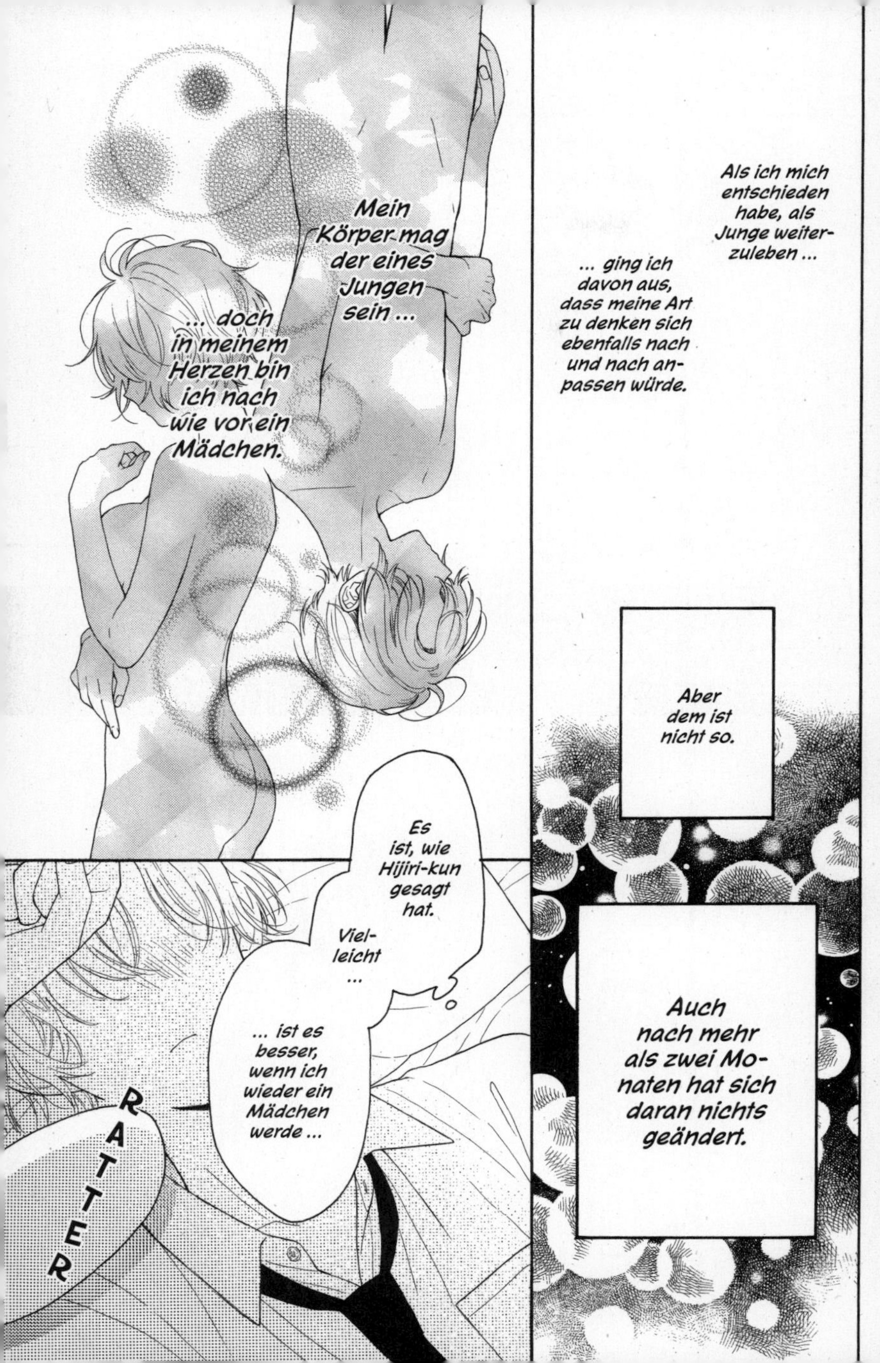
Als ich mich entschieden habe, als Junge weiterzuleben ...
... ging ich davon aus, dass meine Art zu denken sich ebenfalls nach und nach anpassen würde.
Aber dem ist nicht so.
Auch nach mehr als zwei Monaten hat sich daran nichts geändert.
Mein Körper mag der eines Jungen sein ...
... doch in meinem Herzen bin ich nach wie vor ein Mädchen.
Es ist, wie Hijiri-kun gesagt hat.
Vielleicht ...
... ist es besser, wenn ich wieder ein Mädchen werde ...
RATTER

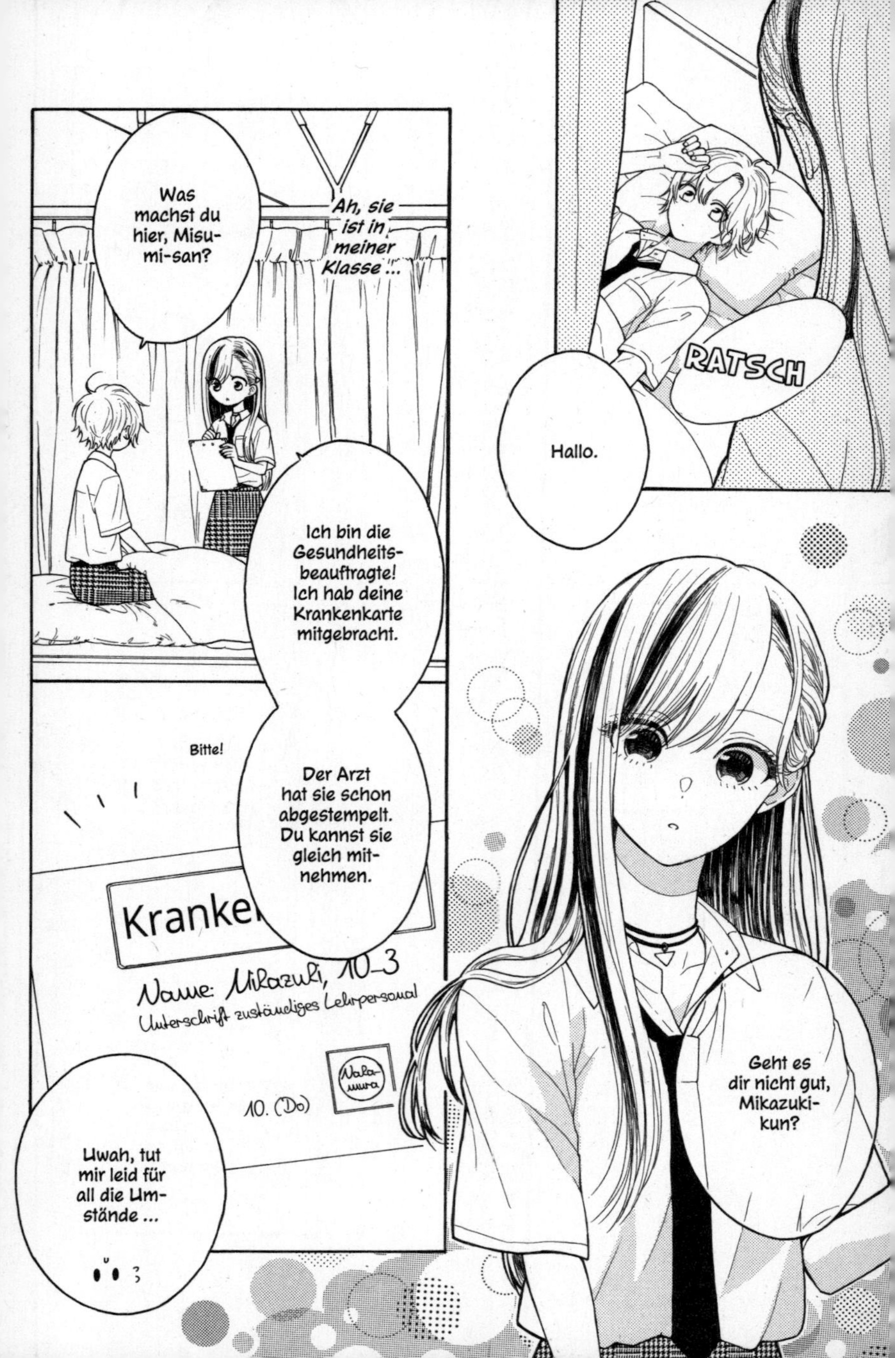
RATSCH
Hallo.
Geht es dir nicht gut, Mikazuki-kun?
Was machst du hier, Misumi-san?
Ah, sie ist in meiner Klasse ...
Ich bin die Gesundheitsbeauftragte! Ich hab deine Krankenkarte mitgebracht.
Der Arzt hat sie schon abgestempelt. Du kannst sie gleich mitnehmen.
Bitte!
Kranke
Name: Mikazuki, 10-3
Unterschrift zuständiges Lehrpersonal
Nakamura
10. (Do)
Uwah, tut mir leid für all die Umstände ...

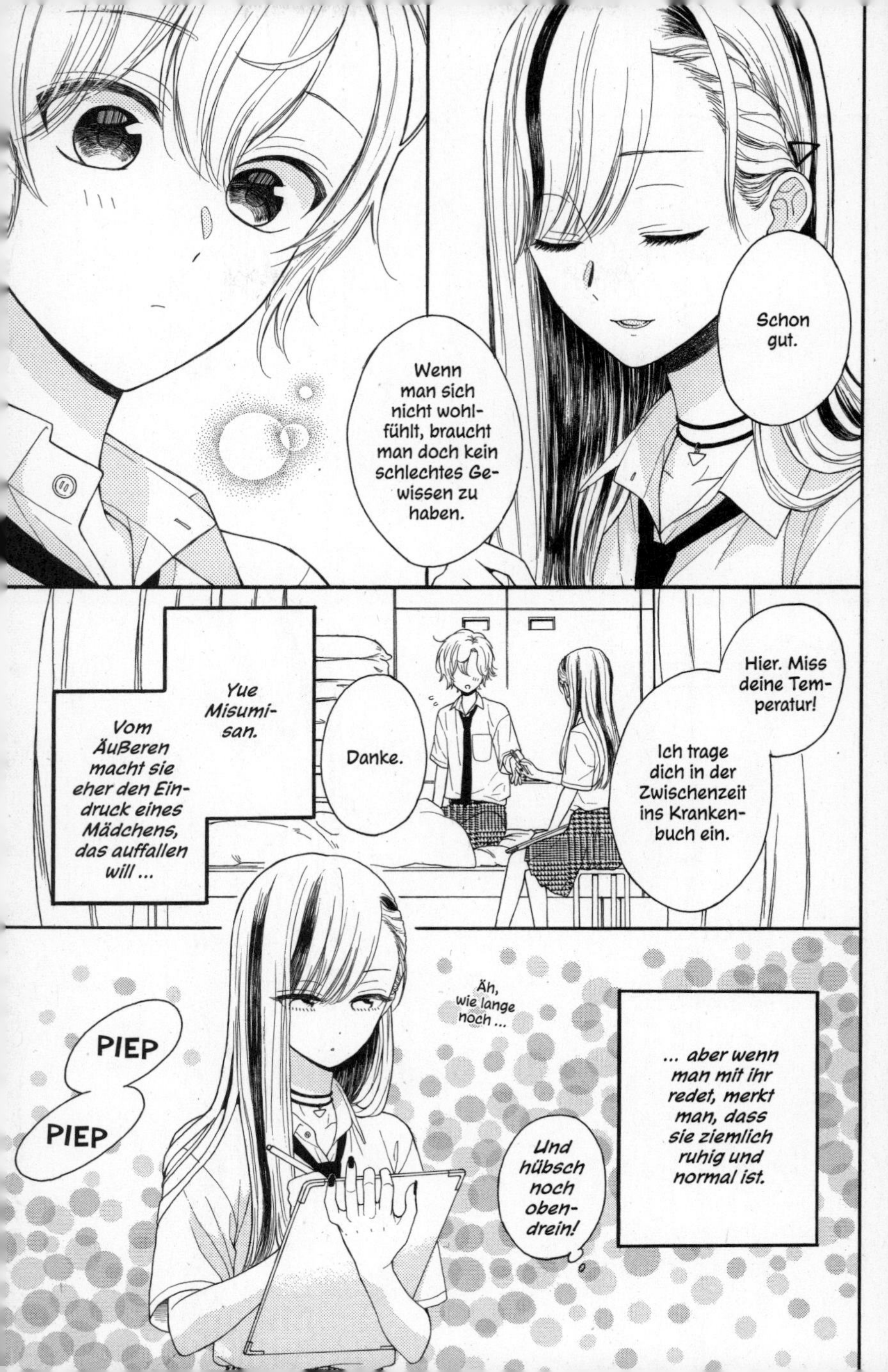
Schon gut.
Wenn man sich nicht wohlfühlt, braucht man doch kein schlechtes Gewissen zu haben.
Hier. Miss deine Temperatur!
Ich trage dich in der Zwischenzeit ins Krankenbuch ein.
Danke.
Yue Misumi-san.
Vom Äußeren macht sie eher den Eindruck eines Mädchens, das auffallen will ...
... aber wenn man mit ihr redet, merkt man, dass sie ziemlich ruhig und normal ist.
Äh, wie lange noch ...
Und hübsch noch obendrein!
PIEP
PIEP

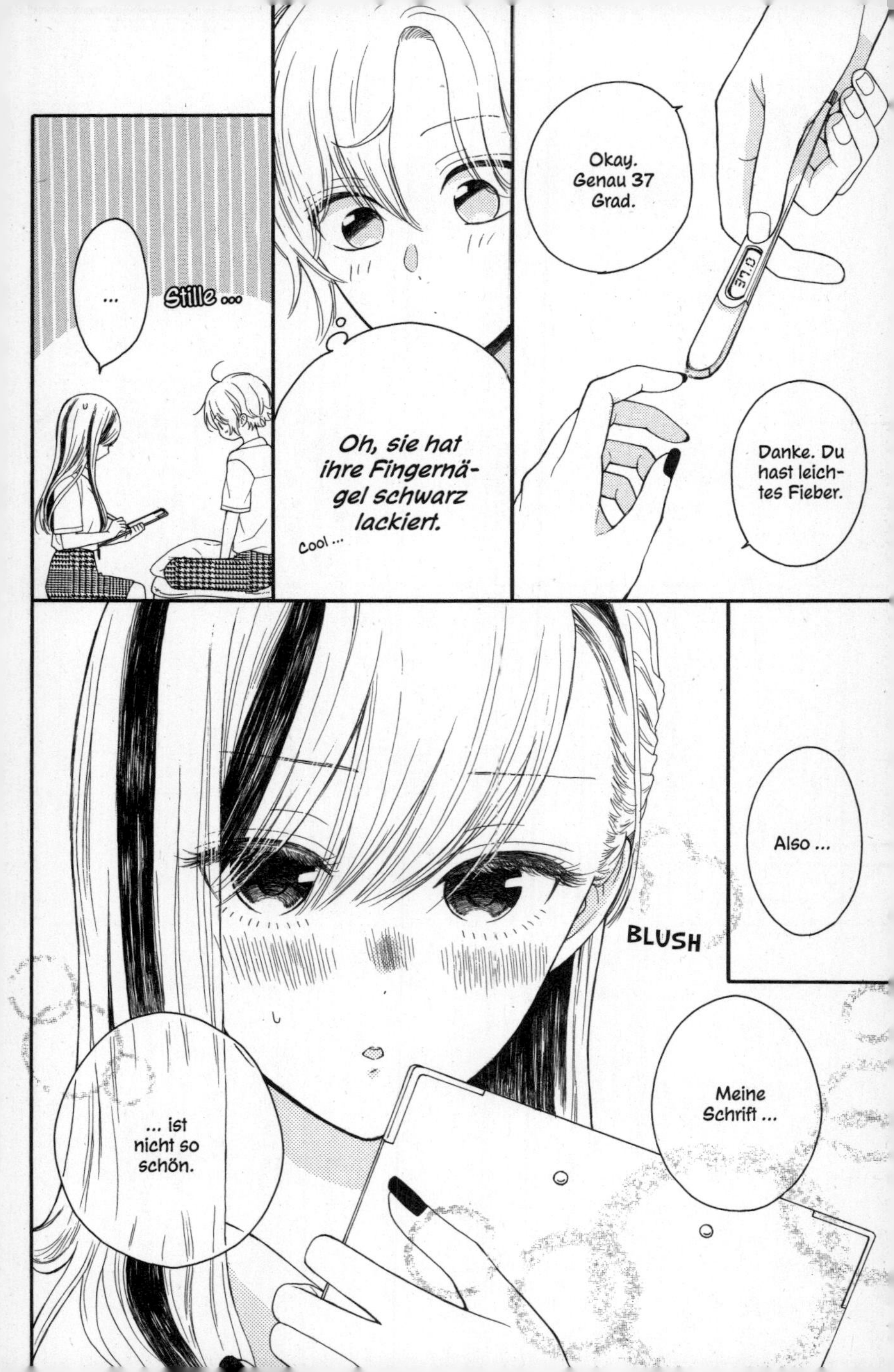
Okay. Genau 37 Grad.
Oh, sie hat ihre Fingernägel schwarz lackiert.
Cool ...
...
Stille ...
Danke. Du hast leichtes Fieber.
Also ...
BLUSH
Meine Schrift ...
... ist nicht so schön.

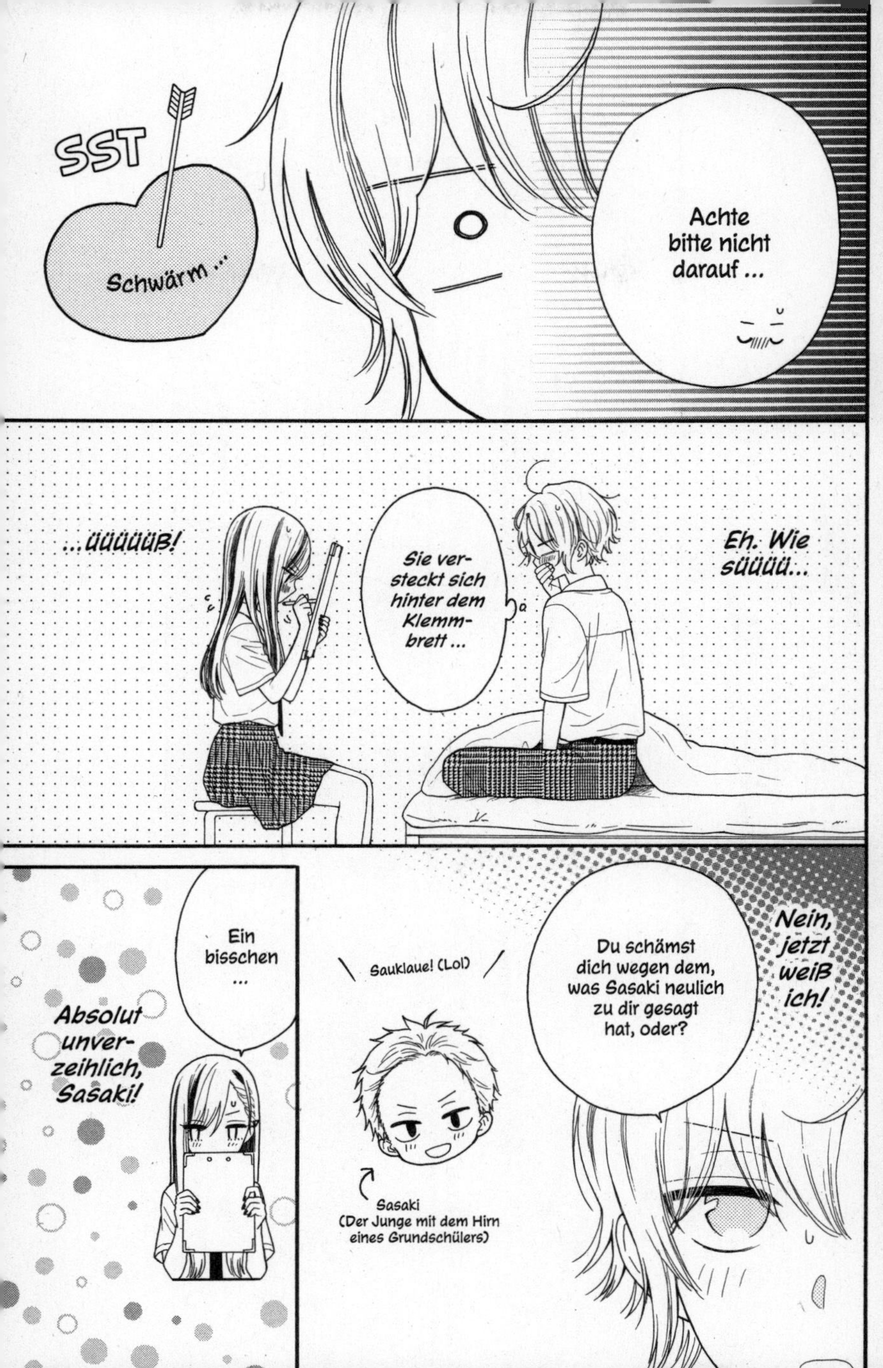
Achte bitte nicht darauf ...
SST
Schwärm ...
Eh. Wie süüüü...
Sie versteckt sich hinter dem Klemmbrett ...
...üüüüüß!
Nein, jetzt weiß ich!
Du schämst dich wegen dem, was Sasaki neulich zu dir gesagt hat, oder?
Sauklaue! (Lol)
Sasaki (Der Junge mit dem Hirn eines Grundschülers)
Ein bisschen ...
Absolut unverzeihlich, Sasaki!

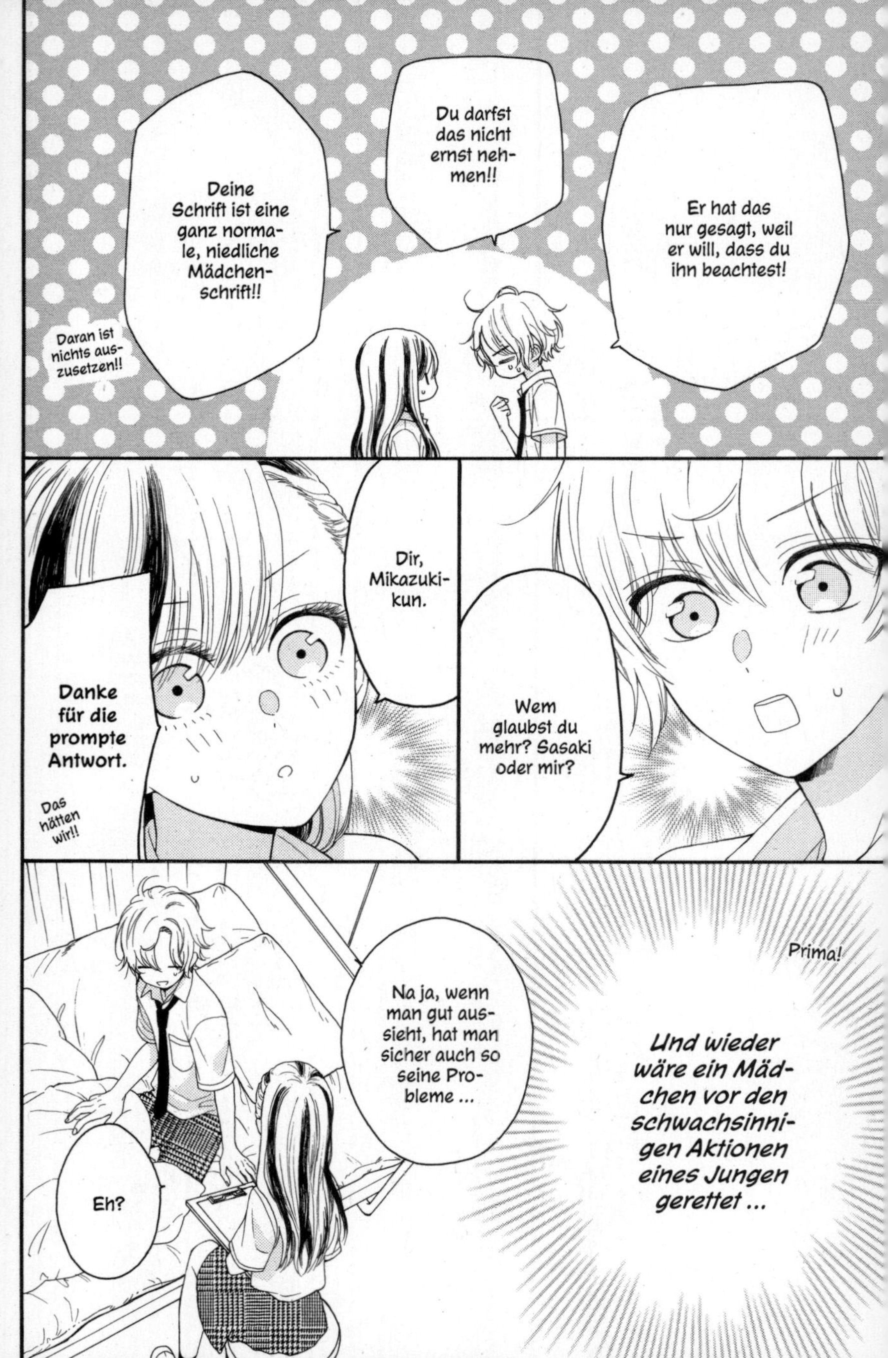
Er hat das nur gesagt, weil er will, dass du ihn beachtest!
Du darfst das nicht ernst nehmen!!
Deine Schrift ist eine ganz normale, niedliche Mädchenschrift!!
Daran ist nichts auszusetzen!!
Wem glaubst du mehr? Sasaki oder mir?
Dir, Mikazuki-kun.
Danke für die prompte Antwort.
Das hätten wir!!
Prima!
Und wieder wäre ein Mädchen vor den schwachsinnigen Aktionen eines Jungen gerettet ...
Na ja, wenn man gut aussieht, hat man sicher auch so seine Probleme ...
Eh?

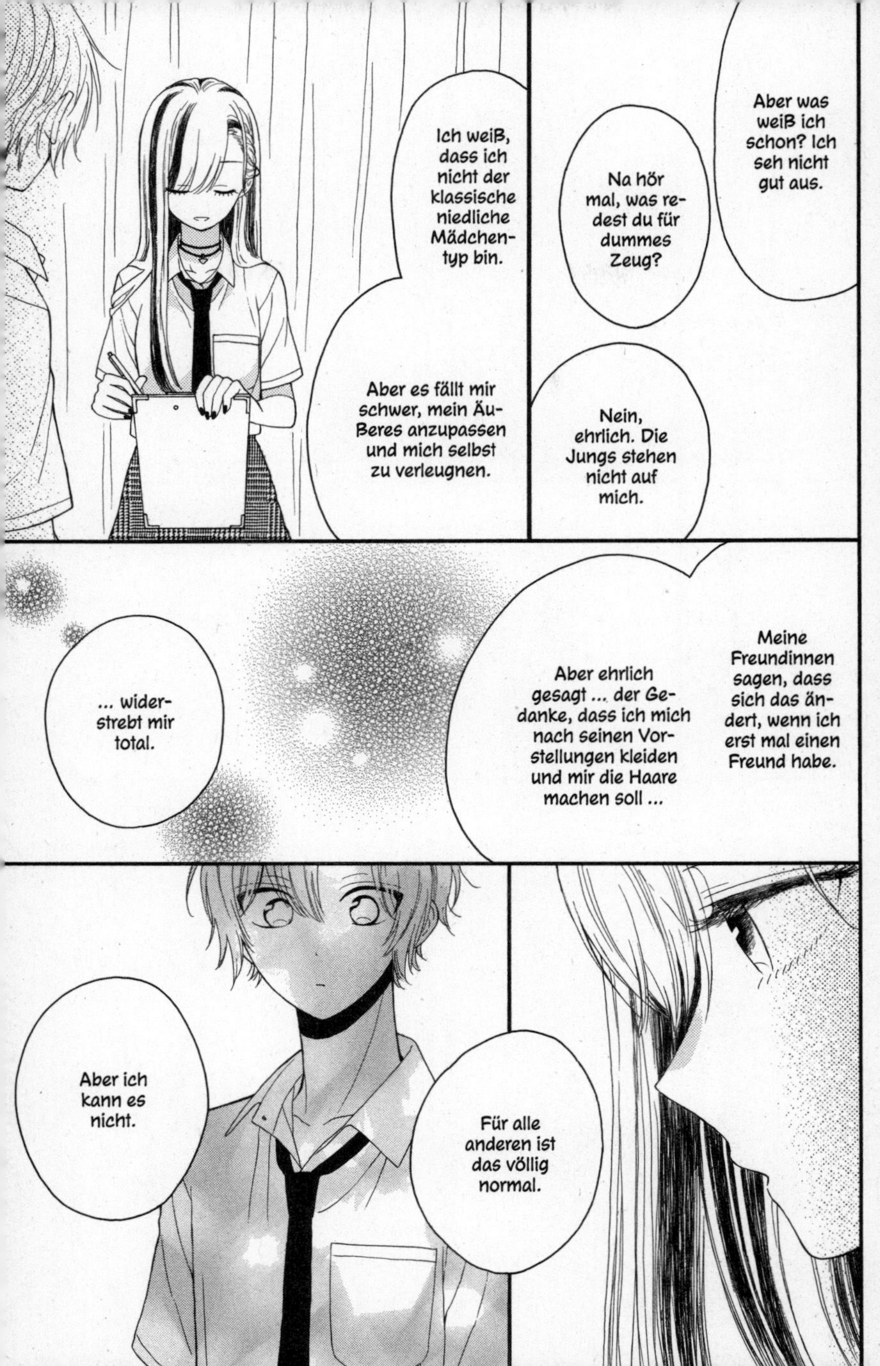

Aber was weiß ich schon? Ich seh nicht gut aus.
Na hör mal, was redest du für dummes Zeug?
Nein, ehrlich. Die Jungs stehen nicht auf mich.
Ich weiß, dass ich nicht der klassische niedliche Mädchentyp bin.
Aber es fällt mir schwer, mein Äußeres anzupassen und mich selbst zu verleugnen.
Meine Freundinnen sagen, dass sich das ändert, wenn ich erst mal einen Freund habe.
Aber ehrlich gesagt ... der Gedanke, dass ich mich nach seinen Vorstellungen kleiden und mir die Haare machen soll ...
... widerstrebt mir total.
Für alle anderen ist das völlig normal.
Aber ich kann es nicht.

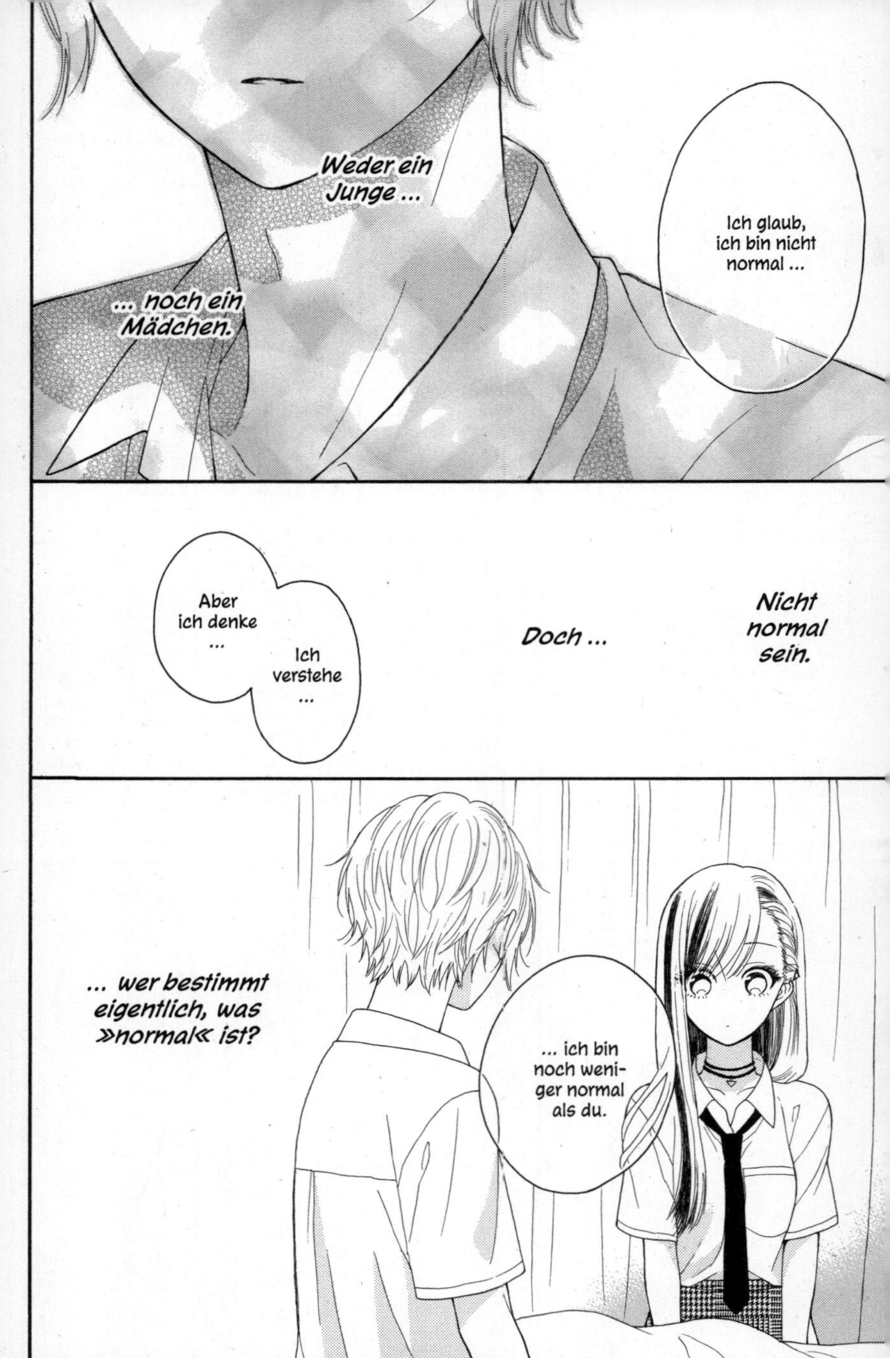
Ich glaub, ich bin nicht normal ...
Weder ein Junge ...
... noch ein Mädchen.
Nicht normal sein.
Doch ...
Ich verstehe ...
Aber ich denke ...
... ich bin noch weni-ger normal als du.
... wer bestimmt eigentlich, was »normal« ist?

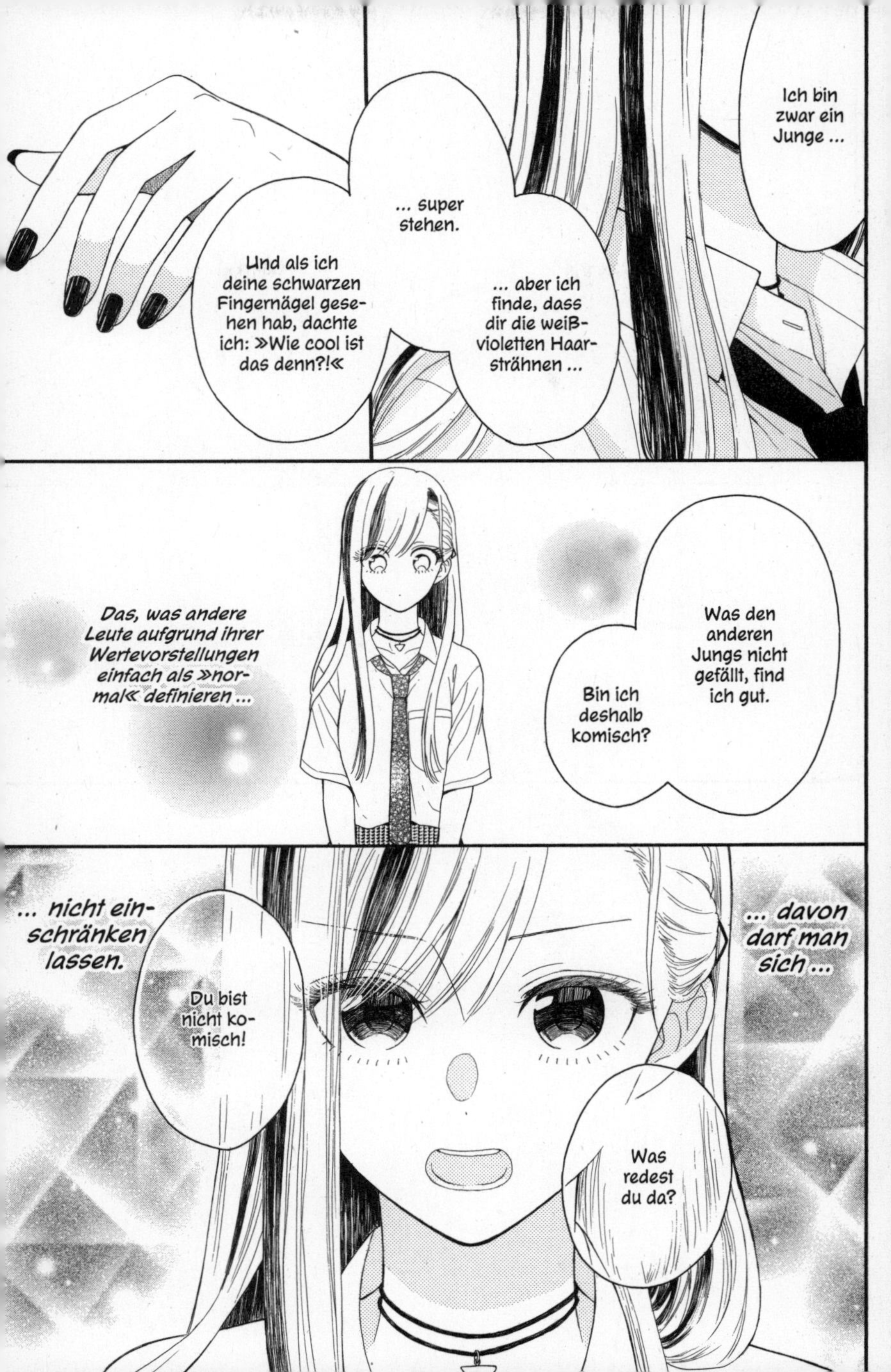
Ich bin zwar ein Junge ...
... aber ich finde, dass dir die weiß-violetten Haarsträhnen ...
... super stehen.
Und als ich deine schwarzen Fingernägel gesehen hab, dachte ich: »Wie cool ist das denn?!«
Was den anderen Jungs nicht gefällt, find ich gut.
Bin ich deshalb komisch?
Das, was andere Leute aufgrund ihrer Wertevorstellungen einfach als »normal« definieren ...
... davon darf man sich ...
Was redest du da?
Du bist nicht komisch!
... nicht einschränken lassen.

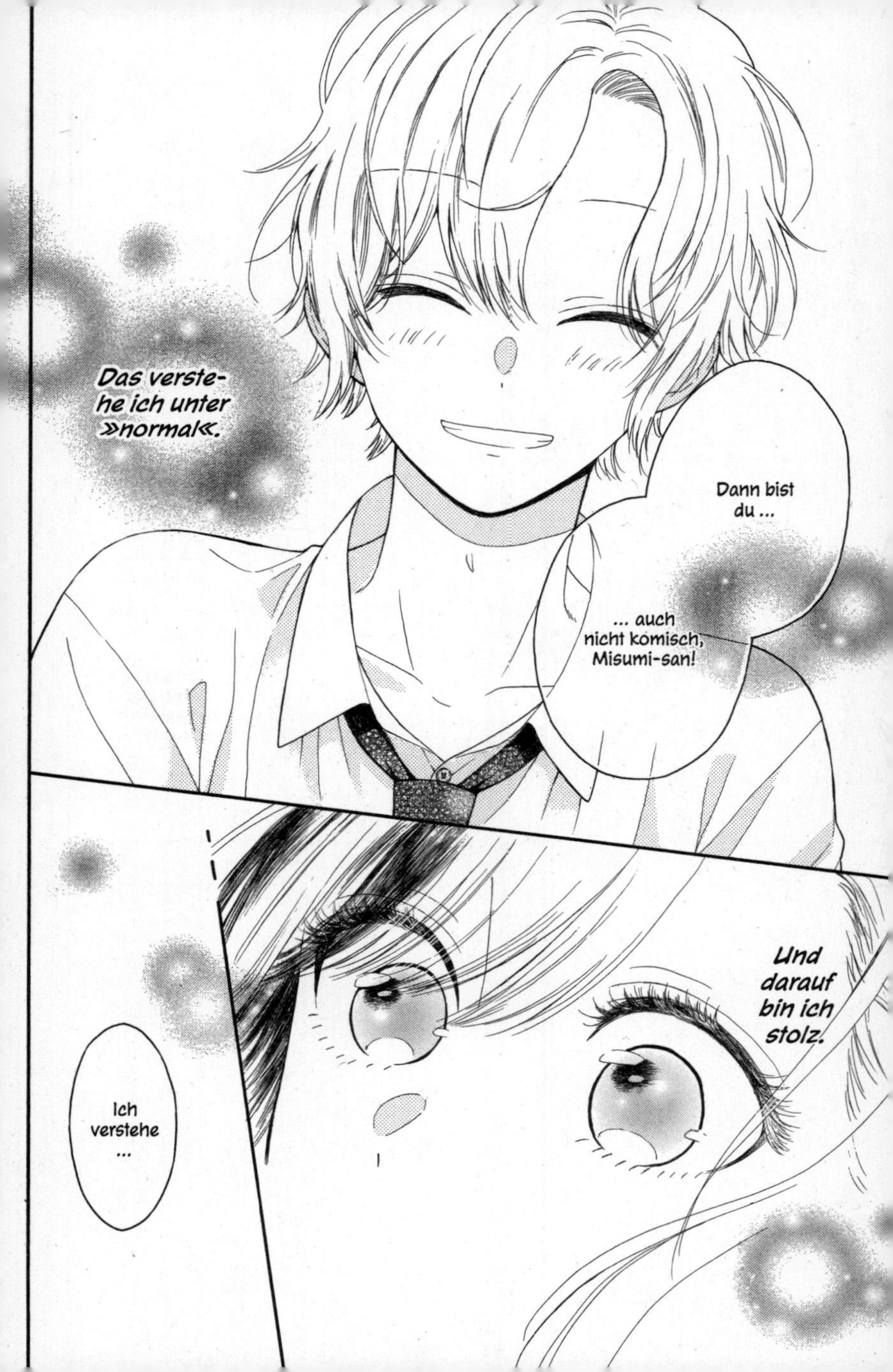

Dann bist du ...
... auch nicht komisch, Misumi-san!
Das verste-he ich unter »normal«.
Und darauf bin ich stolz.
Ich verstehe ...

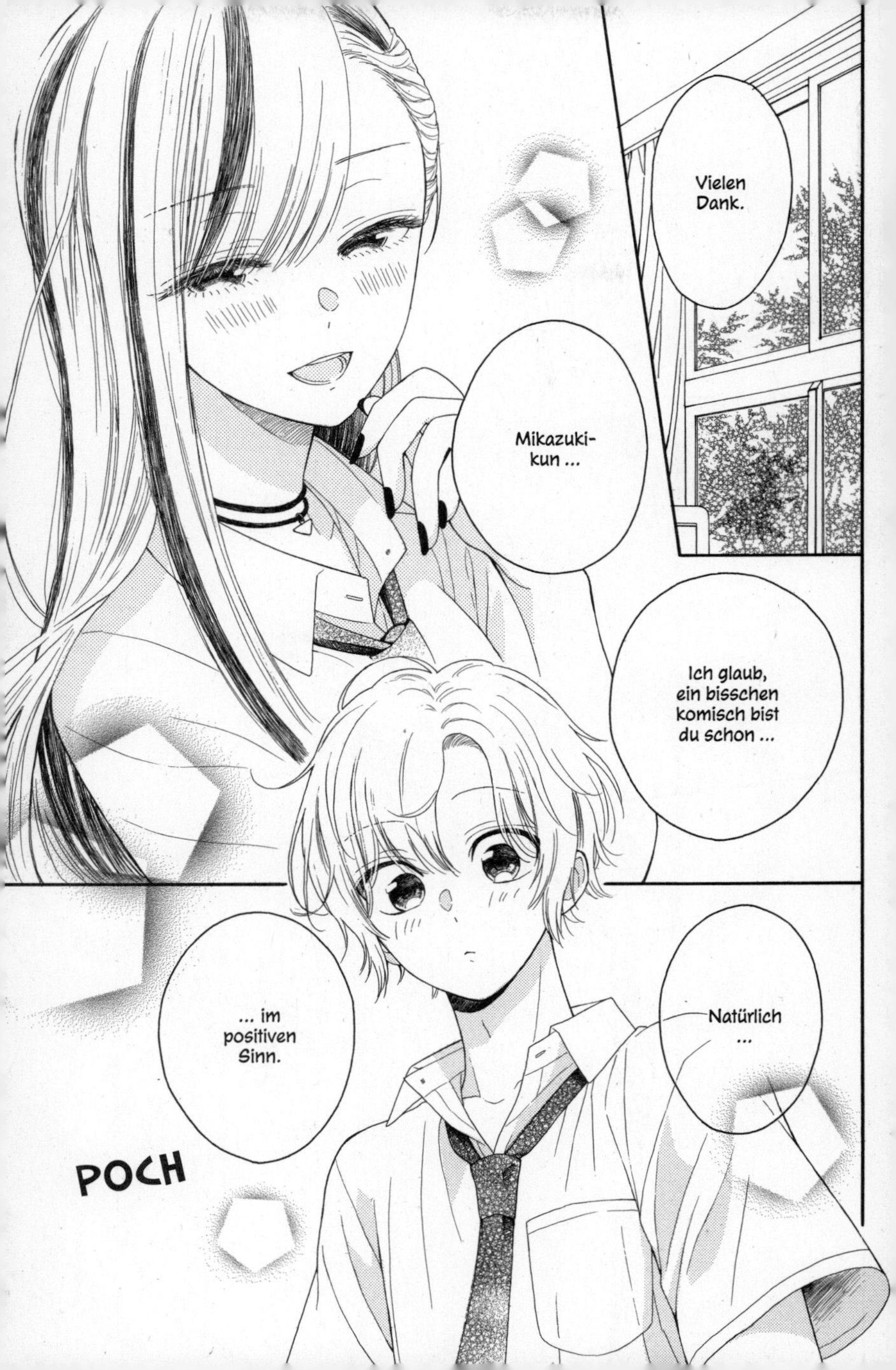

Vielen Dank.
Mikazuki-kun ...
Ich glaub, ein bisschen komisch bist du schon ...
Natürlich ...
... im positiven Sinn.
POCH

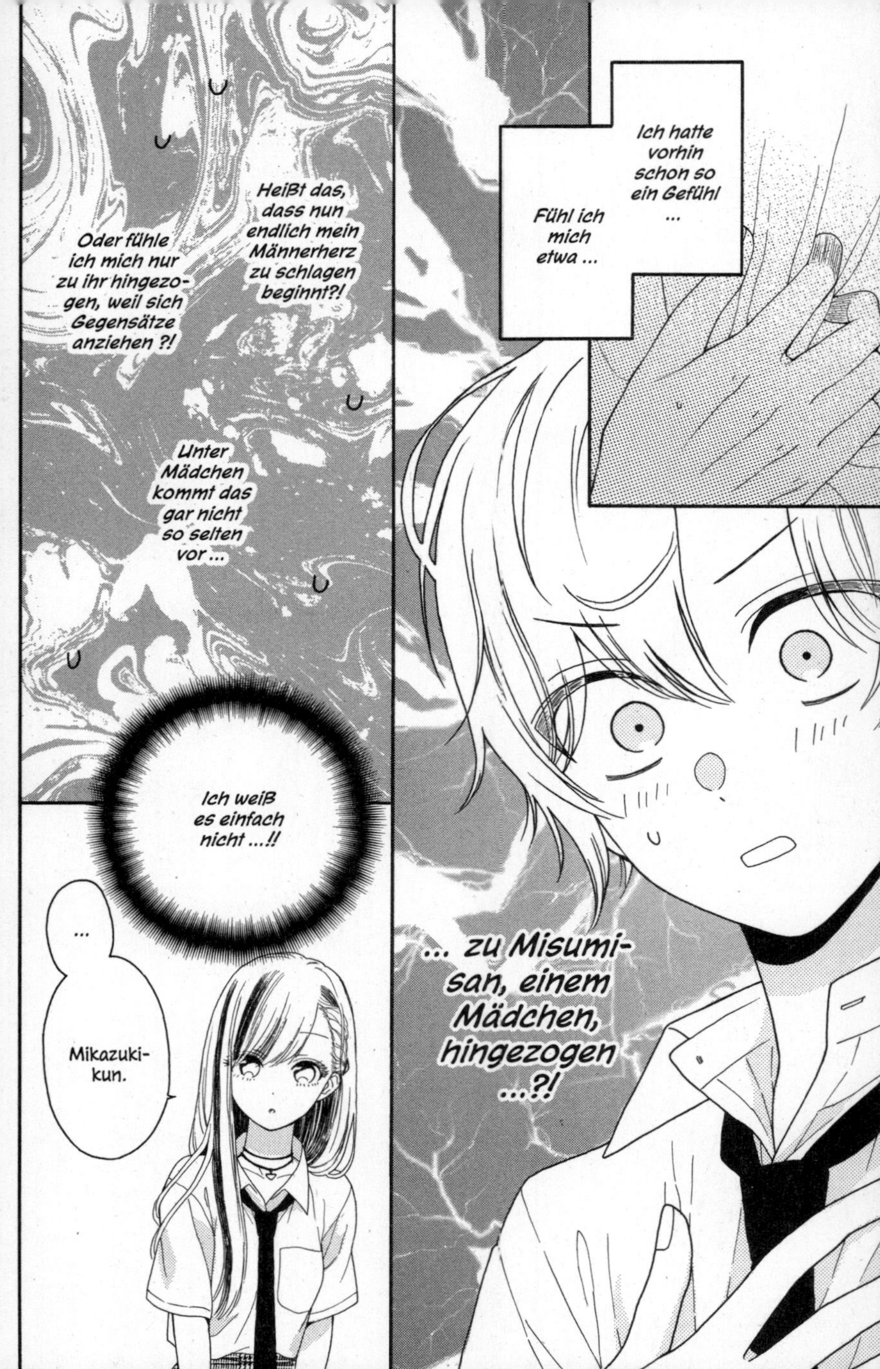
Ich hatte vorhin schon so ein Gefühl ...
Fühl ich mich etwa ...
... zu Misumi-san, einem Mädchen, hingezogen ...?!
Heißt das, dass nun endlich mein Männerherz zu schlagen beginnt?!
Oder fühle ich mich nur zu ihr hingezogen, weil sich Gegensätze anziehen ?!
Unter Mädchen kommt das gar nicht so selten vor ...
Ich weiß es einfach nicht ...!!
...
Mikazuki-kun.

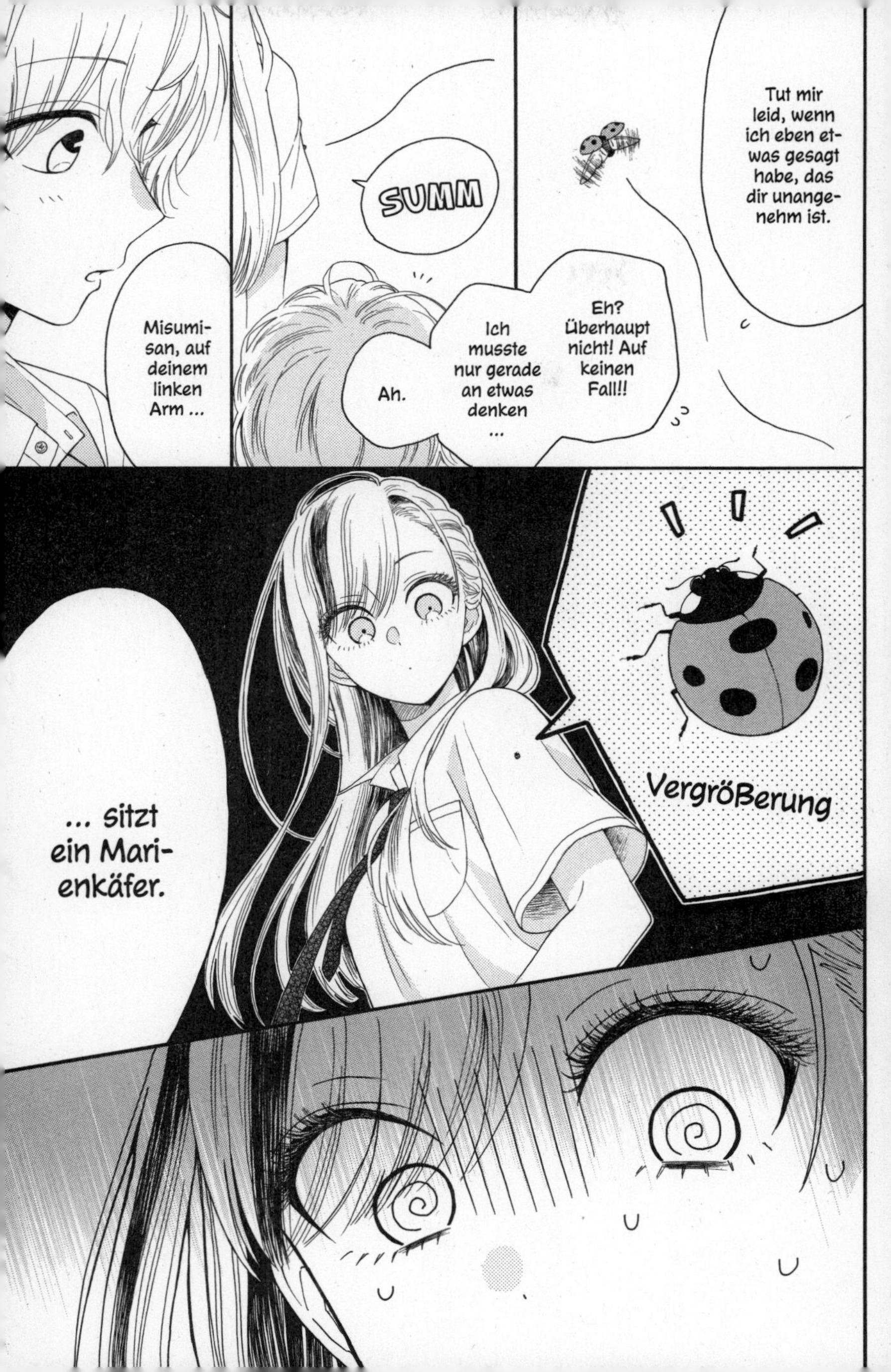
Tut mir leid, wenn ich eben etwas gesagt habe, das dir unangenehm ist.
Eh? Überhaupt nicht! Auf keinen Fall!!
SUMM
Ich musste nur gerade an etwas denken …
Ah.
Misumi-san, auf deinem linken Arm …
Vergrößerung
… sitzt ein Marienkäfer.

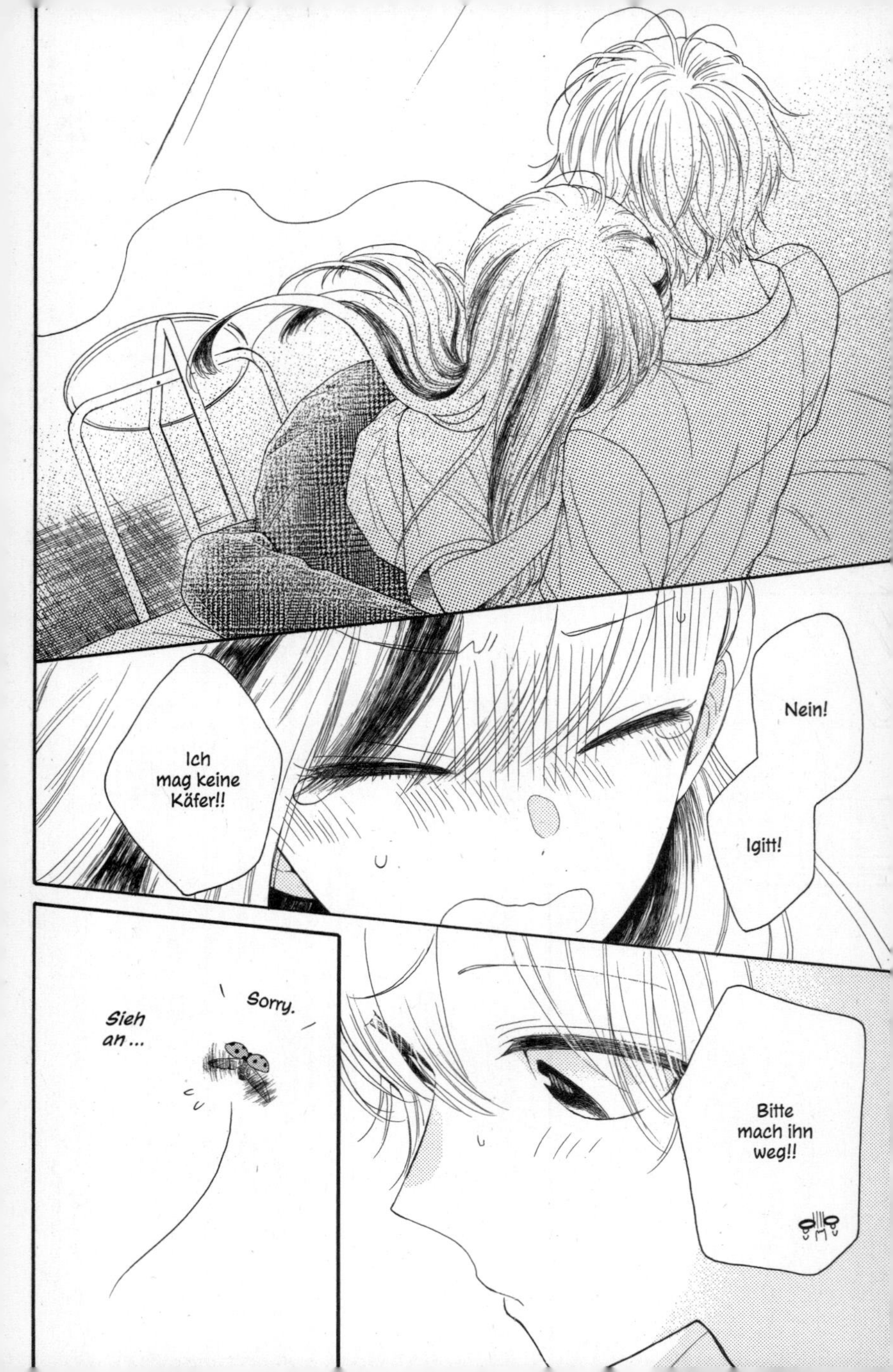

Nein!
Igitt!
Ich mag keine Käfer!!
Bitte mach ihn weg!!
Sorry.
Sieh an ...

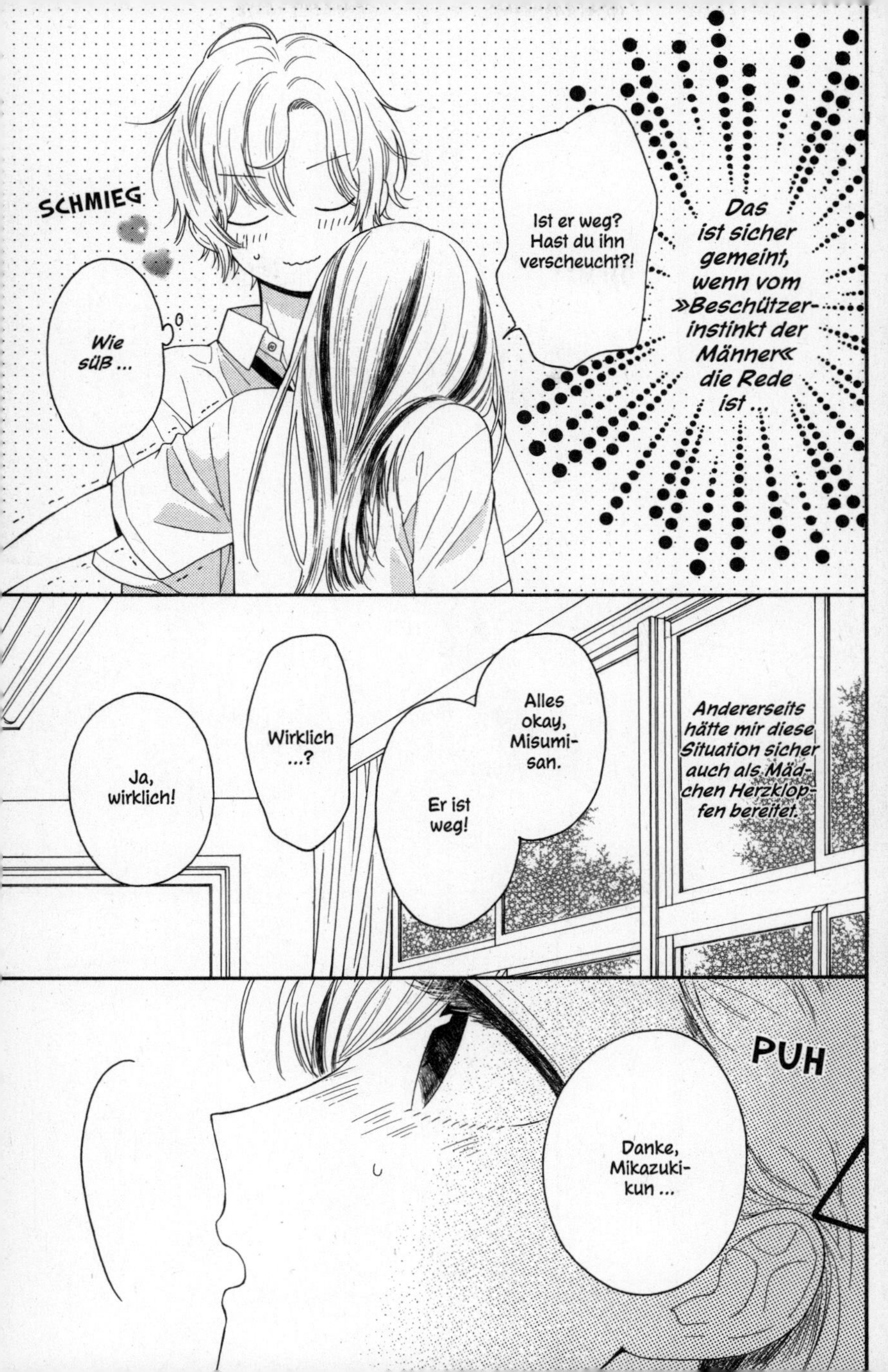
Das ist sicher gemeint, wenn vom »Beschützerinstinkt der Männer« die Rede ist ...
Ist er weg? Hast du ihn verscheucht?!
SCHMIEG
Wie süß ...
Andererseits hätte mir diese Situation sicher auch als Mädchen Herzklopfen bereitet.
Alles okay, Misumi-san.
Er ist weg!
Wirklich ...?
Ja, wirklich!
PUH
Danke, Mikazuki-kun ...

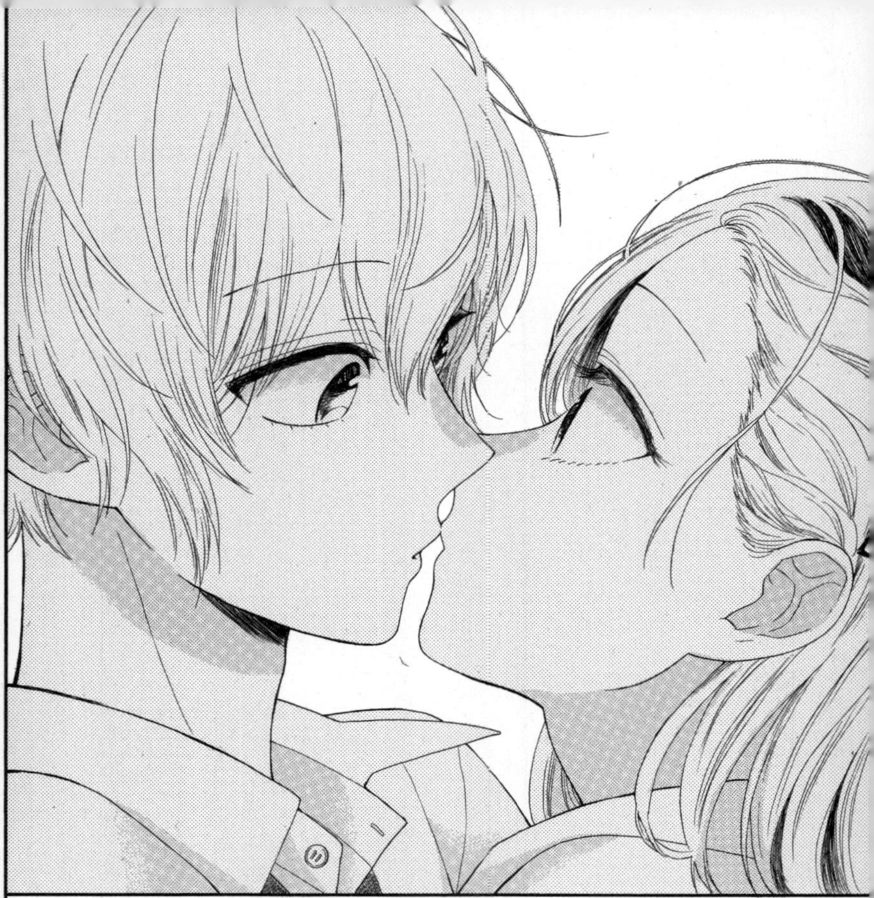

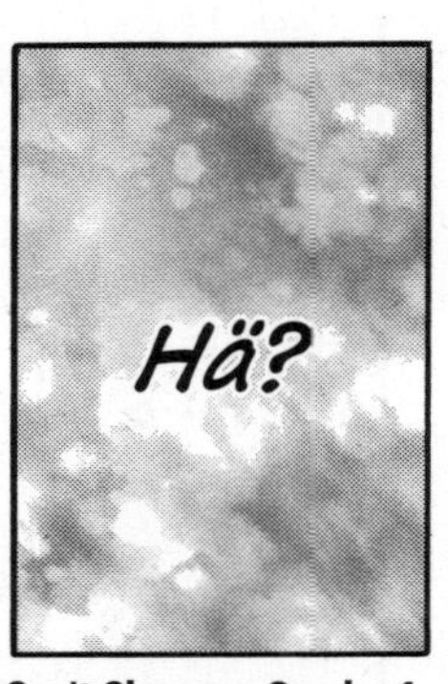

Mao Can't Choose a Gender 1 – Ende

Special thanks ♡♡♡

- Aruho Hoshimura
- Chihiro Nananishi
- Redaktion

Und an alle, die an der Veröffentlichung dieses Buches beteiligt waren, ein ganz großes Dankeschön!

Post an: 101-8001

Shogakukan, Redaktion Betsucomi

Kiina Nishino

Twitter ▶ @nishinoki_na

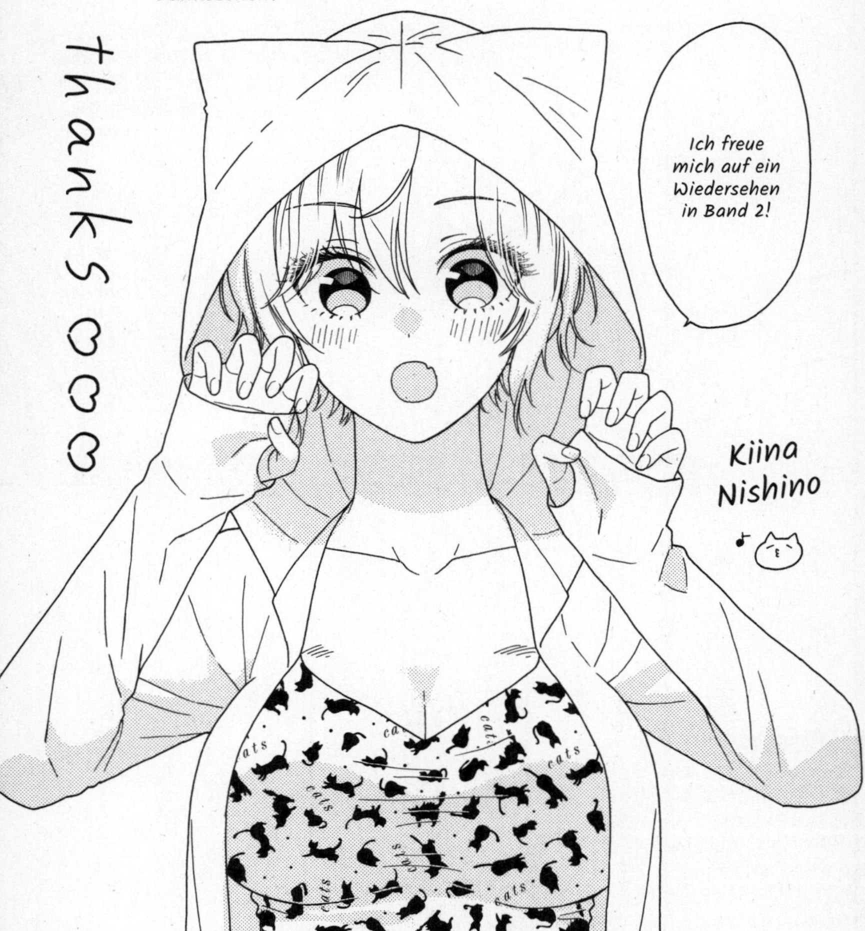

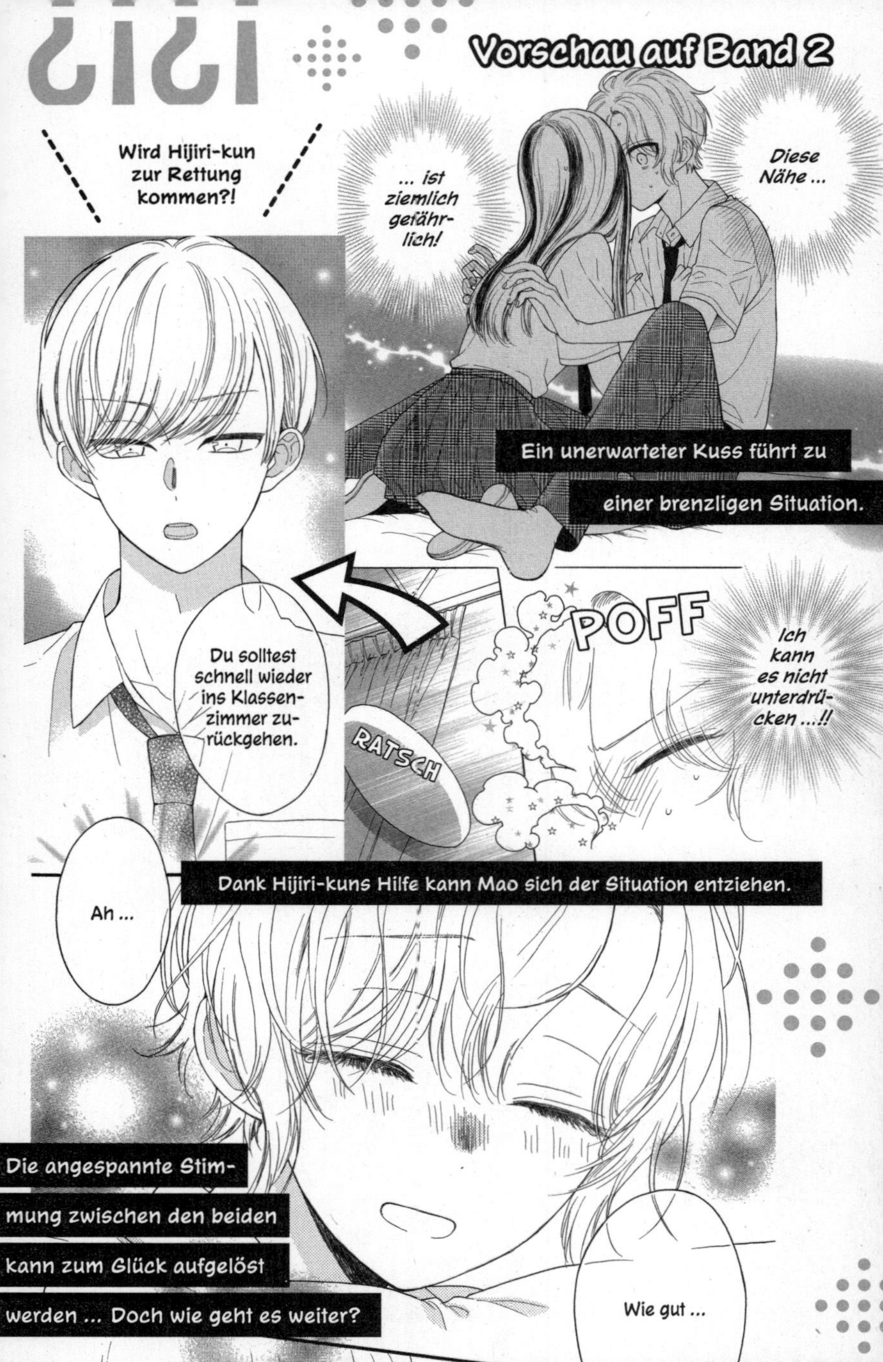
Vorschau auf Band 2
Diese Nähe ...
... ist ziemlich gefährlich!
Wird Hijiri-kun zur Rettung kommen?!
Ein unerwarteter Kuss führt zu einer brenzligen Situation.
POFF
Ich kann es nicht unterdrücken ...!!
RATSCH
Du solltest schnell wieder ins Klassenzimmer zurückgehen.
Dank Hijiri-kuns Hilfe kann Mao sich der Situation entziehen.
Ah ...
Wie gut ...
Die angespannte Stimmung zwischen den beiden kann zum Glück aufgelöst werden ... Doch wie geht es weiter?

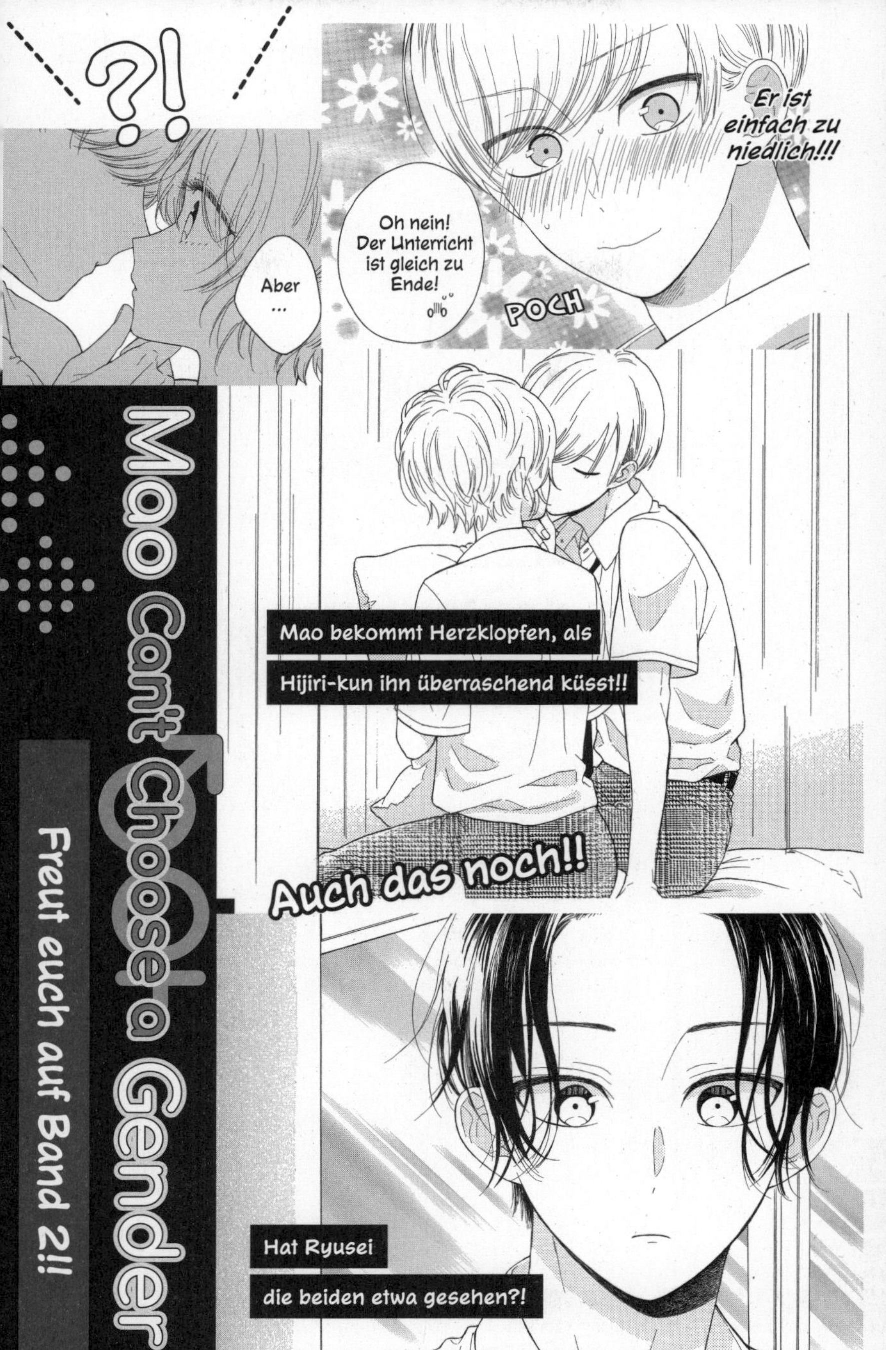
?!
Aber …
Oh nein! Der Unterricht ist gleich zu Ende!
POCH
Er ist einfach zu niedlich!!!
Mao bekommt Herzklopfen, als
Hijiri-kun ihn überraschend küsst!!
Auch das noch!!
Hat Ryusei
die beiden etwa gesehen?!
Mao Can't Choose a Gender
Freut euch auf Band 2!!

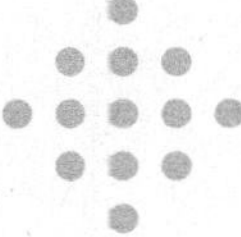

KIINA NISHINO

PROFIL

Geburtstag: 6. November

Sternzeichen: Skorpion

Stammt aus der Präfektur Fukuoka

★ Erstlingswerk *Ame to muchi to sensei to*
(Erschienen bei *Deluxe Betsucomi* 2014
Frühsommer Super-Ausgabe)

★ Veröffentlicht bei *Betsucomi,*
Deluxe Betsucomi, Betsufura

MESSAGE

Mein allererstes Mangamanuskript, das während meiner Highschoolzeit entstand, war auch eine TSF*-Geschichte … Ich hoffe, ihr habt ganz viel Spaß beim Lesen!

*Anm. d. Tokyopop-Redaktion: Mit der Abkürzung »TSF« wird in Japan das Genre »Transsexual Fiction« bzw. »Transsexual Fantasy« abgekürzt. Im Fokus von TSF-Geschichten steht die – meist übernatürliche – Verwandlung eines Hauptcharakters von einem Geschlecht in ein anderes. Grundannahme ist die binäre Geschlechterordnung.

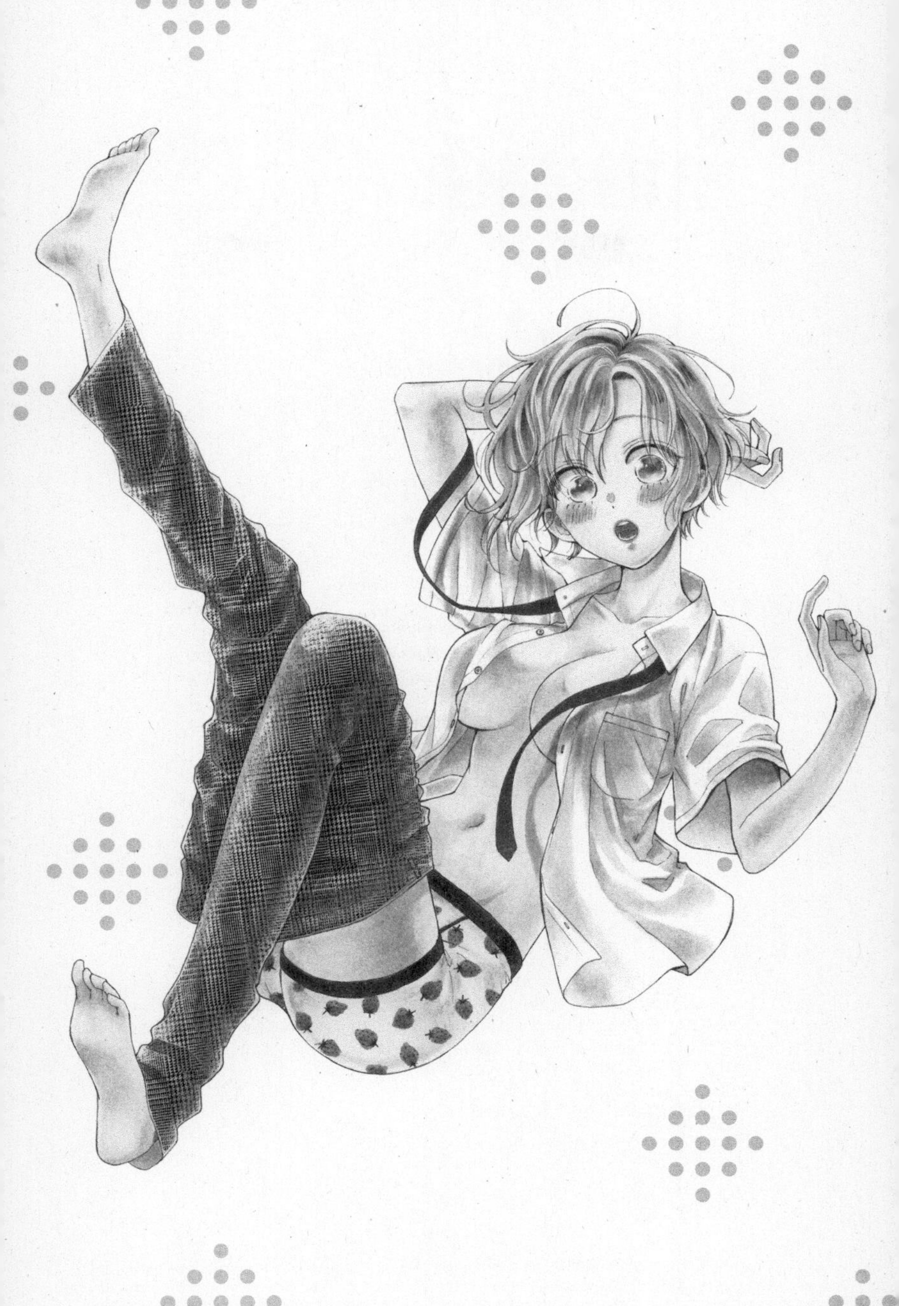

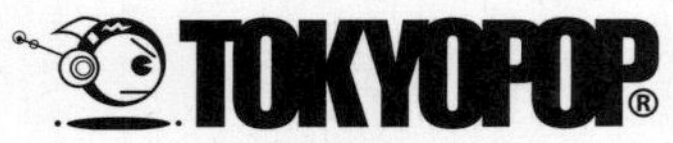

TOKYOPOP GmbH
Hamburg

TOKYOPOP
1. Auflage, 2023
Deutsche Ausgabe/German Edition

Aus dem Japanischen von Noreen Adolf

MIKAZUKI MAO WA SEIBETSU O ERABENAI Vol.1
by Kiina NISHINO

Original Japanese edition published by SHOGAKUKAN.
German translation rights in Germany, Austria, Liechtenstein and German speaking area in the Switzerland, Belgium, Italy and Luxembourg arranged with SHOGAKUKAN through VME PLB SAS.
Original cover design: sa-ya design

Redaktion: Aranka Schindler, Lisa Duty
Lettering: Vibrant Publishing Studio
Herstellung: Mathias Neumeyer
Druck und buchbinderische Verarbeitung:
CPI–Clausen & Bosse GmbH, Leck

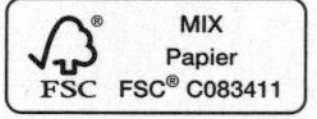

Wir achten auf die Umwelt.
Dieses Produkt besteht aus FSC®-zertifizierten und anderen kontrollierten Materialien.

ISBN 978-3-8420-9060-6

www.tokyopop.de

Mao Can't Choose a Gender

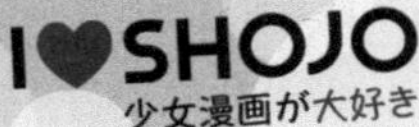

News Vorschau ShoCo Cards My Shojo Moments Community About Shop ☆ VIP-Bereich ☆

ShoCo Cards

ShoCo Card steht für **SHOJO Collectors Card**.

Seit April 2014 erscheint jeden Monat ein neuer SHOJO Top-Titel, dem in der Erstauflage eine ShoCo Card zum Sammeln beiliegt. Außerdem erscheinen zwischendurch auch ganz spezielle ShoCo Cards – wie zum Beispiel die Halloween ShoCo Card im Halloween Pack von *Scary Lessons*!

Die Vorderseite ziert eine hübsche Illustration zum jeweiligen Manga und auf der Rückseite findest du einen Steckbrief und Infos zu der entsprechenden Mangaka.

Auf dieser Seite erfährst du, in welchen Manga die begehrten **ShoCo Cards** beiliegen und in welchem Monat sie erscheinen. Aber beeil dich, wenn du alle Karten sammeln möchtest: Nur in der Erstauflage sind die Karten enthalten!

Alle ShoCo Cards

Januar 2021: Check Me Up!, Band 01

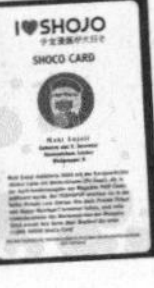

Dezember 2020: Die Geschichte vom Untergang unserer Liebe, Band 01

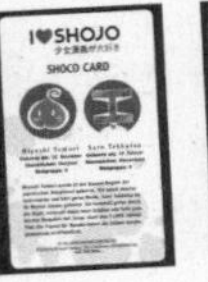

November 2020: Lovesick Ellie, Band 03

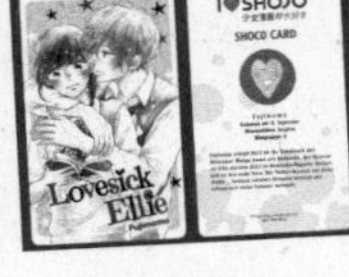

Oktober 2020: Verliebt in die Nacht, Band 01

November 2020: Ein Kuss reinen Herzens, Band 01

Seite durchsuchen... LOS

Kontakt

Du erreichst uns jederzeit unter: iloveshojo@tokyopop.de.

Instagram

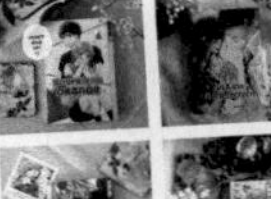

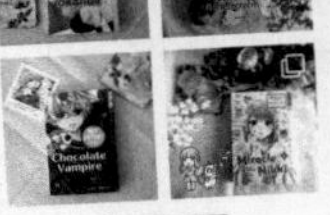

Mehr laden...

Neue Fragen aus der Community

Interviews, Fanart, ShoCo Card Übersicht und noch vieles mehr erwarten euch!

Folge uns auch auf
www.facebook.com/iloveshojo
tokyopop_iloveshojo
iloveshojo@tokyopop.de

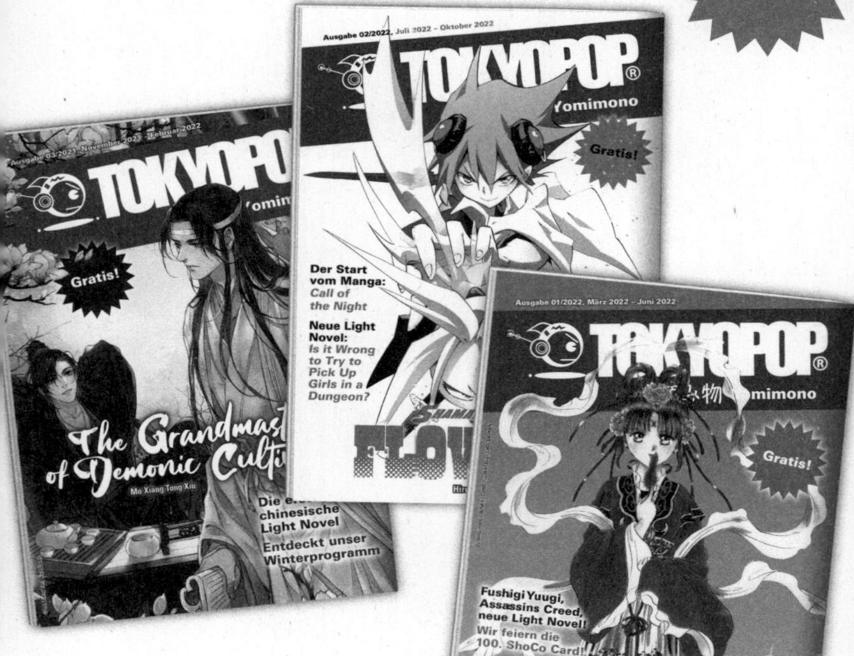

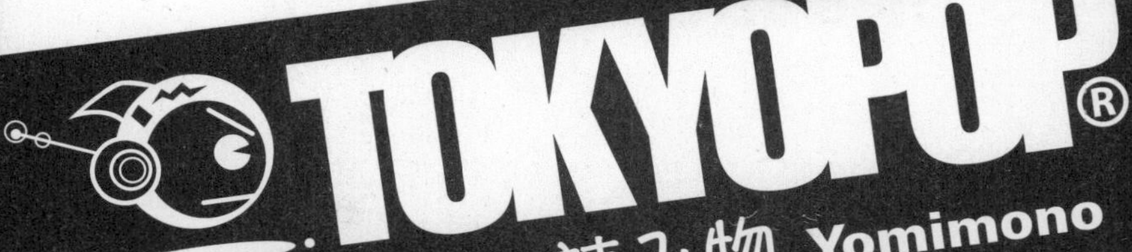

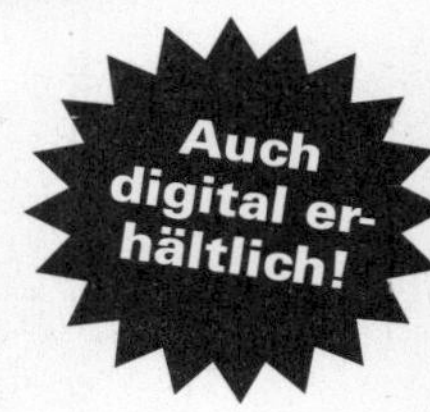

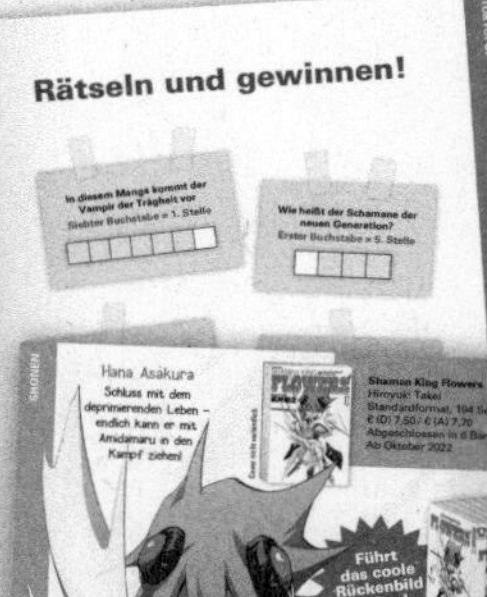

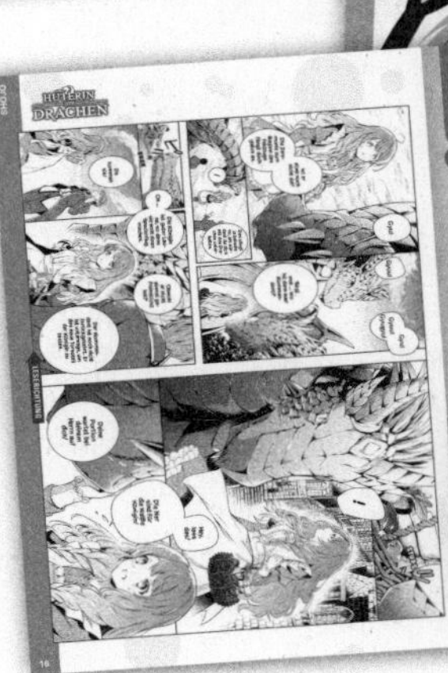

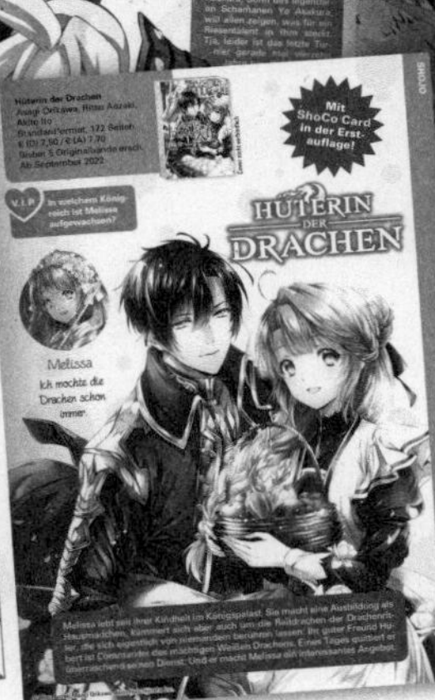

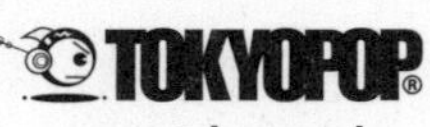

www.tokyopop.de

MÄNNLICH? WEIBLICH? UNBESCHREIBLICH!

Yasuko

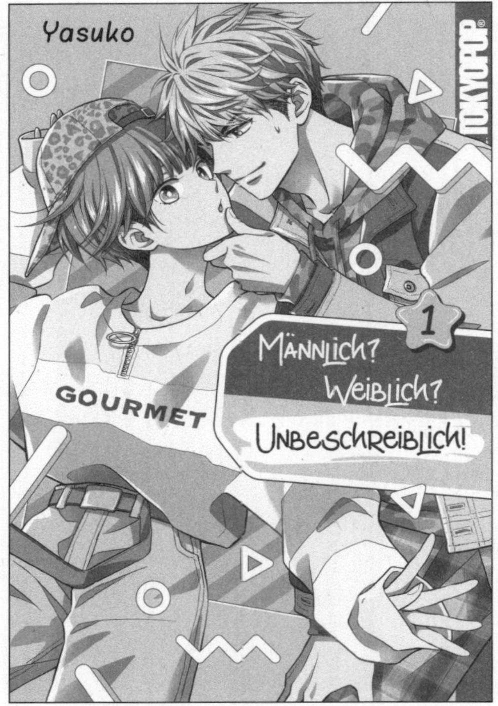

Adieu, Klischee!

Student Kazuma Iwagami will seine Zeit an der Uni dafür nutzen sich zu verlieben und eine feste Freundin zu finden. Tatsächlich begegnet er einer engelsgleichen Person, die sich um ihn kümmert, als er von ein paar Rowdys bewusstlos geschlagen wird. Die Suche nach seinem Schutzengel führt ihn über den gesamten Campus, bis er schließlich vor seiner Retterin steht ... oder ist es vielleicht sein Retter? Weil er sich nicht traut, direkt danach zu fragen, sucht Kazuma nach Anhaltspunkten für Akiras Geschlecht ...

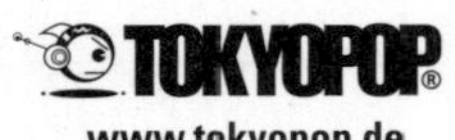

www.tokyopop.de

MR. MALLOW BLUE

Akaza Samamiya

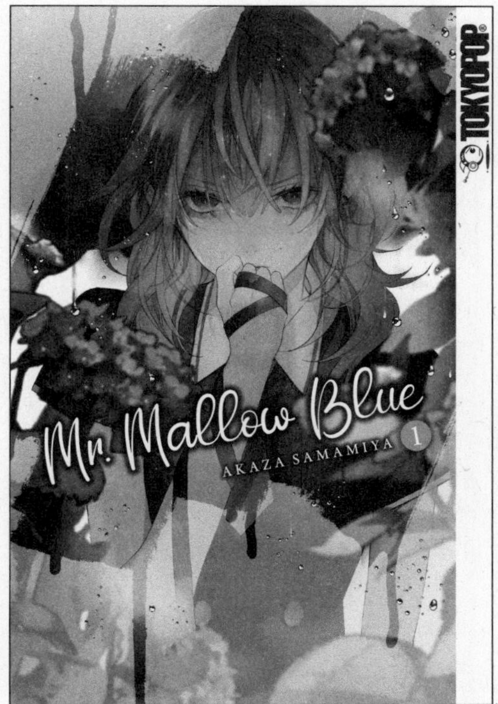

Sehnsucht nach einem anderen Leben

Aoi ist ein Mann, der sich aufgegeben hat und über Selbstmord nachdenkt. Sakura eine Schülerin, die unter Mobbing leidet und sich selbst verletzt. Und dann ist da noch Sakuras Mitschüler Minazuki, dem es schwerfällt, mit seinem Umfeld warm zu werden, da für ihn alles – wortwörtlich – gleich aussieht. Was die drei verbindet, ist der brennende Wunsch, aus ihrer Realität auszubrechen. Als Aoi und Sakura durch ein schicksalhaftes Ereignis ihre Körper tauschen, erscheint dies wie die Chance auf einen Neubeginn ...

MEN'S LIFE – MEIN GEHEIMES LEBEN UNTER JUNGS

Ayu Watanabe

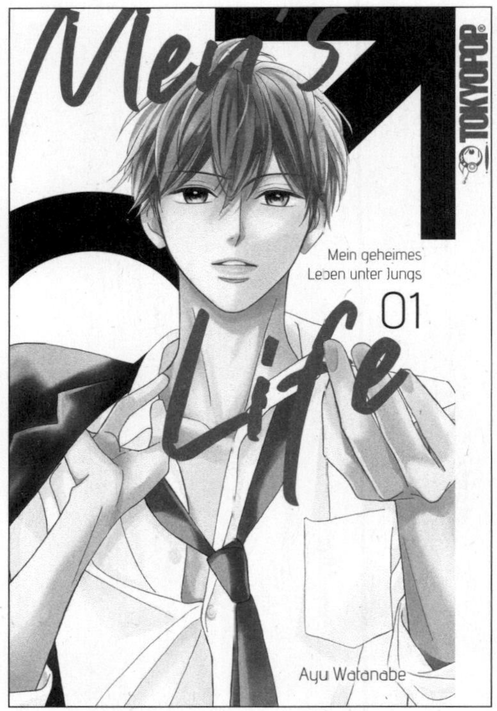

Dein Leben, meine Chance?!

Die Zwillinge Yuta und Mio mögen sich zwar äußerlich gleichen, führen allerdings gänzlich unterschiedliche Leben. Während Yuta im Wohnheim lebt und viele Freunde und Hobbys hat, verkriecht sich seine Schwester Mio am liebsten in ihrem Zimmer, in dem sie viel lernt und Radio hört. Als sich Yuta jedoch unsterblich verliebt und seiner Angebeteten hinterherreisen will, überredet er Mio zu einem Rollentausch. Und so findet sich ein Mädchen, das gern mehr aus sich herauskommen würde, undercover in einem Wohnheim voller Jungs wieder.

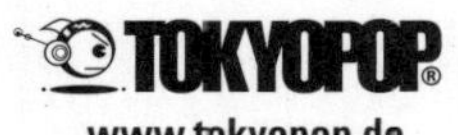

www.tokyopop.de

HATSU * HARU
WIRBELWIND DER GEFÜHLE
Shizuki Fujisawa

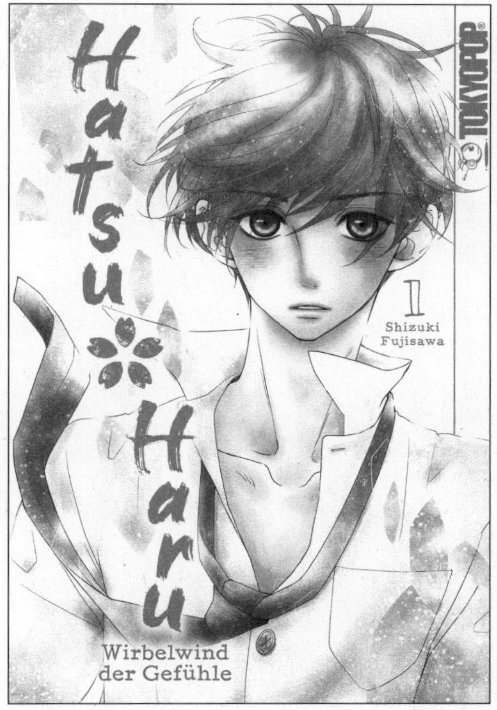

Manchmal trifft dich die Liebe wie ein Sturm: laut, wild und unangekündigt!

Wenn es um Mädels geht, lässt Kai – Playboy der Schule und stolz darauf – nichts anbrennen. Allein an der burschikosen Riko hat er kein Interesse, mit ihr tauscht er lediglich eisige Blicke und Worte aus. Als Kai jedoch zufällig herausfindet, dass Riko heimlich in ihren Lehrer verliebt ist, löst diese zarte, verletzliche Seite von ihr einen solchen Sturm in seinem Herzen aus, dass er seine Gefühle neu sortieren muss ...

ANYWAY, I LOVE YOU

Haruka Mitsui

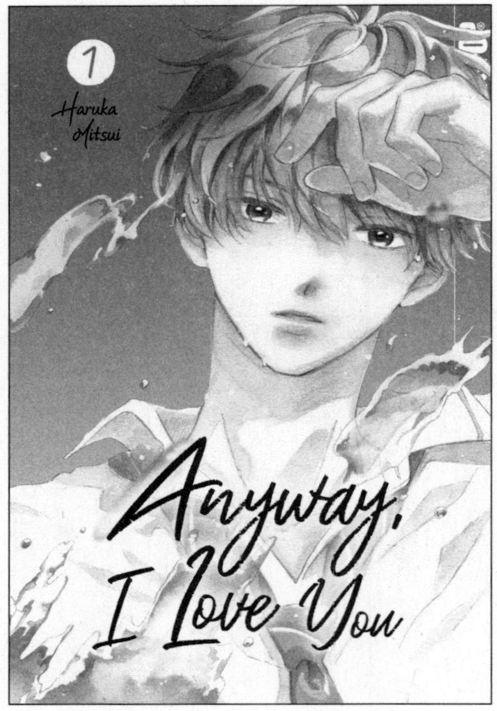

Unser unvergesslicher Sommer

Die Jugend ist die schillerndste Zeit des Lebens? Mizuho sieht das leider überhaupt nicht so. Sie ist gerade 17 geworden und würde am liebsten alles verfluchen: Ihr Vater hat ihren Geburtstag vergessen, ihrem Schwarm kommt sie kein bisschen näher und ein unbekanntes Virus legt Schul- und Freizeitaktivitäten lahm! Zum Glück hat Mizuho mit ihren Kindheitsfreunden Kizuki, Shugo, Shin und Airu vier Jungs an der Seite, die ihr immer beistehen.

HEY SENSEI, DON'T YOU KNOW?

Aya Asano

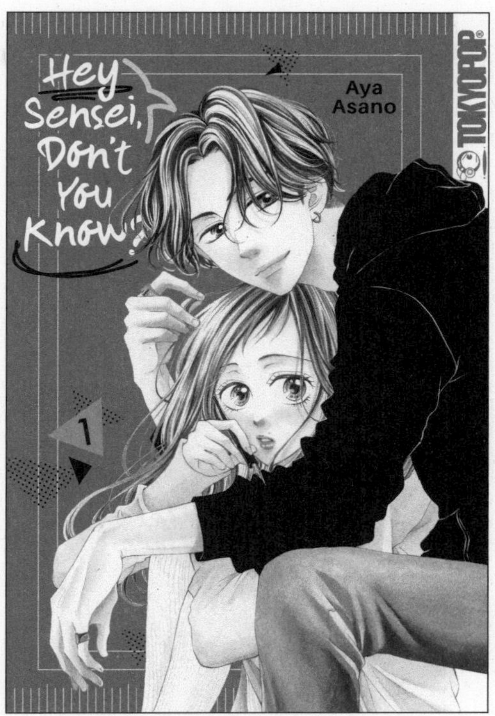

Workaholics in Love

Romantische Momente voller Herzklopfen? Hanas Leben ist voll davon, denn als Shojo-Mangaka ist es ihr Job, mit romantischen Geschichten ihre Fans zu erfreuen. Leider bleibt ihr eigenes Leben dabei ziemlich auf der Strecke und sie schafft es noch nicht einmal, regelmäßig zum Friseur zu gehen. Als sie eines Tages nach der Arbeit erschöpft einen Beauty-Salon ansteuert, wird sie grob abgewimmelt. Doch der kurze Moment genügt, dass Friseur und Stylist Riichi auf sie aufmerksam wird. Leidenschaftliche, engagierte Frauen ziehen ihn an, und so möchte er unbedingt, dass Hana seine Freundin wird ...

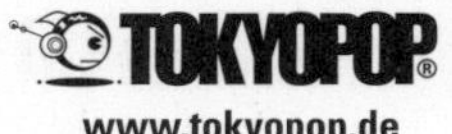

www.tokyopop.de

KEIN KUSS, BEVOR DU 20 BIST

Nonoko

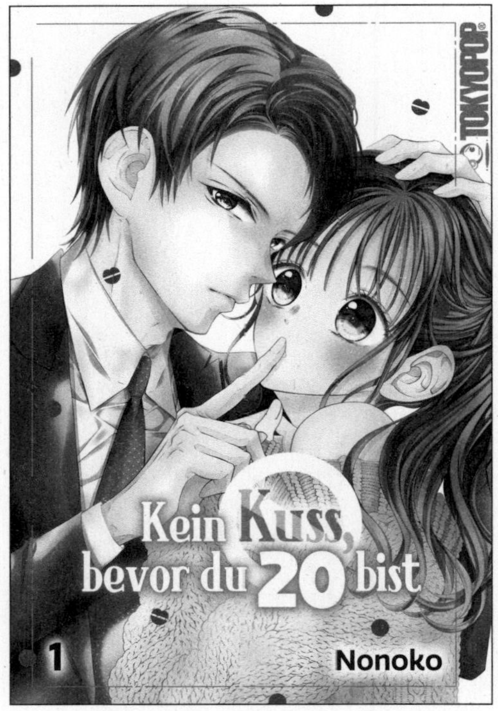

Can't wait to kiss you

Die 18-jährige Nanase ist naiv bis in die Zehenspitzen und gerät bei dem Versuch, im schillernden Tokyo Fuß zu fassen, immer wieder an die falschen Leute. Als sie sich auf der Suche nach einem Nebenjob erneut in eine missliche Lage manövriert, kommt ihr der gutaussehende und erfolgreiche Shimazaki zu Hilfe. Und obwohl ihn ihre blauäugige Art in den Wahnsinn treibt, weckt Nanase seinen Beschützerinstinkt. Also bietet er ihr kurzerhand einen Job an, nichts ahnend auf welche emotionale Achterbahnfahrt er sich da einlässt!

SIRUPSÜSSE SÜNDE

Kayoru

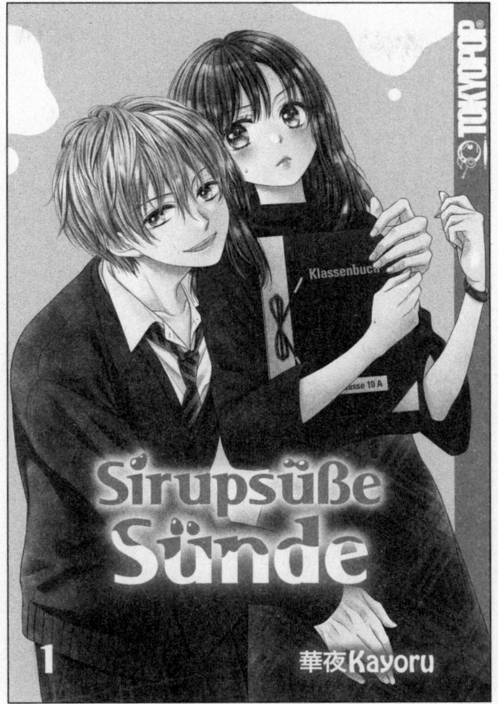

Nur eine Wette oder doch die wahre Liebe?

Kaede ist ein Playboy, wie er im Buche steht! Da er ständig auf der Suche nach neuen Abenteuern ist, wetten seine Kumpel, dass er es nicht schafft, Tsukiko ins Bett zu kriegen – ihre 27-jährige Englischlehrerin! Diese ist immerzu bemüht, die perfekte Frau zu verkörpern, doch in Wahrheit ist sie eine totale Chaotin und trinkt gern ein Glas zu viel. Ob Kaede ihre schlechten Angewohnheiten ausnutzen wird, um sie ins Bett zu kriegen?

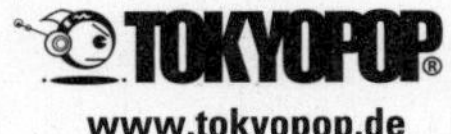

www.tokyopop.de

MY BOYFRIEND IN ORANGE

Non Tamashima

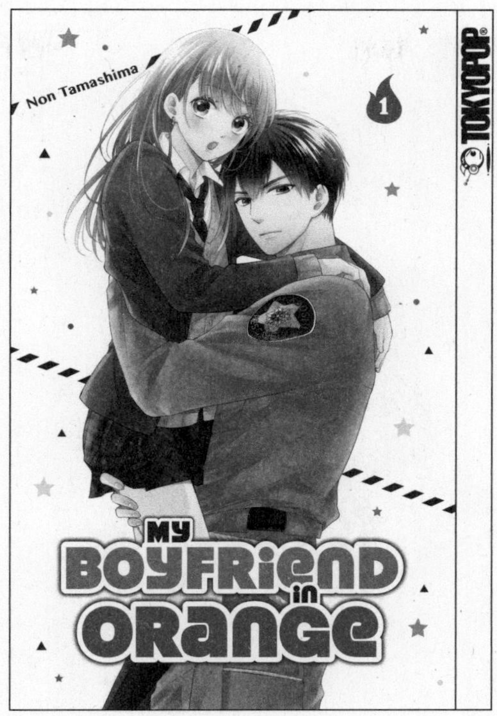

»Wenn Liebe eine Farbe hätte, dann wäre es Orange.«

Moes Leben hat sich radikal verändert: Nach dem Tod des Vaters zieht ihre Familie zurück in den Heimatort der Mutter. Mit ihren Mitschülern an der neuen Highschool wird Moe allerdings überhaupt nicht warm, und so isoliert sie sich immer mehr. Bei einer Brandschutzübung lernt sie jedoch auf ungewöhnliche Weise den jungen Feuerwehrmann Kyosuke kennen. Seine zielstrebige und optimistische Art gibt Moe neuen Mut und entfacht in ihr ein Feuer, das sie bislang nicht gekannt hat ...

LIEBE IST (K)EIN WETTKAMPF

Aki Iwai

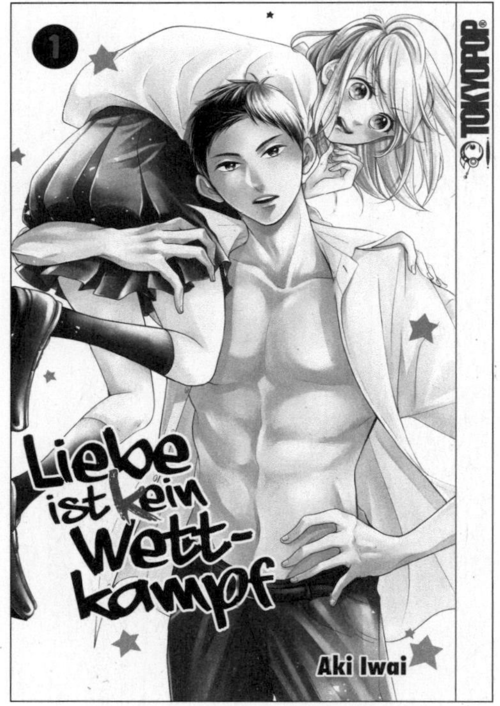

Ich gewinne dein Herz!

Abe ist Spitzensportler und sein Ego so ausgeprägt wie seine Muskeln. In Akaris Augen ist er daher ein ungehobelter Gorilla, dem sie lieber aus dem Weg geht. Doch als sie ihn nach einem Sportunfall verarzten muss, wird das immer schwerer. Denn Abe scheint sich in Akari verliebt zu haben und steckt seine Energie jetzt in einen neuen Contest: Er will ihr Herz gewinnen! Akari ist mit seiner schroffen Art total überfordert und bemüht sich weiter um Distanz. Doch da unterschätzt sie Abe, der sich gerade erst in der Aufwärmphase befindet!

IM LIEBESFIEBER

Marina Umezawa

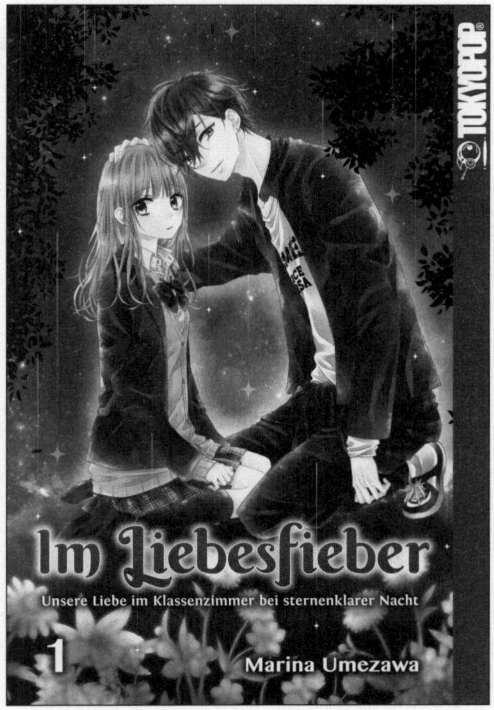

Liebe hat keinen Preis

Nazuna versucht zu verheimlichen, dass ihre Familie bettelarm ist, und träumt davon, eines Tages reich zu heiraten. Im Augenblick reicht das Geld nicht mal mehr, um die Schulgebühren zu begleichen. Daher muss sie tagsüber jobben und am Nachmittag Unterricht an der Abendschule nehmen. Anfangs kommen ihr diese Herausforderungen wie ein Albtraum vor, doch dann stellen sie sich als wahrer Segen heraus: Durch das neue Umfeld findet Nazuna nicht nur echte Freunde, sondern lernt auch noch einen charmanten jungen Mann kennen ...

MONOTONE BLUE

Nagabe

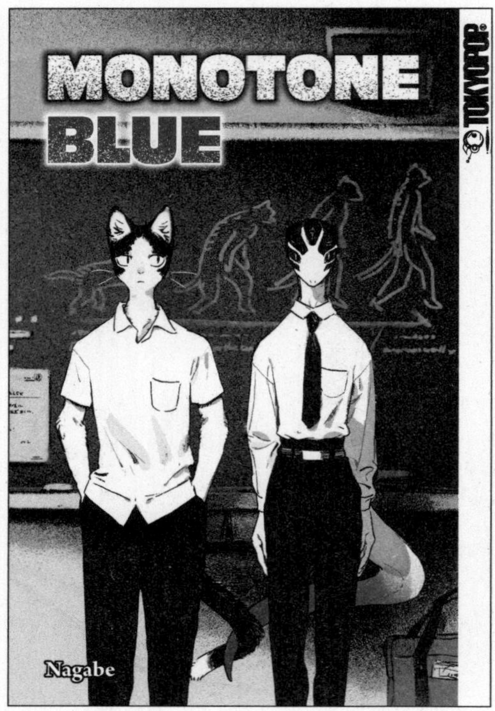

Anders ist schön

Kater Hachi findet seinen Schulalltag so öde, dass er lieber eine Runde döst, als sich am Klassenleben zu beteiligen. Doch die Monotonie wird durchbrochen, als Echsenjunge Aoi an seine Schule wechselt. Während alle anderen Mitschüler ganz aufgeregt sind, dass sie mit der ersten und einzigen Eidechse in ihrem Umfeld Unterricht haben, hat Hachi zunächst nur ein gelangweiltes Gähnen für den Neuzugang übrig. Doch dann erhascht er zufällig einen Blick auf Aois strahlend blaues Geheimnis. Damit es auch eins bleibt, macht Hachi der Echse einen ungewöhnlichen Vorschlag ...

STOPP!

Dies ist die letzte Seite des Buches!
Du willst dir doch nicht den Spaß verderben und das Ende zuerst lesen, oder?

Um die Geschichte unverfälscht und originalgetreu mitverfolgen zu können, musst du es wie die Japaner machen und von rechts nach links lesen. Deshalb schnell das Buch umdrehen und loslegen!

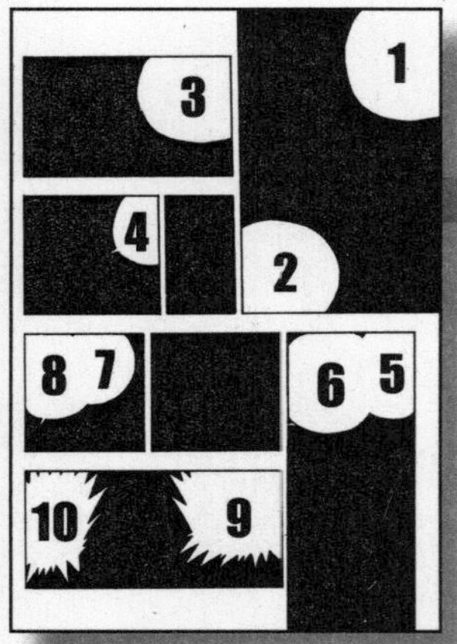

So geht's:

Wenn dies das erste Mal sein sollte, dass du einen Manga in den Händen hältst, kann dir die Grafik helfen, dich zurechtzufinden: Fang einfach oben rechts an zu lesen und arbeite dich nach unten links vor. Viel Spaß dabei wünscht dir TOKYOPOP®!